普通高等教育中医药类"十三五"规划教材
全国普通高等教育中医药类精编教材

卫 生 法 规

(供中医学、中西医临床医学、卫生管理学、护理学等专业用)

| 主 编 |
田 侃　何 宁

| 副主编 |
段晓鹏　刘书文　徐继红

| 主 审 |
达庆东

上海科学技术出版社

图书在版编目(CIP)数据

卫生法规/田侃.何宁主编.—上海:上海科学技术出版社,2017.8(2024.3)
普通高等教育中医药类"十三五"规划教材
全国普通高等教育中医药类精编教材
ISBN 978-7-5478-3401-5

I.①卫… II.①田… ②何… III.①卫生法—中国—高等学校—教材 IV.①D922.16

中国版本图书馆CIP数据核字(2016)第292606号

卫生法规
主编 田 侃 何 宁

上海世纪出版(集团)股份有限公司 出版、发行
上海科学技术出版社
(上海市闵行区号景路159弄A座9F-10F)
邮政编码 201101　www.sstp.cn
上海展强印刷有限公司印刷
开本787×1092　1/16　印张12.75
字数300千字
2017年8月第1版　2024年3月第9次印刷
ISBN 78-7-5478-3401-5/R·1302
定价:28.00元

本书如有缺页、错装或坏损等严重质量问题,请向工厂联系调换 电话:021-66366565

普通高等教育中医药类"十三五"规划教材
全国普通高等教育中医药类精编教材

专家指导委员会名单

(以姓氏笔画为序)

王 平	王 键	王占波	王瑞辉	方剑乔	石 岩
冯卫生	刘 文	刘旭光	严世芸	李灿东	李金田
肖鲁伟	吴勉华	何清湖	谷晓红	宋柏林	陈 勃
周仲瑛	胡鸿毅	高秀梅	高树中	郭宏伟	唐 农
梁沛华	熊 磊	冀来喜			

普通高等教育中医药类"十三五"规划教材
全国普通高等教育中医药类精编教材

编审委员会名单

名誉主任委员 洪　净

主 任 委 员 胡鸿毅

委　　　员 （以姓氏笔画为序）

王　飞　　王庆领　　李铁浪　　吴启南

何文忠　　张文凤　　张宁苏　　张艳军

徐竹林　　唐梅文　　梁沛华　　蒋希成

编委会名单

主　编

田　侃（南京中医药大学）　　何　宁（天津中医药大学）

副主编

段晓鹏（河南中医药大学）　　刘书文（成都中医药大学）

徐继红（江西中医药大学）

主　审

达庆东（复旦大学）

编　委（以姓氏笔画为序）

石小迪（上海中医药大学）　　杜珍媛（南京中医药大学）

李奎刚（天津中医药大学）　　佟　欣（黑龙江中医药大学）

张彩霞（广州中医药大学）　　邰蕾蕾（安徽中医药大学）

岳远雷（湖北中医药大学）　　贾　敏（陕西中医药大学）

梁静姮（澳门大学）　　　　　喻小勇（南京中医药大学）

霍增辉（北京中医药大学）

普通高等教育中医药类"十三五"规划教材
全国普通高等教育中医药类精编教材

前言

新中国高等中医药教育开创至今历六十年。一甲子朝花夕拾，六十年砥砺前行，实现了长足发展，不仅健全了中医药高等教育体系，创新了中医药高等教育模式，也培养了一大批中医药人才，履行了人才培养、科技创新、社会服务、文化传承的职能和使命。高等中医药院校的教材作为中医药知识传播的重要载体，也伴随着中医药高等教育改革发展的进程，从少到多，从粗到精，一纲多本，形式多样，始终发挥着至关重要的作用。

上海科学技术出版社于1964年受国家卫生部委托出版全国中医院校试用教材迄今，肩负了半个多世纪的中医院校教材建设和出版的重任，产生了一大批学术深厚、内涵丰富、文辞隽永、具有重要影响力的优秀教材。尤其是1985年出版的全国统编高等医学院校中医教材(第五版)，至今仍被誉为中医教材之经典而蜚声海内外。

2006年，上海科学技术出版社在全国中医药高等教育学会教学管理研究会的精心指导下，在全国各中医药院校的积极参与下，组织出版了供中医药院校本科生使用的"全国普通高等教育中医药类精编教材"(以下简称"精编教材")，并于2011年进行了修订和完善。这套教材融汇了历版优秀教材之精华，遵循"三基""五性""三特定"的教材编写原则，同时高度契合国家执业医师考核制度改革和国家创新型人才培养战略的要求，在组织策划、编写和出版过程中，反复论证，层层把关，使"精编教材"在内容编写、版式设计和质量控制等方面均达到了预期的要求，凸显了"精炼、创新、适用"的编写初衷，获得了全国中医药院校师生的一致好评。

2016年8月，党中央、国务院召开了新世纪以来第一次全国卫生与健康大会，印发实施《"健康中国2030"规划纲要》，并颁布了《中医药法》和《〈中国的中医药〉白皮书》，把发展中医药事业作为打造健康中国的重要内容。实施创新驱动发展、文化强国、"走出去"战略以及"一带一路"倡议，推动经济转型升级，都需要中医药发挥资源优势和核心作用。面对新时期中医药"创造性转化，创新性发展"的总体要求，中医药高等教育必须牢牢把握经济社会发展的大势，更加主动地服务和融入国家发展战略。为此，精编教材的编写将继续秉持"为院校提供服务、为行业打造精品"的工作要旨,在全国中医院校中广泛征求意见,多方听取要求,全面汲取经验,经过近一年的精心准备工作,在"十三五"开局之年启动了第三版的修订工作。

本次修订和完善将在保持"精编教材"原有特色和优势的基础上,进一步突出"经典、精炼、新颖、实用"的特点,并将贯彻习近平总书记在全国卫生与健康大会、全国高校思想政治工作会议等系列讲话精神,以及《国家中长期教育改革和发展规划纲要(2010—2020)》《中医药发展战略规划纲要(2016—2030年)》和《关于医教协同深化中医药教育改革与发展的指导意见》等文件要求,坚持高等教育立德树人这一根本任务,立足中医药教育改革发展要求,遵循我国中医药事业发展规律和中医药教育规律,深化中医药特色的人文素养和思想情操教育,从而达到以文化人、以文育人的效果。

同时,全国中医药高等教育学会教学管理研究会和上海科学技术出版社将不断深化高等中医药教材研究,在新版精编教材的编写组织中,努力将教材的编写出版工作与中医药发展的现实目标及未来方向紧密联系在一起,促进中医药人才培养与"健康中国"战略紧密结合起来,实现全程育人、全方位育人,不断完善高等中医药教材体系和丰富教材品种,创新、拓展相关课程教材,以更好地适应"十三五"时期及今后高等中医药院校的教学实践要求,从而进一步地提高我国高等中医药人才的培养能力,为建设健康中国贡献力量!

教材的编写出版需要在实践检验中不断完善,诚恳地希望广大中医药院校师生和读者在教学实践或使用中对本套教材提出宝贵意见,以敦促我们不断提高。

全国中医药高等教育学会常务理事、教学管理研究会理事长

胡鸿毅

2016年12月

编写说明

卫生法是保护人体健康、规范医药卫生活动的专业法,是我国社会主义法律体系的重要组成部分,是依法治国不可缺少的一环。随着社会主义法治社会建设的深入进行,法律在国家发展和社会进步中的权威作用日渐为人们所知晓,成为人们日常行为的基本准则。医务人员依法行医、卫生管理人员依法管医,是法治社会对卫生行业的基本要求。正因如此,高等医药院校均将卫生法律教育作为各级各类医药专业的基础课程,国家也将卫生法规列为相关执业资格考试的必考科目,同时卫生法律素质的培养也是医师规范化培训的重要内容之一。

作为全国普通高等教育中医药类精编教材,本教材编写原则与特色体现在三方面:一为"新",即梳理了 2016 年 12 月前国家最新颁布(或修订)的卫生法律法规;二为"精",即在内容选择、体例设计、文字使用上经仔细推敲与斟酌,务求简洁、精炼;三为"实",即满足中医药人才未来卫生工作的实际需要,并体现中医药特色。

基于上述原则,本教材根据我国现行的卫生法律法规,依据最新的国家执业医师资格考试、执业护士资格考试大纲中"卫生法规"部分的要求,同时参考了多个省(市)医师规范化培训的相关要求,将全部内容分为 15 章,包括卫生法基础理论、传染病防治法律制度、突发公共卫生事件应急法律制度、医疗机构管理法律制度、卫生技术人员管理法律制度、医疗技术临床应用法律制度、血液管理法律制度、医疗损害责任法律制度、中医药管理法律制度、职业病防治法律制度、精神卫生法律制度、人口与母婴保健法律制度、食品安全法律制度、药品管理法律制度、医疗器械管理法律制度等。本教材不仅可供高等医药院校各层次医学与护理学及相关专业、卫生事业管理专业教学使用,也可以作为执业医师资格考试、执业护士资格考试以及医师规范化培训的参考用书。对于已经在岗的医务人员而言,本教材也可以成为日常工作的随身手册以备随时查阅。

本教材在表述我国某一具体法律文件名称时,一般统一采用约定俗成的简称,以求简明。如《中华人民共和国药品管理法》简称为《药品管理法》。在正文中就不一一括注说明了。

本教材的顺利出版,得益于多方面的帮助和努力。在本教材编写过程中,复旦大学达庆东教授担任主审,悉心指导并提出了许多宝贵意见,并对全部书稿进行了审阅,在此表示衷心感谢和敬意!上海科学技术出版社为本书的出版做了很多具体细致的工作,不仅针对本教材的编写提出了很多中肯的意见,也为各位老师提供了极大的帮助,使得本教材能够克服时间上、条件上的诸多困难。同时,本教材的编写也得到了各编委所在单位院校领导的大力支持。在统稿的最后阶段,南京中医药大学卫生经济管理学院的喻小勇博士以及研究生周城义、王辰旸、周荣敏、李浩、闵晓青、崔璨、余同笑等同学承担了大量繁重的工作。编写过程中,本教材广泛参阅了有关专家学者的大量学术成果,由于篇幅所限未能将参考文献一一列出,在此一并深表谢意。

限于编者的水平,教材中难免存在疏漏和不妥之处,恳请专家同行和各位读者批评指正。

《卫生法规》编委会

2016 年 12 月

目录

第一章 卫生法基础理论 ... 1
第一节 卫生法概述 / 1
第二节 卫生法律关系 / 7
第三节 卫生法的制定和实施 / 9
第四节 卫生法律责任与法律救济 / 13

第二章 传染病防治法律制度 ... 19
第一节 概述 / 19
第二节 《传染病防治法》的主要内容 / 22
第三节 艾滋病和传染性非典型肺炎防治法律制度 / 30
第四节 国境卫生检疫法律制度 / 32

第三章 突发公共卫生事件应急法律制度 ... 37
第一节 概述 / 37
第二节 突发公共卫生事件处理 / 40
第三节 法律责任 / 44

第四章 医疗机构管理法律制度 ... 46
第一节 概述 / 46
第二节 医疗机构的设置 / 47
第三节 医疗机构执业 / 50
第四节 处方管理 / 52
第五节 抗菌药物临床应用管理 / 54
第六节 法律责任 / 56

第五章　卫生技术人员管理法律制度 ·········· 59

第一节　执业医师法律制度 / 59
第二节　护士法律制度 / 64
第三节　执业药师法律制度 / 67

第六章　医疗技术临床应用法律制度 ·········· 70

第一节　概述 / 70
第二节　人体器官移植技术管理 / 73
第三节　放射诊疗技术管理 / 76
第四节　人类辅助生殖技术管理 / 78

第七章　血液管理法律制度 ·········· 82

第一节　概述 / 82
第二节　无偿献血 / 83
第三节　血站管理 / 84
第四节　采供血管理 / 86
第五节　临床用血管理 / 87
第六节　法律责任 / 89

第八章　医疗损害责任法律制度 ·········· 91

第一节　概述 / 91
第二节　医疗损害责任 / 93
第三节　医疗损害的预防与处置 / 95
第四节　医疗损害鉴定 / 97
第五节　医疗损害争议的行政处理与监督 / 100
第六节　医疗损害赔偿 / 101
第七节　法律责任 / 102

第九章　中医药管理法律制度 ·········· 104

第一节　概述 / 104
第二节　中医药服务 / 107
第三节　中药保护与发展 / 112
第四节　中医药人才培养、科学研究和传承传播 / 115
第五节　法律责任 / 117

第十章 职业病防治法律制度 ……………………………… 119

第一节 概述 / 119
第二节 职业病防治的主要制度 / 121
第三节 法律责任 / 126

第十一章 精神卫生法律制度 …………………………………… 128

第一节 概述 / 128
第二节 心理健康促进和精神障碍预防 / 130
第三节 精神障碍的诊断和治疗 / 131
第四节 精神障碍的康复 / 134
第五节 保障措施 / 135
第六节 法律责任 / 137

第十二章 人口与母婴保健法律制度 …………………………… 139

第一节 人口与计划生育法律制度 / 139
第二节 母婴保健法律制度 / 142

第十三章 食品安全法律制度 …………………………………… 150

第一节 概述 / 150
第二节 食品安全风险监测和评估 / 151
第三节 食品生产经营 / 152
第四节 食品安全标准与食品检验 / 157
第五节 食品安全事故处置 / 158
第六节 食品安全监督管理 / 159
第七节 法律责任 / 160

第十四章 药品管理法律制度 …………………………………… 162

第一节 概述 / 162
第二节 药品生产、经营和使用 / 164
第三节 药品管理 / 166
第四节 特殊管理药品 / 169
第五节 血液制品 / 173
第六节 法律责任 / 175

第十五章 医疗器械管理法律制度 ……………………………… 178

第一节 概述 / 178
第二节 医疗器械产品注册与备案 / 179
第三节 医疗器械生产、经营与使用 / 182
第四节 医疗器械不良事件的处理与召回 / 185
第五节 法律责任 / 187

第一章 卫生法基础理论

> **导学**
> 1. 掌握卫生法的概念、特征、基本原则、实施相关内容。
> 2. 熟悉卫生法的渊源、卫生法律关系、卫生法的制定、卫生法律责任与法律救济。
> 3. 了解卫生法的作用、卫生法的产生和发展。

第一节 卫生法概述

一、卫生法的概念

卫生法是调整在卫生活动过程中所发生的社会关系的法律规范的总称。简言之,卫生法是调整卫生社会关系的法律规范的总称。这一概念包括以下两层含义。

1. **卫生法调整的对象是卫生社会关系** 依据法律性质,可将卫生社会关系分为两类:一类是卫生行政关系,另一类是卫生民事关系。卫生行政关系,是指经卫生法确认,具有行政意义上的权利义务内容的关系。在通常情况下,卫生行政部门总是卫生行政关系的一方。卫生民事关系,是指经卫生法确认,具有民事意义上的权利义务内容的关系。卫生民事关系是在卫生服务过程中发生的,卫生民事关系主体的法律地位是平等的。

2. **卫生法是卫生法律规范的总和** 我国的卫生法是由一系列调整卫生社会关系的法律规范所构成的。卫生法律规范主要分为两大组成部分:一部分即专门制定的卫生法律、行政法规和规章,另一部分则散在于其他方面的法律、行政法规、规章中。目前,我国主要的卫生法律有:《传染病防治法》《国境卫生检疫法》《职业病防治法》《精神卫生法》《食品安全法》《药品管理法》《执业医师法》《母婴保健法》《献血法》《人口与计划生育法》《红十字会法》和《中医药法》。

二、卫生法的特征

(一) 卫生法是行政法律规范和民事法律规范相结合的法律

卫生法以调整卫生社会关系为主要内容。卫生社会关系既存在于卫生机构、卫生人员与卫生行政部门之间,也存在于卫生机构内部管理层与卫生人员之间;既存在于卫生行政部门与企事业单位、社会团体和公民之间,也存在于卫生机构、卫生人员与患者之间;还存在于其他产生卫生社会关系的主体之间。同许多国家一样,我国卫生机构和卫生人员在提供卫生服务时,其与患者的关系多由行政法律规范进行调整,但这并不妨碍医患关系受民事法律规范的制约。如患者权利主要具有民事性质,但我国将患者的权利纳入了行政法律规范,同时又规定侵害患者权利的行为要承担一定的民事赔偿责任,对严重的侵权行为还要追究相应的刑事责任。

(二)卫生法是在医药学发展演变基础上逐步形成的专门法律规范

卫生法既是法律的一个分支,又与医学密切相关,是法学与医学相结合的产物。因此,卫生法具有浓厚的技术性。医学的进步为卫生法的发展提供了广阔的空间,而卫生法的发展则推动了社会文明的进程。卫生法的内容中含有大量的医学技术成果,既显示了卫生法的技术性、专业性,也说明了卫生法的普遍性、广泛性。医学技术成果是卫生法的立法依据,也是卫生法的实施手段。医学技术规范是卫生法不可缺少的重要组成部分,占有十分突出的地位。

(三)卫生法是强制性规范与任意性规范相结合的法律规范

卫生法作为调整卫生社会关系的专门法律,具有鲜明的国家干预性。其目的是为了保障卫生行政部门有效地行使职权,以维护社会安全和卫生秩序,保障公民健康。如果卫生机构可以任意设立、任意解散、任意开展业务,势必会造成卫生秩序的混乱。卫生法在突出强制性规范的同时,也尊重当事人自主原则,允许人们在规定范围内自行选择或者协商确定为还是不为、为的方式以及法律关系当中具体的权利和义务。

(四)卫生法是具有一定国际性的国内法

卫生法虽然在本质上属于国内法,但由于对卫生本身共性的、规律性的普遍要求,特别是随着国际间人员往来和贸易合作的快速发展,任何一个国家或地区都不可能置身世外,而只能从自身利益的互补性出发,去适应世界经济一体化的发展趋势,因此,各国卫生法在保留其个性的同时,都比较注意借鉴和吸收各国通行的卫生规则,使得与经济发展密切相关的卫生法具有明显的国际性。

三、卫生法的基本原则

卫生法的基本原则,是卫生立法的指导思想和基本依据,是卫生法所确认的卫生社会关系主体及其卫生活动必须遵循的基本准则,在卫生司法活动中起指导和制约作用。

(一)保护公民健康原则

保护公民健康原则,是指公民每个人都依法享有改善卫生条件、获得基本医疗保健的权利,以增进身体健康、延长寿命、提高生命质量。健康是促进人的全面发展的必然要求,是经济社会发展的基础条件,是民族昌盛和国家富强的重要标志,也是广大人民群众的共同追求。健康权是一项基本人权,健康权的实现是一切卫生工作和卫生立法的最终目的。一方面,任何人,不分民族、种族、性别、职业、社会出身、宗教信仰、受教育程度、财产状况等,都有权获得健康保护。另一方面,人人皆有获得有质量的健康保护的权利。健康保护应达到一定的专业标准。总之,开展卫生工作应把人民健康放在优先发展的战略地位。

(二)保护社会健康原则

保护社会健康原则,是指协调个人利益与社会健康利益的关系,动员全社会参与推进健康中国的建设。推进健康中国建设,是全面建成小康社会、实现社会主义现代化的重要基础,是全面提升中华民族健康素质、实现人民健康与经济社会协调发展的国家战略,是积极参与全球健康治理、履行2030年可持续发展议程国际承诺的重大举措。社会健康利益,是一种既涉及个人利益,但又不专属于任何个人的社会整体利益。这一原则是党的群众路线在卫生法制建设中的体现,反映了卫生工作的社会性。

(三)预防为主原则

预防为主原则,是指卫生工作要坚持"预防为主,综合治理"的方针。这是由卫生工作的性质以及我国经济社会发展水平所决定的。具体内涵包括:① 任何卫生工作都必须立足于预防。无论是制定卫生政策,采取卫生措施,考虑卫生投入,都应当把预防放在优先地位。② 强调预防,并不是轻视医疗。预防与医疗是一个相辅相成的有机整体。③ 预防和医疗都是保护人体健康的方法和手段。无病防病,有病治病,防治结合,是预防为主原则总的要求。

(四)公平原则

公平原则,是指以利益均衡作为价值判断标准来配置卫生资源,协调卫生服务活动,以便每个社会成员普遍能得到卫生服务的基本准则。其基本要求是以农村和基层为重点,推动健康领域基本公共服务均等化,维护基本医疗卫生服务的公益性,逐步缩小城乡、地区、人群间基本健康服务和健康水平的差异,实现全民健康覆盖。任何人在法律上都享有平等使用卫生资源的权利,但个人可以使用的卫生资源的范围和水平,客观上要受到卫生资源分布和分配的影响。因此,这里的公平不是指人人获得相同数量或者相同水平的卫生服务,而是指人人达到最高可能的健康水平。公平不是一个单一的、有限的目标,而是一个逐步改善的过程。

(五)中西医协调发展原则

中西医协调发展原则,是指在对疾病的诊疗护理、预防保健过程中,要正确处理中国传统医药学与西方现代医药学之间的关系,促进两者的协调发展。这是我国宪法确定的原则,也是我国卫生工作的基本方针之一。要求在继承和发展我国传统医药学的同时,运用现代科学知识和技术对其进行整理、研究和发掘,促进其进一步发展。同时,要继续学习、研究和运用现代医药学的基本原理和新理论、新技术、新方法等,努力发展和提高其水平。

(六)国家卫生监督原则

国家卫生监督原则,是指卫生行政部门或者国家授权的卫生职能部门,对辖区内有关单位和个人执行国家颁布的卫生法律、法规、规章和标准情况进行监察督导。实行国家卫生监督原则,必须把专业性监督与社会监督、群众监督紧密结合起来,严格依法办事,同一切违反卫生法的现象作斗争,以保证有一个良好的社会卫生环境。

四、卫生法的作用

卫生法是行政法的重要组成部门,也是宪法的实施法,在社会发展中起着十分重要的作用。

(一)维护社会卫生秩序

调整卫生社会关系主要有市场和政府两种途径。无论是市场调节,还是政府干预,都离不开卫生法。一方面,卫生法通过建立市场的卫生秩序,约束市场的卫生主体,规范市场的卫生行为,维护市场的卫生安全;另一方面,卫生法通过界定政府干预卫生的范围与程度,使政府对卫生的干预行为,既不窒息市场的活力,也不背离卫生的本质,从而实现国家对卫生的宏观目标。

(二) 保障公共卫生利益

卫生法通过调整卫生社会关系来保证公共卫生利益的实现。公共卫生利益在卫生法上表现为公共卫生权利。卫生法有关公共卫生权利既体现在公共卫生领域,也体现在医疗保健领域;既体现在个人身上,也体现在群体身上。在卫生法上,除了授予公民、法人和其他组织依法可以取得各种行为资格,赋予他们依法可以取得包括民事权利在内的各种权利外,还规定了他们在行使权利或者履行义务时,不能侵害公共卫生利益。卫生法为保护公共卫生利益以及公共卫生利益关系人的权利,建立了完善的权利救济制度。

(三) 规范卫生行政行为

卫生行政部门是卫生法的主要实施部门之一,它代表国家运用公权力维护卫生社会关系权利主体的权利,强制卫生社会关系义务主体或责任主体履行其义务、承担其责任,最终实现卫生法调整卫生社会关系的目的。但卫生行政部门必须在法律规定的范围内行使自己的职权,必须按照法律规定的程序、要求行使自己的职权。在行使职权的过程中,卫生行政部门要把维护社会卫生秩序和保障公共卫生利益作为宗旨,切实做到合法行政、合理行政、程序正当、高效便民、诚实守信、权责统一,防止违法、滥用行政权力,并把行政行为始终置于社会监督之下。

五、卫生法的渊源

卫生法的渊源,又称卫生法的法源,是指卫生法律规范的各种具体表现形式。

(一) 宪法

宪法是国家的根本大法,具有最高法律效力,是国家一切立法的基础,也是我国卫生法的基本渊源。我国《宪法》有关卫生的规定主要有:国家发展医疗卫生事业,发展现代医药和我国传统医药,举办各种医疗卫生设施,开展群众性的卫生活动;推行计划生育;发展社会保险、社会救济和医疗卫生事业;保护婚姻、家庭、母亲和儿童的合法权益等。

(二) 法律

法律作为卫生法的渊源,包括由全国人民代表大会制定的基本法律和全国人民代表大会常委会制定的普通法律。目前我国尚未制定卫生基本法律,现有的卫生法律都是普通法律,如《食品安全法》《药品管理法》《传染病防治法》《国境卫生检疫法》《职业病防治法》《精神卫生法》《母婴保健法》《人口与计划生育法》《献血法》《执业医师法》《红十字会法》《中医药法》。此外,《刑法》《劳动法》《婚姻法》《侵权责任法》等法律中有关卫生的条款也是卫生法的渊源。

(三) 法规

法规是以宪法和法律为依据,针对某一特定的调整对象而制定的。它有两种类型:① 国务院依宪法和法律而制定的行政法规。由国务院直接发布,如《公共场所卫生管理条例》《血液制品管理条例》《医疗机构管理条例》《传染病防治法实施办法》等。② 地方性法规。《立法法》规定,省、自治区、直辖市,省、自治区的人民政府所在地的市,经济特区所在地的市和国务院已经批准的较大的市的人民代表大会及其常务委员会,根据本行政区域的具体情况和实际需要,在不同宪法、法律、行政法规相抵触的前提下,可以制定地方性法规,如《北京市精神卫生条例》《江苏省发展中医条例》等。

(四)自治条例、单行条例

根据宪法规定,民族自治地方的人民代表大会有权依照当地民族的政治、经济、文化的特点,制定自治条例和单行条例。自治区的自治条例和单行条例,报全国人民代表大会常务委员会批准后生效。自治州、自治县的自治条例和单行条例,报省或者自治区的人民代表大会常务委员会批准后生效,并报全国人民代表大会常务委员会备案。自治条例、单行条例,只限于民族自治地方适用。

(五)规章

规章,又称行政规章,分部门规章和地方政府规章两种:① 国务院卫生行政部门单独或者与国务院有关部门联合制定发布的规范性文件,称为卫生部门规章。② 省、自治区、直辖市和设区的市、自治州的人民政府制定发布的卫生方面的规范性文件,称为地方政府卫生规章。规章不得与宪法、法律、行政法规相抵触,地方政府规章还不得与地方性法规相抵触。

(六)卫生标准

卫生标准是卫生法的一种特殊渊源。由于卫生法律、行政法规比较原则、抽象,除了需要卫生规章予以具体化外,还需要卫生标准予以细化。根据法律效力,卫生标准分为强制性卫生标准和推荐性卫生标准,但可以作为卫生法特殊渊源的卫生标准只能是强制性卫生标准。

(七)法律解释

法律解释,是指一定的解释主体根据法定权限和程序,按照一定的标准和原则,对法律的含义以及法律所使用的概念、术语等进行进一步说明的活动。根据解释主体和解释的效力的不同,可将法律解释分为有权解释与学理解释两种。有权解释的主体是有关国家机关,又可以分为立法解释、司法解释和行政解释。学理解释,是指由学者或者其他个人及组织对法律规定所作的不具有法律约束力的解释。在我国,有权解释通常也被视为卫生法的法源。

(八)国际条约

国际条约,是指由我国与外国签订的或者批准、承认的某些国际条约。它可由全国人大常委会决定同外国缔结,或者由国务院按职权范围同外国缔结。国际条约虽然不属于我国国内法的范畴,但其一旦生效,除我国声明保留的条款外,对我国具有约束力,如《国际卫生条例》《1961年麻醉品单一公约》等。

六、卫生法的产生和发展

(一)中国卫生法的产生与发展

奴隶社会是我国卫生立法的萌芽时期。西周的《周礼》详实记载了当时的医事管理制度,包括司理医药机构、病历书写和医生考核制度等。封建时代是我国卫生立法逐步发展和渐趋完善时期。从《秦律》《汉律》《唐律疏议》《宋律》《元典章》《大清律》中,均可看到有关医药管理机构、传染病防治、医学教育、公共卫生、医疗事故处理等方面的规定。

辛亥革命以后,我国卫生法开始趋向专门化、具体化。当时的国民政府制定了一系列卫生法律,如《传染病预防条例》《医师暂行条例》《中医条例》《助产士条例》《药剂师法》等。

中华人民共和国成立后，我国卫生法进入了一个崭新的发展时期。1954年颁布的第一部《宪法》规定，中华人民共和国劳动者在年老、疾病或者丧失劳动能力的时候，有获得物质帮助的权利。国家举办社会保险、社会救济和群众卫生事业，并且逐步扩大这些设施，以保证劳动者享受这种权利。20世纪50年代，国家制定了一系列卫生工作方针，确立了卫生行政管理体制，建立了卫生防疫体系和医疗服务体系，实行了劳保医疗制度和公费医疗制度，同时规定了我国卫生行政机关的组织、职权、工作方式和责任，也规定了我国基本卫生制度、卫生管理领域和卫生管理方式。

1982年的《宪法》是我国卫生法发展的重要基础。它不仅规定了国家发展卫生事业的目的、国家发展卫生事业的指导思想，同时也规定了国家发展卫生事业的内容。1982年制定了具有里程碑意义的《食品卫生法(试行)》；1984年制定的《药品管理法》建立起了新的药品监督管理体制；1986年制定的《国境卫生检疫法》和1989年制定的《传染病防治法》标志着我国公共卫生领域进入法制化管理轨道；1994年制定的《医疗机构管理条例》揭开了医疗领域立法的新序幕。此后相继制定的《母婴保健法》《献血法》《执业医师法》使我国卫生领域立法不断迈上新台阶。

进入21世纪，我国卫生法不断发展完善，连续颁布了几个具有标志性意义的法律法规。2002年的《医疗事故处理条例》第一次系统地规定了我国患者的权利；2003年的《中医药条例》是我国第一部综合性的中医药专门法规；2003年的《突发公共卫生事件应急条例》建立了我国第一套应急管理体制和机制。同时，国家还制定了《职业病防治法》《食品安全法》《精神卫生法》和《中医药法》，重新修订颁布了《药品管理法》《传染病防治法》《职业病防治法》等。

(二) 国外卫生法的产生与发展

国外也早在奴隶社会时期就出现了卫生法的萌芽，如古印度的《摩奴法典》、古巴比伦的《汉谟拉比法典》和古罗马的《十二铜表法》《阿基拉法》《科尼利阿法》等，都有比较具体的记载，涉及的内容包括饮水、尸体掩埋、牲畜屠宰、食品卫生、弃婴、堕胎、行医资格、医生失职的惩处等。

欧洲封建国家兴起后，开始出现专门的卫生法律，如13世纪法国腓特烈二世制定《医师开业法》《药剂师开业法》等。

工业革命以后，资本主义国家的卫生立法进程加速。1883年德国俾斯麦政府颁布了《疾病保险法》，建立了世界上最早的医疗保险制度；英国1859年颁布《药品、食品法》，1875年实施了《公共卫生法》等；日本的近代医疗制度是从1874年的《医务工作条例》起步的；美国1909年制定了《药政法规》等。

第二次世界大战后，各国在宪法中明确规定公民的基本健康权利以及政府应当承担的责任。如英国建立国民卫生服务体系，1946年颁布了《国家卫生服务法》，实行全民免费医疗卫生服务；法国1956年制定了《社会保障法》，1970年制定了《医院法》等；美国1965年出台了《社会保障法》，明确提出建立老人医疗保险(Medicare)和穷人医疗保险(Medicaid)，1979年出台了新的《食品、药品、化妆品法》等。

(三) 国际卫生法

国际卫生法，是指国际组织制定的卫生方面的国际公约或者其他法律文件。在性质上属于国际法的一个分支。国际卫生法的主要表现形式为国际卫生条例以及其他各种卫生条约、公约等。经成员国承认和批准的条例、公约等文件对该成员国就具有国际法上的约束力。

国际卫生法是国家之间卫生合作和交流的产物。最初的国际卫生法产生于国际卫生检疫领域。1851年12个国家在巴黎召开国际卫生会议，规定进出各国港口的船舶要办理检疫手续，实施消毒、隔离等卫生措施,这个就是后来的国际卫生条例的雏形。此后,该公约经历了数次修改、补充,并在1951年将名称改为《国际卫生条例》。从1951年到1981年间,平均每3年多时间,世界卫生组织就要对条例作一次重大修改、补充。2005年5月,《国际卫生条例》将适用范围从1969年商定的6种严重传染病——霍乱、鼠疫、黄热病、天花、回归热和斑疹伤寒,扩大至国际关注的一系列突发公共卫生事件,包括正在出现的疾病。并强调采取的公共卫生行动要确保最大限度地保护人民健康,同时又要求对国际旅行和贸易的干扰减少到最低限度。

目前国际卫生法的主要渊源包括以下几个方面:① 世界卫生组织及其与其他国际组织联合制定的文件。如《国际卫生条例》、食品卫生标准等。② 联合国和联合国系统其他组织制定的文件。如《1961年麻醉药品单一公约》《1971年精神药物公约》《儿童权利公约》等。③ 联合国系统以外的国际组织制定的文件,如国际劳工组织通过的《职业安全、卫生和工作环境公约》和同名建议书(1981年),世界贸易组织通过的《与贸易有关的知识产权协定》(TRIPS)等。④ 区域性国际组织制定的文件。如欧洲联盟、美洲国家组织、非洲统一组织、阿拉伯国家联盟等区域性国际组织制定的文件。⑤ 双边条约。双边条约主要是为了解决国与国之间跨境卫生问题,特别是有关卫生信息互通、协作采取卫生措施、卫生援助等。双边条约只对签约双方具有约束力。

第二节 卫生法律关系

一、卫生法律关系的概念

卫生法律关系,是指卫生法所调整的国家机关、企事业单位和其他社会团体之间,它们的内部机构以及它们与公民之间在卫生活动中所形成的权利和义务关系。主要包括卫生行政法律关系和卫生服务法律关系两大类。这两大类法律关系具有完全不同的性质和特征。

卫生行政法律关系,是指卫生行政机关在依法进行卫生行政管理过程中,与被管理人之间形成的法律关系。卫生行政主体在进行这些行政管理过程中,与被管理者之间会形成领导与服从的行政隶属法律关系。

卫生服务法律关系,是指在卫生服务活动中,提供卫生服务的医疗卫生单位和个人与接受医疗卫生服务者之间所形成的法律关系。作为一种特殊的民事法律关系,它的特殊性表现在许多方面,如医疗机构无特殊情形不得自行决定停止营业或拒绝诊疗,医务人员在特殊情况下必须服从卫生行政部门的调遣,某些传染性疾病的患者必须接受强制隔离治疗措施等。

二、卫生法律关系的构成要素

卫生法律关系由主体、客体和内容3个要素构成,三者缺一不可。

(一) 卫生法律关系的主体

卫生法律关系的主体,是指参加卫生法律关系、享有卫生权利和承担卫生义务的公民、法人和其他组织。主要包括卫生行政部门、卫生机构、卫生人员、企事业单位、社会团体和公民等。享有权利的一方,称为权利主体;负有义务的一方,称为义务主体。

(二) 卫生法律关系的客体

卫生法律关系的客体,是指卫生法律关系主体的卫生权利和卫生义务所指向的对象。

1. **人的生命健康利益** 是人身利益的一部分,包括人的生命、身体、生理功能等。虽然它与自然人主体不能分离,但并非主体本身,而只是能够满足主体人身需求的客观事物。

2. **物** 是指现实存在的,能够被人所支配、利用,具有一定价值和使用价值的物质财富,如食品、药品、化妆品、医疗器械等。并非一切具有自然属性的物均能充当法律关系的客体。如假药和不合格食品,从自然属性上讲是物,但从法律角度来讲,它们属于禁止流通物,生产销售假药和不合格食品者会受到法律制裁。

3. **行为** 是指卫生法律关系中权利主体行使权利和义务主体履行义务的活动,如申请许可、卫生审批、医疗服务等。行为分为作为和不作为两种形式。前者是积极的行为,后者是对一定行为的限制。

4. **智力成果** 是指人们脑力劳动所创造的成果,属于精神财富,如学术著作、专利等。智力成果可以转换成一定形式的物质财富。

(三) 卫生法律关系的内容

卫生法律关系的内容,是指卫生法律关系的主体针对特定客体在一定条件下依法享有的卫生权利和承担的卫生义务。卫生权利和卫生义务是将当事人联系在一起的纽带,两者相互依存、密不可分。它们从不同的角度来表现同一个卫生法律关系的具体内容。

1. **卫生权利** 是卫生法律关系中的权利主体依照卫生法规定,根据自己的意愿实现自己某种利益的可能性。它包含3层含义:① 权利主体有权在卫生法规定的范围内,根据自己的意愿为一定行为或者不为一定行为。② 权利主体有权在卫生法规定的范围内,要求义务主体为一定行为或者不为一定行为,以便实现自己的某种利益。③ 权利主体有权在自己的卫生权利遭受侵害或者义务主体不履行卫生义务时,请求人民法院给予法律保护。

2. **卫生义务** 是卫生法律关系中的义务主体依照卫生法规定,为了满足权利主体某种利益而为一定行为或者不为一定行为的必要性。它也包含3层含义:① 义务主体应当依据卫生法的规定,为一定行为或者不为一定行为,以便实现权利主体的某种利益。② 义务主体负有的义务是在卫生法规定的范围内为一定行为或者不为一定行为,对于权利主体超出法定范围的要求,义务主体不承担义务。③ 卫生义务是一种法定义务,受到国家强制力的约束。如果义务主体不履行或者不适当履行,就要承担相应的法律责任。

三、卫生法律关系的产生、变更和消灭

(一) 卫生法律关系的产生

卫生法律关系的产生,是指在卫生活动中,因某种事实的存在,使人们之间为一定权益的实现而形成了权利和义务关系。如患者的就医行为引起医患服务法律关系的产生;卫生行政机关对公共场所进行卫生检查而引起卫生行政法律关系的产生等。

(二) 卫生法律关系的变更

卫生法律关系的变更,是指因某种事实的存在而使原有的卫生法律关系发生变动。在已经形

成的卫生法律关系中,常常会出现一些新的情况而使原本的法律关系产生变动。如卫生管理机关的设立与撤销,会引起卫生管理关系主体的变更;发生了医疗事故,可能会引起卫生法律关系内容的变更等。

(三) 卫生法律关系的消灭

卫生法律关系的消灭,是指因某种事实的存在使原有卫生法律关系中的权利和义务消失和终止。卫生法律关系消失和终止主要有两个原因:① 义务方依法履行了法定的义务,从而使卫生法律关系消失。② 卫生法律关系主体双方或一方不存在了(如组织被撤销或者自然人死亡),使原本存在的卫生法律关系终止。

卫生法律关系的产生、变更和消灭的意义在于制约卫生活动和社会关系。人们之间一旦产生了某种卫生法律关系,双方主体就应按照法律的规定,享有相应的权利并履行相应的义务;一旦法律关系变更,主体就应按照变更了的法律关系去行为;法律关系消灭了,权利主体就不再享有权利,负有义务的主体也不再承担义务。人们在卫生活动中相互关系的利益化与规范化,就是通过卫生法律关系发生、变更和消灭来维持的。

(四) 法律事实

法律事实,是指卫生法律规范所规定的,能够直接引起卫生法律关系产生、变更和消灭的客观情况。一切卫生法律关系的产生、变更和消灭,都是由一定的法律事实所引起的。法律事实有多种形态,但主要可以概括为法律事件和法律行为两大类。

1. **法律事件** 是指法律规定的能够直接引起法律关系发生、变更和消灭而又不以当事人意志为转移的客观现象。包括自然事件和社会事件。前者指不依人的意志为转移而出现的客观情况,如当事人的出生、死亡;后者指当事人以外其他人的活动造成的事件,如战争、动乱、政策法令的突然改变等不可抗力的现象。

2. **法律行为** 是指能够直接引起法律关系产生、变更和消灭,当事人有意识有目的的某种活动。包括合法行为和违法行为。行为是最重要的法律事实,卫生法律关系的产生、变更和消灭,绝大多数是由当事人的行为所引起的。

第三节 卫生法的制定和实施

一、卫生法的制定

(一) 卫生法制定的概念

卫生法的制定,又称卫生立法,是指有立法权的国家机关依照法定的权限和程序,制定、认可、修改、补充或者废止规范性卫生法律文件的活动。制定,是指国家机关进行的直接卫生立法活动;认可,是指国家机关进行的旨在赋予某些卫生习惯、其他卫生规范以法的效力的活动;修改和废止,是指随着社会发展进步,适时变更现行卫生法律规范的活动。

(二) 卫生法制定的基本原则

卫生法制定的基本原则,是指卫生立法主体进行卫生立法活动所必须遵循的基本行为准则,是立法指导思想在立法实践中的重要体现。根据《立法法》的规定,卫生立法活动必须遵循以下基本原则。

1. **遵循宪法的基本原则**　宪法是卫生立法最为核心和基础的法律依据。宪法是人民意志和利益的集中体现,只有坚持和维护宪法原则,才能使卫生立法工作坚持正确的政治方向,反映人民群众医药卫生方面的愿望和要求,以保障和实现宪法所确定的公民的健康权益。

2. **依照法定的权限和程序的原则**　卫生立法必须遵循宪法、立法法和有关法律关于立法权限划分的规定。立法机关在宪法、法律规定的范围内行使职权,不能超越法定的权限范围。必须严格遵守法定的程序,因为程序性规定反映了民主原则,民主的实质须通过相应的程序表现出来。

3. **维护社会主义法制的统一和尊严的原则**　卫生立法应站在国家和全局利益的高度,从国家的整体利益出发,从人民长远的、根本的利益出发,防止出现部门利益、地方保护主义的倾向,维护国家的整体利益,维护社会主义法制的统一和尊严。这是依法治国、建设社会主义法治国家的必然要求。

4. **坚持民主立法的原则**　卫生立法要坚持群众路线,采取各种行之有效的措施,广泛听取人民群众的意见,集思广益,在民主的基础上集中,实现卫生立法的民主性、科学性。同时广泛吸收广大人民群众参与卫生立法工作,调动他们的积极性和主动性,不仅使卫生立法更具民主性,而且有利于卫生法在现实生活中得到真正的遵守。

5. **从实际出发的原则**　从实际出发,最根本的就是从我国的国情出发,深入实际,调查研究,正确认识我国国情,充分考虑我国社会经济基础、生产力水平、各地的卫生条件、人员素质等状况,科学、合理地规定公民、法人和其他组织的权利与义务,以及国家机关的权力与责任。同时也应当注意在充分考虑我国的基本国情前提下,适当借鉴、吸收外国及本国历史上卫生立法的有益经验,注意与国际接轨。

(三) 卫生法的制定程序

卫生法的制定程序,是指有权的国家机关制定卫生法所必须遵循的方式、步骤、顺序等的总和。卫生法的制定必须依照法定程序进行。以卫生法律为例,卫生立法程序包括以下几个阶段。

1. **卫生立法的准备**　主要包括编制卫生立法规划、作出卫生立法决策、起草卫生法律案等。

2. **卫生法律议案的提出**　享有法律议案提案权的机关或个人向立法机关提出关于制定、修改、废止某项卫生法律的正式提案。

3. **卫生法律草案的审议**　卫生法律议案列入日程以后,有权机关或者有权机关委托专家起草卫生法律草案。卫生法律草案应经过常委会会议审议或全国人大教科文卫委员会、法律委员会审议等。

4. **卫生法律案的表决、通过**　卫生法律案提请全国人大常委会 3 次审议后,由常委会全体会议投票表决,以全体组成人员的过半数通过。

5. **卫生法律的公布**　获全国人大常委会通过的卫生法律,由国家主席以主席令的形式公布,使社会各界周知,便于熟悉并遵照执行。卫生法律的公布是卫生立法的最后一步,是卫生法律生效的前提。法律通过后,凡是未经公布的,均不发生法律效力。

二、卫生法的实施

卫生法的实施,是指通过一定的方式使卫生法律规范在社会生活中得到贯彻和实现的活动。卫生法的实施过程,是把卫生法的规定转化为主体行为的过程,是卫生法作用于社会关系的特殊形式。卫生法的实施主要有卫生法的遵守和卫生法的适用两种方式。

(一)卫生法的适用概念

卫生法的适用有广义和狭义之分。广义的卫生法的适用,是指国家机关和法律、法规授权的社会组织依照法定的职权和程序,将卫生法律规范创造性地运用到具体的人或组织,用来解决具体问题的一种专门活动。包括卫生行政部门以及法律、法规授权的组织依法进行的卫生执法活动和司法机关依法处理有关卫生违法和犯罪案件的司法活动。狭义的卫生法的适用,仅指司法活动。这里指的是广义的卫生法的适用。

(二)卫生法的效力范围

卫生法的效力范围,是指卫生法的生效范围或适用范围,即卫生法在什么时间、什么地方和对什么人适用,包括卫生法的时间效力、空间效力和对人的效力3个方面。

1. **卫生法的时间效力** 是指卫生法生效、失效以及对生效前所发生的行为和事件是否具有溯及力的问题。

2. **卫生法的空间效力** 是指卫生法适用的地域范围,主要有以下几种情况:① 全国人大及其常委会制定的卫生法律,国务院及其各部门发布的卫生行政法规、部门规章等规范性文件,在全国范围内有效。② 地方人大及其常委会、民族自治机关颁布的地方性卫生法规、自治条例、单行条例,以及地方人民政府制定的政府卫生规章,只在其行政管辖区域范围内有效。③ 中央国家机关制定的卫生法律、法规,明确规定了特定的适用范围的,即在其规定的范围内有效。某些卫生法律、法规还有域外效力。

3. **卫生法对人的效力** 主要有以下几种情况:① 我国公民在我国领域内,一律适用我国卫生法。② 外国人、无国籍人在我国领域内,也都适用我国卫生法,一律不享有卫生特权或豁免权。③ 我国公民在我国领域以外,原则上适用我国卫生法。法律有特别规定的按法律规定。④ 外国人、无国籍人在我国领域外,如果侵害了我国国家或公民、法人的权益,或者与我国公民、法人发生卫生法律关系,也可以适用我国卫生法。

(三)卫生法的适用规则

卫生法的适用规则,是指卫生法律规范之间发生冲突时如何选择适用卫生法律规范的问题。卫生法的适用采取以下基本规则。

1. **上位法优于下位法** 法的位阶是指法的效力等级。效力等级高的是上位法,效力等级低的就是下位法。不同位阶的卫生法律规范发生冲突时,应当选择适用位阶高的卫生法律规范。

2. **特别法优于一般法** 同一机关制定的卫生法,特别规定与一般规定不一致的,适用特别规定。

3. **新法优于旧法** 同一机关制定的卫生法,新的规定与旧的规定不一致的,适用新的规定。适用这条规则的前提是新旧规定都是现行有效的。

三、卫生行政执法行为

卫生行政执法行为,是指卫生行政执法主体在其法定职权范围内实施卫生行政执法活动、管理社会公共卫生事务的过程中,作出的具有法律意义和法律效力的行为。从卫生行政执法行为的直接法律功能出发,可以分为行政赋权行为、行政限权行为、行政确认行为、行政裁决行为和行政救济行为。

1. **行政赋权行为** 是指创制权利,赋予卫生行政相对人一定的权利和利益。主要有卫生行政许可、卫生行政奖励、卫生行政救助等。

2. **行政限权行为** 是指剥夺与限制权利,即科以卫生行政相对人一定的义务,限制或者剥夺其一定的权利和利益。主要有卫生行政处罚、卫生行政强制、卫生行政命令等。

3. **行政确认行为** 是指卫生行政主体依法对卫生相对人的法律地位、法律关系和法律事实进行甄别,给予确定、认可、证明并予以宣告的行为。主要有卫生行政证明、卫生行政鉴定等。

4. **行政裁决行为** 是指卫生行政主体以中间人的身份裁定一定范围内的卫生行政纠纷和民事纠纷。如医疗损害赔偿裁决、卫生权属纠纷裁决等。

5. **行政救济行为** 是指卫生行政主体对已经作出的卫生行政行为本身以及卫生行政行为的后果进行补救。主要有卫生行政撤销行为、卫生行政变更行为、卫生行政赔偿和卫生行政补偿等。

四、卫生行政执法监督

卫生行政执法监督,是指有法定监督职权的主体依照法律规定,对卫生行政执法主体及其工作人员的执法活动进行的督查、督促、检查和纠正。对卫生行政执法活动进行监督,是提高执法主体工作效率、克服官僚主义、防止腐败的有力武器,同时也是保护公民、法人和其他组织的合法权益,实行人民当家做主的重要保证。可以分为以下几种形式。

1. **国家权力机关的监督** 又称为代表机构的监督或立法监督,是指全国人民代表大会和地方各级人民代表大会的监督。权力机关对卫生行政机关的监督,属于全面性的监督,不仅监督卫生行政行为是否合法,而且监督其工作是否有成效。监督的方式有:听取和审议工作报告;审查和批准财政预决算;质询和询问;视察和检查;调查、受理申诉、控告和检举;罢免和撤职等。

2. **司法机关的监督** 是指人民检察院和人民法院依法对行政行为实施的监督。检察机关的监督主要是对卫生行政机关的工作人员职务违法犯罪行为进行监督;人民法院的监督主要是通过对行政诉讼案件的审判,对卫生行政机关的执法活动进行监督。

3. **卫生行政机关的监督** 是指卫生行政机关内部,上级行政机关对下级行政机关的监督。卫生行政机关内部的监督是经常、直接的监督。监督的方式包括:工作报告,调查和检查,审查和审批,考核,批评和处置等。

4. **社会舆论监督** 主要是报刊、广播、电视等新闻媒介对卫生行政执法活动中的违法违纪行为进行批评和揭露,通过向公众播放、传播来实现监督的目的。

5. **公民个人监督** 主要表现为:① 认为卫生行政部门及其工作人员的卫生监督行为侵犯其合法权益,有权依法向人民法院提起诉讼。② 对于卫生行政部门及其工作人员的违法失职行为,有权向有关国家机关提出申诉、控告或检举。③ 对卫生行政部门及其工作人员的工作,有权提出批评和建议。

第四节　卫生法律责任与法律救济

一、卫生法律责任

(一) 卫生法律责任的概念

卫生法律责任,是指卫生法律关系主体由于违法行为、违约行为或者由于法律规定而应承担的某种不利后果。

卫生法律责任具有以下特点:① 卫生法律责任是违反卫生法律规范的后果。一般而言,只有在构成卫生违法的前提下,行为人才有可能承担相应的卫生法律责任。不构成卫生违法,也就无须承担卫生法律责任。② 卫生法律责任必须由卫生法律规范明确规定。只有卫生法律、法规、规章在设定权限范围内作了明确规定的,行为人才承担相应的法律责任。③ 卫生法律责任具有国家强制性。卫生法律责任的履行由国家强制力保证,违法者拒绝承担由其违法而必须承担的法律责任时,国家强制力将强制其承担相应的法律责任。④ 卫生法律责任必须由法定机关予以追究。卫生法律责任必须由国家授权的专门机关在法定职权范围内依法予以追究,其他任何组织和个人都不能行使这种职权。

(二) 卫生法律责任的种类

1. 行政责任　是指卫生行政法律关系主体违反卫生行政法律规范,尚未构成犯罪所应承担的法律后果。主要包括行政处罚和行政处分两种。

行政处罚,是指卫生行政机关或者法律法规授权组织,在职权范围内对违反卫生行政管理秩序而尚未构成犯罪的公民、法人和其他组织,实施的一种卫生行政制裁。根据《行政处罚法》和我国现行卫生法律、法规和规章的规定,卫生行政处罚的种类主要有:警告,罚款,没收违法所得、没收非法财物,责令停产停业,暂扣或吊销有关许可证等。卫生行政处罚一般由卫生行政部门、食品药品监督管理部门决定,其中有的还须报请同级人民政府批准。

行政处分,是指有管辖权的卫生行政机关或医疗卫生机构对所属一般违法失职人员给予的一种行政制裁。依照《公务员法》的规定,行政处分的种类主要有警告、记过、记大过、降级、撤职、开除。

2. 民事责任　是指医疗卫生机构和卫生工作人员或者从事与卫生事业有关的机构违反法律规定侵害公民的健康权利时,应向受害人承担损害赔偿的责任。《民法通则》规定的承担民事责任的方式有:停止损害,排除妨碍,消除危险,返还财产,恢复原状,修理、重作、更换,赔偿损失,支付违约金,消除影响、恢复名誉,赔礼道歉等 10 种。卫生法所涉及的民事责任以赔偿损失为主要形式。

3. 刑事责任　是指违反卫生法的行为,侵害了刑法所保护的社会关系构成犯罪所应承担的法律后果。卫生法律、法规对于刑事责任的规定,是直接引用刑法中有关条款的规定。

我国刑罚分为主刑和附加刑两大类。主刑是对犯罪分子适用的主要刑罚方法,只能独立适用,不能附加适用。一个犯罪只能适用一个主刑而不能适用两个以上的主刑,包括管制、拘役、有期徒刑、无期徒刑和死刑。附加刑也称从刑,是补充主刑适用的刑罚方法。附加刑既可以随主刑附加适用,也可以独立适用。附加适用时可以同时适用两个以上附加刑,包括罚金、剥夺政治权利、没收财产。对于外国人犯罪,还可以独立适用或附加适用驱逐出境。

二、卫生法律救济

(一)卫生法律救济的概念

卫生法律救济,是指公民、法人或者其他组织认为卫生行政机关的行政行为造成自己合法权益的损害,请求有关国家机关给予补济的法律制度的总称,包括对违法或不当的行政行为加以纠正,以及对于因行政行为而遭受的财产损失给予弥补等多项内容。

(二)卫生法律救济的途径

卫生法律救济的途径,是指相对人在受到卫生行政机关行政行为侵害时,通过何种程序、何种路径实现救济的问题。我国现有的卫生法律救济途径主要包括卫生行政复议、卫生行政诉讼和卫生行政赔偿。

从我国的法律规定来看,行政复议与行政诉讼相比,有以下区别。

(1)性质不同:行政复议是行政机关的行政行为,属于行政机关系统内部所设置的对于行政管理相对人实施救济的制度;行政诉讼是人民法院的司法行为,属于在行政机关外部设置的对行政管理相对人实施救济的制度。

(2)程序不同:行政复议适用行政程序;行政诉讼适用司法程序。

(3)审查范围不同:行政复议对具体行政行为既审查合法性又审查合理性;行政诉讼主要审查具体行政行为的合法性。

(4)法律效果不同:行政复议以后仍可提起诉讼;行政诉讼是两审终审。因此,一般情况下,发生行政争议后,行政复议是最为直接有效的解决途径,而行政诉讼是最为客观公正的解决途径。

三、卫生行政复议

(一)卫生行政复议的概念

卫生行政复议,是指公民、法人或者其他组织认为卫生行政机关的具体行政行为侵犯其合法权益,按照法定的程序和条件向作出该具体行政行为的上一级卫生行政机关提出申请,受理申请的行政机关对该具体行政行为进行复查,并作出复议决定的活动。

卫生行政复议包括以下含义:① 卫生行政复议只能由作为行政相对人的公民、法人或者其他组织提起,除此以外,任何其他主体不得提起行政复议。② 卫生行政复议权只能由作出具体行政行为的行政机关的上一级行政机关或者法律授权的组织行使。③ 卫生行政复议对于公民、法人和其他组织是维护其合法权益的一种程序性权利,不得被非法剥夺,但公民、法人或者其他组织可以自主处分自己的程序性权利,即可以提起行政复议,也可以放弃行政复议的权利。④ 卫生行政复议的对象原则上只能是卫生行政机关作出的具体行政行为。

卫生行政复议是行政机关内部纠错机制,是一种具有行政与司法双重性的活动,即行政复议以准司法的方式来审理特定的行政争议。但行政复议既不完全等同于行政行为,又不完全等同于司法活动。

（二）卫生行政复议的原则

卫生行政复议的原则,是指由宪法和法律规定的,反映行政复议的基本特点,贯穿于《行政复议法》及行政复议活动并对其具有普遍指导意义的原则。主要包括以下几方面：① 合法原则。复议机关和复议机构主体必须合法,审理复议案件的依据应当合法,审理复议案件的程序应当合法。② 公正原则。复议机关在行使复议权时应当公正地对待复议双方的当事人,不能有所偏袒。③ 公开原则。行政复议活动应当公开进行,复议案件的受理、调查、审理、决定等一切活动,都应该尽可能地向当事人、公众及社会舆论公开。④ 及时原则。在保证公正、效率的前提下,应当在尽可能短的时间内给相对人一个答复,以减少相对人在行政诉讼之前的负担。⑤ 便民原则。复议机关在复议的一切环节和步骤上,尽最大可能使行政复议制度真正成为人们日常生活中保护自己合法权益的经济、实用、卓有成效的救济手段。⑥ 有错必纠原则。行政复议机关对被申请复议的行政行为进行全面的审查,不论是违法还是不当,也不论申请人有否请求,只要有错必予以纠正。⑦ 诉讼终局原则。行政复议机关的复议决定不是最终发生法律效力的决定。复议当事人对该决定不服的,可以在法定期限内向人民法院提起行政诉讼。人民法院经审理后作出的终审决定才是发生法律效力的终局决定。

（三）卫生行政复议的受案范围

《行政复议法》规定,卫生行政复议仅能对卫生行政机关作出的具体行政行为进行复议,其受案范围包括：① 对卫生行政机关作出的行政处罚不服的。② 对卫生行政机关采取的有关强制性措施决定不服的。③ 认为卫生行政机关侵犯其合法经营自主权的。④ 认为符合条件申请有关卫生许可证(照),卫生行政机关拒绝颁发或不予答复的。⑤ 要求卫生行政机关履行其他法定职责拒不答复的。⑥ 认为卫生行政机关违法要求履行义务的。⑦ 认为卫生行政机关侵害其财产人身权的。⑧ 其他可以申请卫生行政复议的具体行政行为。

同时《行政复议法》对行政复议的排除范围也作出了规定：① 不服行政处分及其他人事处理决定的。② 不服行政机关对民事纠纷作出的调解和其他处理的。对这些事项申请人不得提出复议申请。此外,公民、法人或者其他组织认为行政机关的具体行政行为所依据的规定违法,在对具体行政行为申请行政复议时,可以一并向行政复议机关提出对该规定的审查申请。

四、卫生行政诉讼

（一）卫生行政诉讼的概念

卫生行政诉讼,是指公民、法人和其他组织认为卫生行政机关的具体行政行为侵犯了自己的合法权益,依法向人民法院起诉,人民法院在双方当事人和其他诉讼参与人参加下,审理和解决行政案件的活动。

卫生行政诉讼具有以下特征：① 原告是卫生行政管理相对人。卫生行政管理相对人,是指在具体的行政管理过程中,处于被卫生行政执法机关管理的一方当事人。当事人可以是公民,也可以是法人或其他组织。② 被告只能是卫生行政机关。这是区别于民事诉讼和刑事诉讼的一个重要特征。作为被告的卫生行政执法机关,可分为卫生行政管理机关和授权执法组织。受委托的组织作出的具体行政行为由委托单位承担责任,以委托单位为被告。③ 审查具体卫生行政行为的合法性。具体行政行为是指国家卫生行政机关在实施卫生管理活动中,针对特定的人或事所采取的卫生行政处理决定和具体的执法行为。

(二) 卫生行政诉讼的基本原则

卫生行政诉讼除了要遵循诉讼制度的共同原则外,它还有自己的特有的基本原则。

1. **行政诉讼期间具体行政行为不停止执行** 在卫生行政诉讼中,原卫生行政机关的具体行政行为不因为原告的起诉和人民法院的审理而停止执行。也就是说,利害关系人对具体行政行为不服起诉到法院后,在未经人民法院变更、撤销以前,具体行政行为仍要继续执行。

2. **审查具体行政行为的合法性** 在卫生行政诉讼中,人民法院只对卫生行政机关具体行政行为的合法性进行审查,一般不进行是否合理的审查。在一般的情况下,人民法院也不能直接变更具体行政行为的内容。只有在具体行政行为明显不当的情况下,才能变更行政机关的具体行政行为。

3. **被告负举证责任** 在行政诉讼中,要求作为被告的卫生行政机关负举证责任,必须提供其作出具体行政行为的事实依据和法律依据,否则要承担败诉的结果。

4. **不适用调解** 在卫生行政诉讼中,人民法院审理卫生行政案件不能适用调解的审理方式和结案方式,而是由人民法院在查明事实、分清是非的基础上依法作出公正判决。但在涉及行政赔偿的问题上,可以通过调解解决。

5. **相对人选择复议** 相对人如果对卫生行政机关的具体行政行为不服,既可以先向行政机关申请行政复议,对复议裁决不服再向人民法院提起行政诉讼;也可以不经复议而直接向人民法院提起行政诉讼。采取哪种救济方法,由相对人自由选择。

(三) 卫生行政诉讼的受案范围

卫生行政诉讼的受案范围,是指人民法院受理或主管一定范围内卫生行政争议案件的权限,或者说哪些卫生行政案件相对人才有权向人民法院提起卫生行政诉讼。根据《行政诉讼法》,结合我国现行医药卫生法律、法规的有关规定,可以提起卫生行政诉讼的案件范围有以下几类。

1. **不服卫生行政机关行政处罚的案件** 主要是指对罚款、吊销卫生许可证、责令停产停业、没收财产等行政处罚不服的,可依法向人民法院提起诉讼。

2. **不服卫生行政强制措施的案件** 卫生行政强制措施是卫生行政机关为了履行行政管理职能,依法对公民的人身或财产加以限制的一种特别措施。如在卫生行政执法中,对传染病患者进行强制隔离、封存某种药品等。对限制人身自由或者对财产封存、扣压等卫生强制措施不服的,可以依法提起卫生行政诉讼。

3. **不服卫生行政机关对医疗事故的行政处理案件** 《医疗事故处理条例》规定,对卫生行政机关所作的医疗事故处理决定不服的,患者及其家属和医疗单位均可在接到结论或者处理通知书后,在法定期限内向人民法院起诉。

4. **认为卫生行政机关不履行法定职责的案件** 当公民申请卫生行政机关履行保护人身权、财产权的法定职责时,卫生行政机关拒绝履行;公民、法人和其他组织欲申请卫生许可证,但卫生行政机关在法定期限内不予答复,也不予批准等;这些均属卫生行政机关的"不作为",即不履行法定职责,卫生行政管理相对人都可以依法向人民法院提起诉讼。

5. **认为卫生行政机关违法要求履行义务的案件** 卫生行政机关在行政管理过程中,违法要求履行义务,如法律、法规未设定义务而卫生行政机关要求履行义务、卫生行政机关要求履行义务时程序违法等情形,公民、法人或者其他组织,可依法向人民法院提起诉讼。

(四) 不予受理的事项

《行政诉讼法》规定,人民法院不受理公民、法人或者其他组织对卫生行政机关的下列事项提起的诉讼:① 卫生规章或其他具有普遍约束力的决定、命令以及卫生标准的抽象卫生行政行为。② 卫生行政机关内部行政行为,如卫生行政机关对内部工作人员的奖惩、任免等。③ 卫生行政机关居间对公民、法人或者其他组织之间以及他们相互之间的民事权益进行调解或者根据法律、法规的规定作出仲裁处理,当事人对调解、仲裁不服的。④ 法律规定由行政机关最终裁决的具体行政行为。

五、卫生行政赔偿

(一) 卫生行政赔偿的概念

卫生行政赔偿,是指卫生行政机关及其工作人员违法行使职权,侵犯公民、法人或者其他组织的合法权益并造成损害,由行政主体给予赔偿的法律制度。行政赔偿实质是国家赔偿的一部分。

(二) 卫生行政赔偿的构成要件

1. **侵权主体必须是卫生行政机关** 侵害权利的主体必须是行使国家卫生管理职权的卫生行政机关,法律、法规授权组织,以及受委托行使行政职权的组织及其工作人员。

2. **有损害事实存在** 国家承担行政赔偿责任以有损害事实的存在为前提,无损害就无所谓赔偿。

3. **具体卫生行政行为违法** 违法既包括程序上的违法,也包括实体上的违法;既包括形式上的违法,也包括内容上的违法;既包括作为的违法,也包括不作为的违法。

4. **行政违法行为与损害事实之间有因果关系** 损害结果必须是卫生行政机关及卫生监督人员违法行使职权的行为所造成的,两者有因果关系。没有因果关系,卫生行政机关不承担赔偿责任。

5. **必须有法律的明确规定** 致害行为必须是法律明确规定应当承担侵权赔偿责任的行为。如果致害行为是法律规定可以免责的行为,则受害人不能请求赔偿。如国防、外交等国家行为,制定规章等抽象行政行为。

(三) 卫生行政赔偿的范围和方式

卫生行政赔偿范围,是指国家对卫生行政机关及其工作人员在行使行政职权时,侵犯公民、法人或者其他组织合法权益造成损害应给予赔偿的范围。

1. **侵犯人身自由权** 包括:① 违法拘留或者违法采取限制公民人身自由的强制措施。② 非法拘禁或以其他方法非法剥夺公民人身自由。③ 以殴打等暴力行为或者唆使他人以殴打等暴力行为造成的公民身体伤害或者死亡。④ 违法使用武器、警械造成公民身体伤害或者死亡。⑤ 造成公民身体伤害或者死亡的其他违法行为。

2. **侵犯财产权** 包括:① 违法实施罚款、吊销许可证和执照、责令停产停业、没收财物等行政处罚。② 违法对财产采取查封、扣押、冻结等行政强制措施。③ 违反国家规定征收财物、摊派费用。④ 造成财产损害的其他违法行为。

3. **不予赔偿的事项** 卫生行政机关对属于下列情形之一的,不承担赔偿责任:① 卫生行政机关工作人员与行使职权无关的个人行为。② 因公民、法人和其他组织自己的行为致使损害发生的情形。③ 法律规定的其他情形。

《国家赔偿法》规定,国家赔偿以支付赔偿金为主要方式。对能够返还财产或者恢复原状的,予以返还财产或者恢复原状。

(田　侃)

第二章 传染病防治法律制度

导学

1. 掌握传染病的分类、传染病疫情的报告、传染病紧急控制措施、国境卫生检疫的对象。
2. 熟悉传染病的预防、传染病的通报和公布、国境卫生检疫中的卫生监督和卫生处理。
3. 了解违反《传染病防治法》的法律责任、违反《国境卫生检疫法》的法律责任。

第一节 概 述

一、传染病的概念

传染病,是指由传染性的致病性微生物,如细菌、病毒、立克次体、寄生虫等侵入人体,发生使人体健康受到某种损害以致危及不特定的多数人生命健康甚至整个社会的疾病。传染病能在人与人、动物与动物或人与动物之间相互传播,具有传染性、流行性和反复性等特征,发病率高、传染快,对人体健康和生命威胁巨大。

传染病的传播和流行需要具备3个环节:传染源(能排出病原体的人或动物)、传播途径(病原体传染他人的途径)和易感者(对传染病无免疫力者)。切断其中任何一个环节,就可以防止传染病的传播和流行。

二、传染病防治立法

20世纪50年代初,卫生部制定了《种痘暂行办法》《交通检疫暂行办法》《民用航空检疫暂行办法》《传染病管理办法》等。1978年经国务院批准颁布了《急性传染病管理条例》,确定了法定传染病范围及分类管理原则。为了预防、控制和消除传染病的发生与流行,保障人体健康和公共卫生,1989年2月21日,第七届全国人大常委会第六次会议通过了《传染病防治法》。为贯彻实施《传染病防治法》,1991年12月6日,卫生部发布了《传染病防治法实施办法》。

2003年初,一场突如其来的传染性非典型肺炎,暴露出我国传染病防治制度的缺陷,如对传染病暴发、流行的监测与预警能力较弱,疫情信息报告、通报渠道不畅,医疗机构对传染病患者的救治能力、医院内交叉感染控制能力薄弱,传染病暴发、流行时采取紧急控制措施的制度不够完善,疾病预防控制的财政保障不足等。2004年8月28日,第十届全国人大常委会第十一次会议通过修订的《传染病防治法》,自2004年12月1日起施行。

此外,我国还出台了许多传染病防治配套的法律、行政法规和部门规章,包括《国境卫生检疫法》《疫苗流通和预防接种管理条例》《国内交通卫生检疫条例》《突发公共卫生事件应急条例》《医疗废物管理条例》《艾滋病防治条例》《血吸虫病防治条例》《性病防治管理办法》《结核病防治管理办法》《医疗机构传染病预检分诊管理办法》等,形成了我国传染病防治法律体系。

三、传染病防治法的适用范围

《传染病防治法》规定,在中华人民共和国领域内的一切单位和个人,必须接受疾病预防控制机构、医疗机构有关传染病的调查、检验、采集样本、隔离治疗等预防、控制措施,如实提供有关情况。疾病预防控制机构、医疗机构不得泄露涉及个人隐私的有关信息、资料。我国"领域"包括领空、领水、领海和延伸意义上的领域。"一切单位"包括我国的一切机关、团体、企事业单位,也包括在我国境内的外资企业、中外合资、合作企业等。"一切个人"包括我国领域内的一切自然人,包括中国人、具有外国国籍的人和无国籍人。根据我国有关法律规定和国际惯例,外交人员无传染病防治方面的豁免权,驻我国的外国使领馆人员也应遵守我国传染病防治法律的规定。

四、传染病防治方针和原则

《传染病防治法》规定,国家对传染病防治实行预防为主的方针,防治结合、分类管理、依靠科学、依靠群众的原则。

1. **预防为主** 传染病防治要把预防工作放在首位,从预防传染病发生入手,通过采取各种防治措施,使传染病不发生、不流行。预防为主要求无病防病,有病治病,立足于防。

2. **防治结合** 在贯彻预防为主方针的前提下,实行预防措施和治疗措施相结合。它既符合阻断形成传染病流行的3个环节,即管理传染源、切断传播途径、保护易感人群,又适应由过去单纯的生物医学模式向生物—心理—社会医学模式的转变。

3. **分类管理** 根据传染病不同病种的传播方式、传播速度、流行强度以及对人类健康危害程度的不同,参照国际统一分类标准所确定的一种科学管理原则。传染病实行分类管理既是法律的原则性与灵活性相结合的体现,也是经济有效的突出重点兼顾一般管理原则的体现,是符合我国国情,特别是符合广大农村客观情况的。

4. **依靠科学** 在传染病防治工作中,要发扬科学精神,坚持科学决策;普及科学知识,加强科学引导;做好科学预防,实行科学治疗;依靠科学技术,组织科学攻关。

5. **依靠群众** 传染病防治工作的依靠力量是群众,工作对象也是群众,所以传染病防治工作必须以群众自觉参与和积极配合为条件。国家支持和鼓励公民个人参与传染病防治工作,同时,公民也应当根据法律的规定,接受疾病预防控制机构、医疗机构有关传染病的调查、检验、采集样本、隔离治疗等预防、控制措施,如实提供有关情况。

五、传染病的分类

根据传染病病种的传播方式、传播速度、流行强度以及对人体健康、对社会危害程度的不同,参照国际统一分类标准,《传染病防治法》将37种急性和慢性传染病列为法定管理的传染病,并分为甲类、乙类和丙类3类,对不同类别的传染病采取相应的预防、控制措施。

1. **甲类传染病** 鼠疫、霍乱。
2. **乙类传染病** 传染性非典型肺炎、艾滋病、病毒性肝炎、脊髓灰质炎、人感染高致病性禽流感、麻疹、流行性出血热、狂犬病、流行性乙型脑炎、登革热、炭疽、细菌性和阿米巴性痢疾、肺结核、伤寒和副伤寒、流行性脑脊髓膜炎、百日咳、白喉、新生儿破伤风、猩红热、布鲁菌病、淋病、梅毒、钩端螺旋体病、血吸虫病、疟疾。
3. **丙类传染病** 流行性感冒、流行性腮腺炎、风疹、急性出血性结膜炎、麻风病、流行性和地方性斑疹伤寒、黑热病、棘球蚴病(包虫病)、丝虫病,以及除霍乱、细菌性和阿米巴性痢疾、伤寒和副伤寒以外的感染性腹泻病。

上述传染病以外的其他传染病,根据其暴发、流行情况和危害程度,需要列入乙类、丙类传染病的,由国务院卫生行政部门决定并予以公布。2008年5月2日,卫生部决定将手足口病列入丙类传染病进行管理。

对乙类传染病中的传染性非典型肺炎、炭疽中的肺炭疽和人感染高致病性禽流感,采取甲类传染病的预防、控制措施。其他乙类传染病和突发原因不明的传染病,如需要采取甲类传染病的预防、控制措施的,由国务院卫生行政部门及时报经国务院批准后予以公布、实施。2009年4月30日,卫生部经国务院批准,将甲型H1N1流感纳入乙类传染病,并采取甲类传染病的预防、控制措施。

2013年10月28日,国家卫生计生委发布《关于调整部分法定传染病病种管理工作的通知》,将人感染H7N9禽流感纳入法定乙类传染病;将甲型H1N1流感从乙类调整为丙类,并纳入现有流行性感冒进行管理;解除对人感染高致病性禽流感采取的甲类传染病预防、控制措施。目前我国法定传染病共计39种,其中甲类传染病2种,乙类传染病26种,丙类传染病11种。

《传染病防治法》还规定,省、自治区、直辖市人民政府对本行政区域内常见、多发的其他地方性传染病,可以根据情况决定按照乙类或者丙类传染病管理并予以公布,报国务院卫生行政部门备案。

六、传染病防治的管理体制

各级人民政府领导传染病防治工作。县级以上人民政府制定传染病防治规划并组织实施,建立健全传染病防治的疾病预防控制、医疗救治和监督管理体系。国务院卫生行政部门主管全国传染病防治及其监督管理工作,县级以上地方人民政府卫生行政部门负责本行政区域内的传染病防治及其监督管理工作,县级以上人民政府其他部门在各自的职责范围内负责传染病防治工作。

各级疾病预防控制机构承担传染病监测、预测、流行病学调查、疫情报告及其他预防、控制工作。医疗机构承担与医疗救治有关的传染病防治工作和责任区域内的传染病预防工作。城市社区和农村基层医疗机构在疾病预防控制机构的指导下,承担城市社区、农村基层相应的传染病防治工作。

七、传染病患者、病原携带者和疑似传染病患者合法权益保护

传染病患者、疑似传染病患者,是指根据国务院卫生行政部门发布的《传染病防治法规定管理的传染病诊断标准》,符合传染病患者和疑似传染病患者诊断标准的人。病原携带者,是指感染病原体无临床症状但能排出病原体的人。

《传染病防治法》规定,国家和社会关心帮助传染病患者、病原携带者和疑似传染病患者,使其得到及时救治。任何单位和个人不得歧视传染病患者、病原携带者和疑似传染病患者。疾病预防控制机构、医疗机构不得泄露涉及个人隐私的有关信息、资料。同时,为保护其他公民个人权利与维护社会公共利益的健康权益,传染病患者、病原携带者和疑似传染病患者,在治愈前或者在排除传染病嫌疑前,不得从事法律、行政法规和国务院卫生行政部门规定禁止从事的易使该传染病扩散的工作,如饮用水的生产、管理,饮食服务行业的经营、服务,托幼机构的保育、教育,食品行业的生产、加工、销售、运输及保管,美容、整容等。

第二节 《传染病防治法》的主要内容

一、传染病预防

(一)传染病预防控制预案

传染病预防控制预案,是指经过一定程序制定的处置传染病暴发流行的事先方案。《传染病防治法》规定,县级以上地方人民政府应当制定传染病预防、控制预案,报上一级人民政府备案。

传染病预防控制预案应当包括以下主要内容:① 传染病预防控制指挥部的组成和相关部门的职责。② 传染病的监测、信息收集、分析、报告、通报制度。③ 疾病预防控制机构、医疗机构在发生传染病疫情时的任务与职责。④ 传染病暴发、流行情况的分级以及相应的应急工作方案。⑤ 传染病预防、疫点疫区现场控制,应急设施、设备、救治药品和医疗器械以及其他物资和技术的储备与调用。

(二)传染病监测预警制度

国家建立传染病监测制度。传染病监测,是指持续系统地收集、分析、解释同传染病预防控制有关的资料,并将解释结果分送给负责疾病预防控制工作的部门、机构或人员。国务院卫生行政部门制定国家传染病监测规划和方案。省、自治区、直辖市人民政府卫生行政部门根据国家传染病监测规划和方案,制定本行政区域的传染病监测计划和工作方案。各级疾病预防控制机构对传染病的发生、流行以及影响其发生、流行的因素,进行监测;对国外发生、国内尚未发生的传染病或者国内新发生的传染病,进行监测。

国家建立传染病预警制度。传染病预警,是指根据传染病疫情报告、监测资料,或者国际、国内疫情信息,对某种传染病或者不明原因疾病进行分析评估,对可能引起在人群中发生、暴发、流行的传染病发出警示信息,并采取应对措施。国务院卫生行政部门和省、自治区、直辖市人民政府根据传染病发生、流行趋势的预测,及时发出传染病预警,根据情况予以公布。地方人民政府和疾病预防控制机构接到国务院卫生行政部门或者省、自治区、直辖市人民政府发出的传染病预警后,应当按照传染病预防、控制预案,采取相应的预防、控制措施。传染病预警信息应当及时、科学、准确。

(三)预防接种制度

国家实行有计划的预防接种制度。国务院卫生行政部门和省、自治区、直辖市人民政府卫生行政部门,根据传染病预防、控制的需要,制定传染病预防接种规划并组织实施,并根据经济发展情况逐步扩大计划免疫的范围。

1. **儿童预防接种的管理**　国家对儿童实行预防接种证制度。医疗机构、疾病预防控制机构与儿童的监护人应当相互配合,保证儿童及时接受预防接种。儿童出生后1个月内,其监护人应当到儿童居住地承担预防接种工作的接种单位为其办理预防接种证。接种单位对儿童实施接种时,应当查验预防接种证,并作好记录。儿童入托、入学时,托幼机构、学校应当查验预防接种证,发现未依照国家免疫规划受种的儿童,应当向所在地的县级疾病预防控制机构或者儿童居住地承担预防接种工作的接种单位报告,并配合疾病预防控制机构或者接种单位督促其监护人在儿童入托、入学后及时到接种单位补种。

2. **群体性预防接种的管理**　县级以上地方人民政府卫生主管部门根据传染病监测和预警信息,为了预防、控制传染病的暴发、流行,需要在本行政区域内部分地区进行群体性预防接种的,应当报经本级人民政府决定,并向省、自治区、直辖市人民政府卫生主管部门备案;需要在省、自治区、直辖市行政区域全部范围内进行群体性预防接种的,应当由省、自治区、直辖市人民政府卫生主管部门报经本级人民政府决定,并向国务院卫生主管部门备案。需要在全国范围或者跨省、自治区、直辖市范围内进行群体性预防接种的,应当由国务院卫生主管部门决定。任何单位或者个人不得擅自进行群体性预防接种。

3. **接种单位的条件**　接种单位应当具备下列条件:① 具有医疗机构执业许可证件。② 具有经过县级人民政府卫生主管部门组织的预防接种专业培训并考核合格的执业医师、执业助理医师、护士或者乡村医生。③ 具有符合疫苗储存、运输管理规范的冷藏设施、设备和冷藏保管制度。

4. **预防接种工作规范**　预防接种单位接种疫苗,应当遵守预防接种工作规范、免疫程序、疫苗使用指导原则和接种方案,并在其接种场所的显著位置公示第一类疫苗的品种和接种方法。医疗卫生人员在实施接种前,应当告知受种者或者其监护人所接种疫苗的品种、作用、禁忌、不良反应以及注意事项,询问受种者的健康状况以及是否有接种禁忌等情况,并如实记录告知和询问情况。受种者或者其监护人应当了解预防接种的相关知识,并如实提供受种者的健康状况和接种禁忌等情况。医疗卫生人员应当对符合接种条件的受种者实施接种,并依照国务院卫生主管部门的规定,记录疫苗的品种、生产企业、最小包装单位的识别信息、有效期、接种时间、实施接种的医疗卫生人员、受种者等内容。接种记录保存时间不得少于5年。

5. **预防接种异常反应**　预防接种异常反应,是指合格的疫苗在实施规范接种过程中或者实施规范接种后造成受种者机体组织器官、功能损害,相关各方均无过错的药品不良反应。《疫苗流通和预防接种管理条例》规定,以下情形不属于预防接种异常反应:① 因疫苗本身特性引起的接种后一般反应。② 因疫苗质量不合格给受种者造成的损害。③ 因接种单位违反预防接种工作规范、免疫程序、疫苗使用指导原则、接种方案给受种者造成的损害。④ 受种者在接种时正处于某种疾病的潜伏期或者前驱期,接种后偶合发病。⑤ 受种者有疫苗说明书规定的接种禁忌,在接种前受种者或者其监护人未如实提供受种者的健康状况和接种禁忌等情况,接种后受种者原有疾病急性复发或者病情加重。⑥ 因心理因素发生的个体或者群体的心因性反应。

(四) 传染病菌种、毒种和病原微生物实验室管理

1. **传染病菌种、毒种管理**　传染病菌种、毒种,是指可能引起《传染病防治法》规定的传染病发生的细菌菌种、病毒毒种。《传染病防治法》规定,对传染病菌种、毒种和传染病检测样本的采集、保

藏、携带、运输和使用实行分类管理,建立健全严格的管理制度。对可能导致甲类传染病传播的以及国务院卫生行政部门规定的菌种、毒种和传染病检测样本,确需采集、保藏、携带、运输和使用的,须经省级以上人民政府卫生行政部门批准。

2. 病原微生物实验室管理　病原微生物,是指能够使人或者动物致病的微生物。《病原微生物实验室生物安全管理条例》规定,国家对病原微生物实行分类管理,根据病原微生物的传染性、感染后对个体或者群体的危害程度,将病原微生物分为以下4类:① 第一类病原微生物,是指能够引起人类或者动物非常严重疾病的微生物,以及我国尚未发现或者已经宣布消灭的微生物。② 第二类病原微生物,是指能够引起人类或者动物严重疾病,比较容易直接或者间接在人与人、动物与人、动物与动物间传播的微生物。③ 第三类病原微生物,是指能够引起人类或者动物疾病,但一般情况下对人、动物或者环境不构成严重危害,传播风险有限,实验室感染后很少引起严重疾病,并且具备有效治疗和预防措施的微生物。④ 第四类病原微生物,是指在通常情况下不会引起人类或者动物疾病的微生物。其中,第一类、第二类病原微生物统称为高致病性病原微生物。

病原微生物实验室实验活动,是指实验室从事与病原微生物菌(毒)种、样本有关的研究、教学、检测、诊断等活动。从事采集病原微生物样本的实验室,应当具备以下条件:① 具有与采集病原微生物样本所需要的生物安全防护水平相适应的设备。② 具有掌握相关专业知识和操作技能的工作人员。③ 具有有效防止病原微生物扩散和感染的措施。④ 具有保证病原微生物样本质量的技术方法和手段。

(五)自然疫源地大型建设项目的卫生防疫

自然疫源地,是指某些传染病的病原体在自然界的野生动物中长期保存并造成动物间流行的地区。在自然界中具有自然疫源性疾病存在的传染源和传播媒介,但尚未查明的地区可能也是自然疫源地。

《传染病防治法》规定,在国家确认的自然疫源地计划兴建水利、交通、旅游、能源等大型建设项目的,应当事先由省级以上疾病预防控制机构对施工环境进行卫生调查。建设单位应当根据疾病预防控制机构的意见,采取必要的传染病预防、控制措施。施工期间,建设单位应当设专人负责工地上的卫生防疫工作。工程竣工后,疾病预防控制机构应当对可能发生的传染病进行监测。

(六)健康教育及环境卫生建设

各级人民政府组织开展群众性卫生活动,进行预防传染病的健康教育,倡导文明、健康的生活方式,提高公众对传染病的防治意识和应对能力,加强环境卫生建设,消除鼠害、蚊、蝇等病媒生物的危害。

各级人民政府农业、水利、林业行政部门按照职责分工负责指导和组织消除农田、湖区、河流、牧场、林区的鼠害与血吸虫危害,以及其他传播传染病的动物和病媒生物的危害;铁路、交通、民用航空行政部门负责组织消除交通工具以及相关场所的鼠害和蚊、蝇等病媒生物的危害。

二、传染病疫情的报告、通报和公布

(一)传染病疫情的报告

1. 疫情报告人　分为以下两类:① 责任疫情报告人。包括疾病预防控制机构、医疗机构和采供血机构及执行职务的医护人员和检疫人员、疾病预防控制人员、乡村医生、个体开业医生。上述人员在执行职务的过程中发现《传染病防治法》规定的传染病疫情或者发现其他传染病暴发、流行以及突发原因不明的传染病时,应当遵循疫情报告属地管理原则,按照国务院或国务院卫生行政部门规定的内容、程序、方式和时限报告。② 义务疫情报告人。任何单位和个人发现传染病患者或者疑似传染病患者时,应当及时向附近的疾病预防控制机构或者医疗机构报告。

2. **疫情报告管理** 疫情报告遵循属地管理原则。任何单位和个人发现传染病患者后,按照行政管理区域,及时报告所在地县级疾病预防控制机构,再由县级疾病预防控制机构逐级上报或者进行直报。港口、机场、铁路疾病预防控制机构以及国境卫生检疫机关发现甲类传染病患者、病原携带者、疑似传染病患者时应当按照国家有关规定立即向国境口岸所在地的疾病预防控制机构或者所在地县级以上地方人民政府卫生行政部门报告并互相通报。

3. **疫情报告要求** 依法负有传染病疫情报告职责的人民政府有关部门、疾病预防控制机构、医疗机构、采供血机构及其工作人员,不得隐瞒、谎报、缓报传染病疫情。

4. **疫情报告内容** 主要包括:《传染病防治法》规定的传染病疫情,其他传染病暴发、流行情况,突发原因不明的传染病以及传染病菌种、毒种丢失情况。

5. **疫情报告程序、方式及时限** 传染病报告卡由首诊医生或其他执行职务的人员负责填写。现场调查时发现的传染病病例,由属地疾病预防控制机构的现场调查人员填写报告卡;采供血机构发现艾滋病病毒两次初筛阳性检测结果也应填写报告卡。传染病疫情信息实行网络直报,没有条件实行网络直报的医疗机构,在规定的时限内将传染病报告卡,报告属地县级疾病预防控制机构。

责任报告单位和责任疫情报告人发现甲类传染病和乙类传染病中的肺炭疽、传染性非典型肺炎等按照甲类管理的传染病患者或疑似患者时,或发现其他传染病和不明原因疾病暴发时,应于2小时内将传染病报告卡通过网络报告;未实行网络直接报告的责任报告单位应于2小时内以最快的通信方式(电话、传真等)向当地县级疾病预防控制机构报告,并于2小时内寄送出传染病报告卡。

对其他乙、丙类传染病患者、疑似患者和规定报告的传染病病原携带者在诊断后,实行网络直报的责任报告单位应于24小时内进行网络报告;未实行网络直报的责任报告单位应于24小时内寄送出传染病报告卡。县级疾病预防控制机构收到无网络直报条件责任报告单位报送的传染病报告卡后,应于2小时内通过网络直报。

(二) 传染病疫情的通报

国务院卫生行政部门应当及时向国务院其他有关部门和各省、自治区、直辖市人民政府卫生行政部门通报全国传染病疫情以及监测、预警的相关信息。毗邻的以及相关的地方人民政府卫生行政部门,应当及时互相通报本行政区域的传染病疫情以及监测、预警的相关信息。县级以上人民政府有关部门发现传染病疫情时,应当及时向同级人民政府卫生行政部门通报。

县级以上地方人民政府卫生行政部门应当及时向本行政区域内的疾病预防控制机构和医疗机构通报传染病疫情以及监测、预警的相关信息。接到通报的疾病预防控制机构和医疗机构应当及时告知本单位的有关人员。动物防疫机构和疾病预防控制机构,应当及时互相通报动物间和人间发生的人畜共患传染病疫情以及相关信息。

(三) 传染病疫情信息的公布

国家建立传染病疫情信息公布制度。传染病暴发、流行时,国务院卫生行政部门负责向社会及时、准确地公布传染病疫情信息,并可以授权省、自治区、直辖市人民政府卫生行政部门向社会公布本行政区域的传染病疫情信息。省、自治区、直辖市人民政府卫生行政部门定期公布本行政区域的传染病疫情信息。

三、传染病疫情的控制

(一) 医疗机构采取的措施

医疗机构发现甲类传染病时,应当及时采取下列措施:① 对患者、病原携带者予以隔离治疗,隔离期限根据医学检查结果确定。② 对疑似患者,确诊前在指定场所单独隔离治疗。③ 对医疗机构内的患者、病原携带者、疑似患者的密切接触者,在指定场所进行医学观察和采取其他必要的预防措施。拒绝隔离治疗或者隔离期未满擅自脱离隔离治疗的,可以由公安机关协助医疗机构采取强制隔离治疗措施。

医疗机构发现乙类或丙类传染病患者,应当根据病情采取必要的治疗和控制传播措施。医疗机构对本单位内被传染病病原体污染的场所、物品以及医疗废物,必须依照法律、法规的规定实施消毒和无害化处置。

(二) 疾病预防控制机构采取的措施

疾病预防控制机构发现传染病疫情或者接到传染病疫情报告时,应当及时采取下列措施:① 对传染病疫情进行流行病学调查,根据调查情况提出划定疫点、疫区的建议,对被污染的场所进行卫生处理,对密切接触者在指定场所进行医学观察和采取其他必要的预防措施,并向卫生行政部门提出疫情控制方案。② 传染病暴发、流行时,对疫点、疫区进行卫生处理,向卫生行政部门提出疫情控制方案,并按照卫生行政部门的要求采取措施。③ 指导下级疾病预防控制机构实施传染病预防、控制措施,组织、指导有关单位对传染病疫情进行处理。

(三) 紧急措施

当传染病暴发、流行时,县级以上地方人民政府应当立即组织力量,按照预防、控制预案进行防治,切断传染病的传播途径。必要时,报经上一级人民政府决定,可以采取下列紧急措施并予以公告:① 限制或者停止集市、影剧院演出或者其他人群聚集的活动。② 停工、停业、停课。③ 封闭或者封存被传染病病原体污染的公共饮用水源、食品以及相关物品。④ 控制或者扑杀染疫野生动物、家畜家禽。⑤ 封闭可能造成传染病扩散的场所。上级人民政府接到下级人民政府关于采取上述紧急措施的报告时,应当即时作出决定。当疫情得到控制,需要解除紧急措施的由原决定机关决定并宣布。

(四) 疫区封锁

甲类、乙类传染病暴发、流行时,县级以上地方人民政府报经上一级人民政府决定,可以宣布本行政区域部分或者全部为疫区;国务院可以决定并宣布跨省、自治区、直辖市的疫区。县级以上地方人民政府可以在疫区内采取相应的紧急措施,并可以对出入疫区的人员、物资和交通工具实施卫生检疫。

省、自治区、直辖市人民政府可以决定对本行政区域内的甲类传染病疫区实施封锁。但是,封锁大、中城市的疫区或者封锁跨省、自治区、直辖市的疫区,以及封锁疫区导致中断干线交通或者封锁国境的,由国务院决定。疫区封锁的解除,由原决定机关决定并宣布。

(五) 交通卫生检疫

发生甲类传染病时,为了防止该传染病通过交通工具及其乘运的人员、物资传播,可以实施交通卫生检疫。

（六）人员与设施的紧急调集与临时征用

传染病暴发、流行时，根据传染病疫情控制的需要，国务院有权在全国范围或者跨省、自治区、直辖市范围内，县级以上地方人民政府有权在本行政区域内，紧急调集人员或者调用储备物资，临时征用房屋、交通工具及相关设施、设备。紧急调集人员的，应当按照规定给予合理报酬。临时征用房屋、交通工具以及相关设施、设备的，应当依法给予补偿；能返还的，应当及时返还。

（七）尸体卫生处理

患甲类传染病、炭疽死亡的，应当将尸体立即进行卫生处理，就近火化。患其他传染病死亡的，必要时应当将尸体进行卫生处理后火化或者按照规定深埋。为了查找传染病病因，医疗机构在必要时可以按照国务院卫生行政部门的规定，对传染病患者尸体或者疑似传染病患者尸体进行解剖查验，并告知死者家属。

四、传染病防治保障措施

（一）医疗救治

《传染病防治法》规定，县级以上人民政府应当加强和完善传染病医疗救治服务网络的建设，指定具备传染病救治条件和能力的医疗机构承担传染病救治任务，或者根据传染病救治需要设置传染病医院。医疗机构的基本标准、建筑设计和服务流程，应当符合预防传染病医院感染的要求。

医疗机构开展医疗救治活动的原则包括：① 应当按照规定对使用的医疗器械进行消毒。对按照规定一次使用的医疗器具，应当在使用后予以销毁。② 应当按照国务院卫生行政部门规定的传染病诊断标准和治疗要求，采取相应措施，提高传染病医疗救治能力。③ 应当对传染病患者或者疑似传染病患者提供医疗救护、现场救援和接诊治疗，书写病历记录以及其他有关资料，并妥善保管。④ 应当实行传染病预检、分诊制度；对传染病患者、疑似传染病患者，应当引导至相对隔离的分诊点进行初诊。⑤ 不具备相应救治能力的，应当将患者及其病历记录复印件一并转至具备相应救治能力的医疗机构。

（二）经费与物资保障

《传染病防治法》规定，国家将传染病防治工作纳入国民经济和社会发展计划，县级以上地方人民政府将传染病防治工作纳入本行政区域的国民经济和社会发展计划。县级以上地方人民政府按照本级政府职责负责本行政区域内传染病预防、控制、监督工作的日常经费开支。国家加强基层传染病防治体系建设，扶持贫困地区和少数民族地区的传染病防治工作。地方各级人民政府应当保障城市社区、农村基层传染病预防工作的经费。

国务院卫生行政部门会同国务院有关部门，根据传染病流行趋势，确定全国传染病预防、控制、救治、监测、预测、预警、监督检查等项目。中央财政对困难地区实施重大传染病防治项目给予补助。省、自治区、直辖市人民政府根据本行政区域内传染病流行趋势，在国务院卫生行政部门确定的项目范围内，确定传染病预防、控制、监督等项目，并保障项目的实施经费。县级以上人民政府负责储备防治传染病的药品、医疗器械和其他物资，以备调用。

（三）特定传染病困难人群的医疗救助

国家对患有特定传染病的困难人群实行医疗救助，减免医疗费用。目前实行医疗救治减免医疗费用的病种有结核病、艾滋病、晚期血吸虫病等。

五、传染病防治的监督管理

《传染病防治法》规定，县级以上人民政府卫生行政部门对传染病防治工作履行下列监督检查职责：① 对下级人民政府卫生行政部门履行的传染病防治职责进行监督检查。② 对疾病预防控制机构、医疗机构的传染病防治工作进行监督检查。③ 对采供血机构的采供血活动进行监督检查。④ 对用于传染病防治的消毒产品及其生产单位进行监督检查，并对饮用水供水单位从事的生产或者供应活动，以及涉及饮用水卫生安全的产品进行监督检查。⑤ 对传染病菌种、毒种和传染病检测样本的采集、保藏、携带、运输、使用进行监督检查。⑥ 对公共场所和有关单位的卫生条件和传染病预防、控制措施进行监督检查。

省级以上人民政府卫生行政部门负责对传染病防治重大事项的处理。县级以上人民政府卫生行政部门在履行监督检查职责时，有权进入被检查单位和传染病疫情发生现场调查取证、查阅或者复制有关资料和采集样本。被检查单位应当予以配合，不得拒绝、阻挠。

县级以上地方人民政府卫生行政部门在履行监督检查职责时，发现被传染病病原体污染的公共饮用水源、食品及相关物品，如不及时采取控制措施可能导致传染病传播、流行的，可以采取封闭公共饮用水源、封存食品及相关物品或者暂停销售的临时控制措施，并予以检验或者进行消毒。经检验，属于被污染的食品，应当予以销毁；对未被污染的食品或者经消毒后可以使用的物品，应当解除控制措施。

六、法律责任

（一）地方各级人民政府及其有关部门的法律责任

地方各级人民政府未依照规定履行报告职责，或者隐瞒、谎报、缓报传染病疫情，或者在传染病暴发、流行时，未及时组织救治、采取控制措施的，由上级人民政府责令改正，通报批评；造成传染病传播、流行或者其他严重后果的，对负有责任的主管人员，依法给予行政处分；构成犯罪的，依法追究刑事责任。

县级以上人民政府卫生行政部门违反本法规定，有下列情形之一的，由本级人民政府、上级人民政府卫生行政部门责令改正，通报批评；造成传染病传播、流行或者其他严重后果的，对负有责任的主管人员和其他直接责任人员，依法给予行政处分；构成犯罪的，依法追究刑事责任。① 未依法履行传染病疫情通报、报告或者公布职责，或者隐瞒、谎报、缓报传染病疫情的。② 发生或者可能发生传染病传播时未及时采取预防、控制措施的。③ 未依法履行监督检查职责，或者发现违法行为不及时查处的。④ 未及时调查、处理单位和个人对下级卫生行政部门不履行传染病防治职责的举报的。⑤ 违反《传染病防治法》的其他失职、渎职行为。

县级以上人民政府有关部门未依照规定履行传染病防治和保障职责的，由本级人民政府或者上级人民政府有关部门责令改正，通报批评；造成传染病传播、流行或者其他严重后果的，对负有责任的主管人员和其他直接责任人员、依法给予行政处分；构成犯罪的，依法追究刑事责任。

（二）疾病预防控制机构的法律责任

疾病预防控制机构违反规定，有下列情形之一的，由县级以上人民政府卫生行政部门责令限期改正，通报批评，给予警告；对负有责任的主管人员和其他直接责任人员，依法给予降级、撤职、开除的处分,并可以依法吊销有关责任人员的执业证书;构成犯罪的,依法追究刑事责任。① 未依法履行传染病监测职责的。② 未依法履行传染病疫情报告、通报职责,或者隐瞒、谎报、缓报传染病疫情的。③ 未主动收集传染病疫情信息,或者对传染病疫情信息和疫情报告未及时进行分析、调查、核实的。④ 发现传染病疫情时,未依据职责及时采取《传染病防治法》规定措施的。⑤ 故意泄露传染病患者、病原携带者、疑似传染病患者、密切接触者涉及个人隐私的有关信息、资料的。

(三) 医疗机构的法律责任

医疗机构违反规定,有下列情形之一的,由县级以上人民政府卫生行政部门责令改正,通报批评,给予警告;造成传染病传播、流行或者其他严重后果的,对负有责任的主管人员和其他直接责任人员,依法给予降级、撤职、开除的处分,并可以依法吊销有关责任人员的执业证书;构成犯罪的,依法追究刑事责任。① 未按照规定承担本单位的传染病预防与控制工作、医院感染控制任务和责任区域内的传染病预防工作的。② 未按照规定报告传染病疫情,或者隐瞒、谎报、缓报传染病疫情的。③ 发现传染病疫情时,未按照规定对传染病患者、疑似传染病患者提供医疗救护、现场救援、接诊、转诊的,或者拒绝接受转诊的。④ 未按照规定对本单位内被传染病病原体污染的场所、物品以及医疗废物实施消毒或者无害化处置的。⑤ 未按照规定对医疗器械进行消毒,或者对按照规定一次使用的医疗器具未予销毁,再次使用的。⑥ 在医疗救治过程中未按照规定保管医学记录资料的。⑦ 故意泄露传染病患者、病原携带者、疑似传染病患者、密切接触者涉及个人隐私的有关信息、资料的。

(四) 采供血机构的法律责任

采供血机构未按照规定报告传染病疫情,或者隐瞒、谎报、缓报传染病疫情,或者未执行国家有关规定,导致因输入血液引起经血液传播疾病发生的,由县级以上人民政府卫生行政部门责令改正,通报批评,给予警告;造成传染病传播、流行或者其他严重后果的,对负有责任的主管人员和其他直接责任人员,依法给予降级、撤职、开除的处分,并可以依法吊销采供血机构的执业许可证;构成犯罪的,依法追究刑事责任。

非法采集血液或者组织他人出卖血液的,由县级以上人民政府卫生行政部门予以取缔,没收违法所得,可以并处 10 万元以下的罚款;构成犯罪的,依法追究刑事责任。

(五) 国境卫生检疫机关、动物防疫机构的法律责任

国境卫生检疫机关、动物防疫机构未依法履行传染病疫情通报职责的,由有关部门在各自职责范围内责令改正,通报批评;造成传染病传播、流行或其他严重后果的,对负有责任的主管人员和其他直接责任人员,依法给予降级、撤职、开除的处分;构成犯罪的,依法追究刑事责任。

(六) 铁路、交通、民用航空经营单位的法律责任

铁路、交通、民用航空经营单位未依照规定优先运送处理传染病疫情的人员以及防治传染病的药品和医疗器械的,由有关部门责令限期改正,给予警告;造成严重后果的,对负有责任的主管人员和其他直接责任人员,依法给予降级、撤职、开除的处分。

(七) 其他单位和个人的法律责任

有下列情形之一,导致或者可能导致传染病传播、流行的,由县级以上人民政府卫生行政部门责令限期改正,没收违法所得,可以并处 5 万元以下的罚款;已取得许可证的,原发证部门可以依法

暂扣或者吊销许可证；构成犯罪的，依法追究刑事责任。① 饮用水供水单位供应的饮用水不符合国家卫生标准和卫生规范的。② 涉及饮用水卫生安全的产品不符合国家卫生标准和卫生规范的。③ 用于传染病防治的消毒产品不符合国家卫生标准和卫生规范的。④ 出售、运输疫区中被传染病病原体污染或者可能被传染病病原体污染的物品，未进行消毒处理的。⑤ 生物制品生产单位生产的血液制品不符合国家质量标准的。

有下列情形之一的，由县级以上地方人民政府卫生行政部门责令改正，通报批评，给予警告，已取得许可证的，可以依法暂扣或者吊销许可证；造成传染病传播、流行以及其他严重后果的，对负有责任的主管人员和其他直接责任人员，依法给予降级、撤职、开除的处分，并可以依法吊销有关责任人员的执业证书；构成犯罪的，依法追究刑事责任。① 疾病预防控制机构、医疗机构和从事病原微生物实验的单位，不符合国家规定的条件和技术标准，对传染病病原体样本未按照规定进行严格管理，造成实验室感染和病原微生物扩散的。② 违反国家有关规定，采集、保藏、携带、运输和使用传染病菌种、毒种和传染病检测样本的。③ 疾病预防控制机构、医疗机构未执行国家有关规定，导致因输入血液、使用血液制品引起经血液传播疾病发生的。

未经检疫出售、运输与人畜共患传染病有关的野生动物、家畜、家禽的，由县级以上地方人民政府畜牧兽医行政部门责令停止违法行为，并依法给予行政处罚。

在国家确认的自然疫源地兴建水利、交通、旅游、能源等大型建设项目，未经卫生调查进行施工的，或者未按照疾病预防控制机构的意见采取必要的传染病预防、控制措施的，由县级以上人民政府卫生行政部门责令限期改正，给予警告，处 5 000 元以上 3 万元以下的罚款；逾期不改正的，处 3 万元以上 10 万元以下的罚款，并可以提请有关人民政府依据职责权限，责令停建、关闭。

单位和个人违反本法规定，导致传染病传播、流行，给他人人身、财产造成损害的，应当依法承担民事责任。

第三节 艾滋病和传染性非典型肺炎防治法律制度

一、艾滋病防治的法律规定

（一）艾滋病的概念

艾滋病（AIDS），是指人类免疫缺陷病毒（艾滋病病毒）引起的获得性免疫缺陷综合征。主要通过血液、性接触和母婴进行传播。

自 1981 年美国发现第一例艾滋病患者至今，艾滋病已在世界各地蔓延。1985 年 6 月，我国发现第一例艾滋病患者。目前我国艾滋病流行形势主要表现为：① 艾滋病流行波及范围广，全国低流行与局部地区和特定人群中的高流行并存，疫情上升趋势明显。② 艾滋病感染者陆续进入发病期，面临艾滋病发病、死亡高峰。③ 性传播已成为主要传播途径，男性同性性行为人群疫情上升明显，配偶间传播增加，未开展预防母婴传播项目地区的母婴传播率处于较高水平。

(二) 艾滋病的预防和控制

国家建立健全艾滋病监测网络,实行艾滋病自愿咨询和自愿检测制度。国务院卫生主管部门会同国务院其他有关部门根据预防、控制艾滋病的需要,可以规定应当进行艾滋病检测的情形。省级以上人民政府卫生主管部门根据医疗卫生机构布局和艾滋病流行情况,按照国家有关规定确定承担艾滋病检测工作的实验室。县级以上地方人民政府和政府有关部门应当依照规定,根据本行政区域艾滋病的流行情况,制定措施,鼓励和支持居民委员会、村民委员会以及其他有关组织和个人推广预防艾滋病的行为干预措施,帮助有易感染艾滋病病毒危险行为的人群改变行为。

血站、单采血浆站应当对采集的人体血液、血浆进行艾滋病检测;不得向医疗机构和血液制品生产单位供应未经艾滋病检测或者艾滋病检测阳性的人体血液、血浆。医疗机构应当对因应急用血而临时采集的血液进行艾滋病检测,对临床用血艾滋病检测结果进行核查;对未经艾滋病检测、核查或者艾滋病检测阳性的血液,不得采集或者使用。

(三) 艾滋病的治疗和救助

1. **治疗** 医疗机构应当为艾滋病病毒感染者和艾滋病患者提供艾滋病防治咨询、诊断和治疗服务。医疗机构不得因就诊患者是艾滋病病毒感染者或者艾滋病患者,推诿或者拒绝对其其他疾病进行治疗。

对确诊的艾滋病病毒感染者和艾滋病患者,医疗卫生机构的工作人员应当将其感染或者发病的事实告知本人;本人为无行为能力或者限制行为能力的,应当告知其监护人。

医疗卫生机构应当按照国务院卫生主管部门制定的预防艾滋病母婴传播技术指导方案的规定,对孕产妇提供艾滋病防治咨询和检测,对感染艾滋病病毒的孕产妇及其婴儿,提供预防艾滋病母婴传播的咨询、产前指导、阻断、治疗、产后访视、婴儿随访和检测等服务。

2. **救助** 《艾滋病防治条例》规定,县级以上人民政府应当采取下列艾滋病防治关怀、救助措施:① 向农村艾滋病患者和城镇经济困难的艾滋病患者免费提供艾滋病病毒治疗药品。② 对农村和城镇经济困难的艾滋病病毒感染者、艾滋病患者适当减免抗机会性感染药品治疗的费用。③ 向接受艾滋病咨询、检测的人员免费提供咨询和初筛检测。④ 向感染艾滋病病毒的孕产妇免费提供预防艾滋病母婴传播的治疗和咨询。

(四) 艾滋病患者和艾滋病病毒感染者的权利和义务

《艾滋病防治条例》规定,任何单位和个人不得歧视艾滋病病毒感染者、艾滋病患者及其家属。艾滋病病毒感染者、艾滋病患者及其家属享有的婚姻、就业、就医、入学等合法权益受法律保护。未经本人或者其监护人同意,任何单位或者个人不得公开艾滋病病毒感染者、艾滋病患者及其家属的姓名、住址、工作单位、肖像、病史资料以及其他可能推断出其具体身份的信息。

艾滋病病毒感染者、艾滋病患者应当履行下列义务:① 接受疾病预防控制机构或者出入境检验检疫机构的流行病学调查和指导。② 将感染或者发病的事实及时告知与其有性关系者。③ 就医时,将感染或者发病的事实如实告知接诊医生。④ 采取必要的防护措施,防止感染他人。艾滋病病毒感染者和艾滋病患者不得以任何方式故意传播艾滋病。

二、传染性非典型肺炎防治的法律规定

(一) 传染性非典型肺炎的概念

传染性非典型肺炎,是指严重急性呼吸综合征。本病为呼吸道传染性疾病,主要传播方式为

近距离飞沫传播或接触患者呼吸道分泌物。

(二) 防治管理的对象

传染性非典型肺炎患者或者疑似传染性非典型肺炎患者都是防治管理的对象。任何单位和个人,必须接受疾病预防控制机构、医疗机构、卫生监督机构有关传染性非典型肺炎的查询、检验、调查取证、监督检查以及预防控制措施,并有权检举、控告违反《传染性非典型肺炎防治管理办法》的行为。

(三) 预防控制与医疗救治

1. **健全疫情报告体系** 任何单位和个人发现传染性非典型肺炎患者或者疑似患者时,都应当及时向当地疾病预防控制机构报告。任何单位和个人对传染性非典型肺炎疫情,不得隐瞒、缓报、谎报或者授意他人隐瞒、缓报、谎报。

2. **严格执行预防制度** 疾病预防控制机构、医疗机构、从事传染性非典型肺炎科学研究机构,必须严格执行有关管理制度、操作规程,防止医源性感染、医院内感染、实验室感染和致病性微生物的扩散。

3. **及时采取控制与救治措施** 医疗机构、疾病预防控制机构发现传染性非典型肺炎患者或者疑似患者时,应当及时采取控制措施。县级以上地方卫生行政部门应当指定专门的医疗机构负责收治患者或者疑似患者;指定专门机构和车辆负责转运工作,并建立安全的转诊制度。收治患者或者疑似患者的医疗机构应当符合卫生行政部门规定的隔离、消毒条件,配备必要的救治设备;对患者和疑似患者应当分开隔离治疗;采取有效措施,避免交叉感染。

第四节 国境卫生检疫法律制度

一、国境卫生检疫的概念

国境卫生检疫,是指国境卫生检疫机关在我国国境和国家确定的关口、口岸对检疫对象实施传染病检疫、监测和卫生监督的行政执法活动。这里所说的国境关口、口岸,是指国际通航的港口、机场、车站、陆地边境和国界江河的关口。国境卫生检疫可分为海港检疫、航空检疫和陆地边境检疫。

为了防止传染病由国外传入或者由国内传出,实施国境卫生检疫,保护人体健康,1986年12月2日,第六届全国人大常委会第十八次会议通过了《国境卫生检疫法》,自1987年5月1日起施行。2007年12月29日第十届全国人大常委会第三十一次会议、2009年8月27日第十一届全国人大常委会第十次会议对《国境卫生检疫法》进行了修正。《国境卫生检疫法》是我国参照《国际卫生条例》的有关条款以及各国检疫法规,并根据新中国成立以来的卫生检疫经验制定的。为贯彻落实《国境卫生检疫法》,1989年3月6日,经国务院批准,卫生部发布了《国境卫生检疫法实施细则》。2010年4月24日,国务院对《国境卫生检疫法实施细则》进行了修改。

二、国境卫生检疫的对象

国境卫生检疫的对象包括出入国境的人员、交通工具、运输设备以及可能传播检疫传染病的行李、货物、邮包等物品。

1. **入出境人员** 是指入出我国国境的一切人员。根据《国际卫生条例》的规定，外交人员不享有卫生检疫豁免权。

2. **交通工具和运输设备** 交通工具是指船舶、航空器、列车和其他车辆。运输设备是指货物集装箱等。

3. **行李、邮包** 行李是指入境、出境人员携带的物品。邮包是指入、出国境的邮件。

4. **货物** 是指由国外运进或者由国内运出的一切生产和生活资料，以及废旧物品等。

三、国境卫生检疫机关

国境卫生检疫机关，是指在国境口岸设立的，代表国家在国境口岸行使检疫主权，依法实施传染病检疫、监测和卫生监督及对进口食品进行卫生监督检验等活动的卫生执法机构。其职责主要有：① 执行《国境卫生检疫法》及其实施细则和国家有关卫生法规。② 收集、整理、报告国际和国境口岸传染病的发生、流行和终息情况。③ 对国境口岸的卫生状况实施卫生监督，对入境、出境的交通工具、人员、集装箱、尸体、骸骨及可能传播传染病的行李、货物、邮包等实施检疫查验、传染病监测、卫生监督和卫生处理。④ 对入境、出境的微生物、生物制品、人体组织、血液及其制品等特殊物品及能传播人类传染病的动物，实施卫生检疫。⑤ 对入境、出境人员进行预防接种、健康检查、医疗服务、国际旅行健康咨询和卫生宣传。⑥ 签发卫生检疫证件。⑦ 进行流行病学调查研究，开展科学实验。⑧ 执行国务院卫生行政部门指定的其他工作。

四、国境卫生检疫

（一）入出境检疫

1. **入境人员检疫** 入境的人员，应当在最先到达的国境口岸的指定地点接受检疫。指定地点包括检疫锚地、允许航空器降落的停机坪和航空站、国际列车到达国境后第一个火车站的站台及江河口岸边境的通道口。《国境卫生检疫法实施细则》规定：① 入境人员必须在指定地点接受检疫，同时用书面或者口头回答检疫医师提出的有关询问。② 检疫期间，除引航员外，未经国境检疫机关许可，任何入境人员不准上下交通工具，不准装卸行李、货物、邮包等，不得离开查验场所。③ 徒步入境、出境的人员必须首先在指定的场所接受入境、出境的查验，未经卫生检疫机关许可，不准离开指定的场所。

根据 2010 年 4 月 24 日修订后的《国境卫生检疫法实施细则》和《外国人入境出境管理法实施细则》，取消对患有艾滋病、性病、麻风病外国人的入境限制；卫生检疫机关应当阻止患有严重精神病、传染性肺结核病或者有可能对公共卫生造成重大危害的其他传染病的外国人入境。

2. **出境人员检疫** 出境人员必须在最后离开的国境口岸接受卫生检疫。国境卫生检疫机关应当阻止染疫人、染疫嫌疑人出境，但是对来自国外并且在到达时就地诊验的人，本人要求出境的可以准许出境；如果乘交通工具出境，检疫医师应当将这种情况在出境检疫证上签注，同时通知交通工具负责人采取必要的预防措施。

3. **入出境交通工具检疫** 入境的交通工具应当在最先到达的国境口岸的指定地点接受检疫。除引航员外，未经国境卫生检疫机关许可，任何人不准上下交通工具，不准装卸行李、货物、邮包等物品；出境的交通工具和人员，必须在最后离开的国境口岸接受检疫。

4. **入出境物品检疫** 包括对集装箱、货物、废旧物等物品、微生物、生物制品等特殊物品、行李和物品检疫以及邮包的检疫。

5. **边境接壤地区的来往检疫** 中华人民共和国边防机关与邻国边防机关之间在边境地区的来往,居住在两国边境接壤地区的居民在边境指定地区的临时来往,双方的交通工具和人员的入境、出境检疫,依照双方协议办理,没有协议的依照中国政府的有关规定办理。

(二)检疫传染病患者的管理

1. **检疫传染病** 《国境卫生检疫法》规定的检疫传染病,是指鼠疫、霍乱、黄热病以及国务院确定和公布的其他传染病。

2. **检疫传染病染疫人及染疫嫌疑人的管理** 传染病染疫人,是指正在患检疫传染病的人,或者经卫生检疫机关初步诊断,认为已经感染检疫传染病或者已经处于检疫传染病潜伏期的人;传染病染疫嫌疑人,是指接触过检疫传染病的感染环境,并且可能传播检疫传染病的人。国境卫生检疫机关对检疫传染病染疫人必须立即将其隔离,隔离期限根据医学检查结果确定;对检疫传染病染疫嫌疑人应当将其留验,留验期限根据该传染病的潜伏期确定。

五、传染病监测

(一)传染病监测对象

传染病监测,是指对特定环境、人群进行流行病学、血清学、病原学、临床症状以及其他有关影响因素的调查研究,预测有关传染病的发生、发展和流行。传染病监测的对象包括入境、出境的交通工具、人员、食品、饮用水和其他物品以及病媒昆虫、动物。

(二)传染病监测病种

传染病监测的病种由国务院卫生行政部门确定和公布,主要包括:① 世界上已经消灭或者基本消灭的病种,防止其死灰复燃。② 新近发现的一些烈性传染病。③ 对我国构成传入性威胁且危害严重的传染病。

(三)传染病监测内容

根据《国境卫生检疫法实施细则》的规定,传染病监测内容包括:① 首发病例的个案调查。② 暴发流行的流行病学调查。③ 传染源调查。④ 国境口岸内监测传染病的回顾性调查。⑤ 病原体的分离、鉴定,人群、有关动物血清学调查及流行病学调查。⑥ 有关动物、病媒昆虫、食品、饮用水和环境因素的调查。⑦ 消毒、除鼠、除虫的效果观察与评价。⑧ 国境口岸及国内外监测传染病疫情的收集、整理、分析和传递。⑨ 对监测对象开展健康检查和对监测传染病患者、疑似患者、密切接触人员的管理。

(四)传染病监测方法

国境卫生检疫机关对入境、出境的人员实施传染病监测,并且采取必要的预防、控制措施。国境卫生检疫机关有权要求入境、出境的人员填写健康申明卡,出示某种传染病的预防接种证书、健康证明或者其他有关证件。对患有监测传染病的人、来自国外监测传染病流行区或者与监测传染病患者密切接触的人,国境卫生检疫机关应当区别对待,发给就诊方便卡,实施留验或者采取其他预防、控制措施,并及时通知当地卫生行政部门。各地医疗单位对有就诊方便卡的人员,应当优先诊治。

六、卫生监督和卫生处理

(一) 卫生监督

卫生监督,是指国境卫生检疫机关根据卫生法规和卫生标准,对国境口岸和停泊在国境口岸的交通工具进行的卫生检查、卫生鉴定、卫生评价和采样检验等执法活动。

1. **国境口岸卫生监督** 国境口岸作为国际通航的港口、机场、车站、陆地边境和国境江河的关口必须具备污水垃圾、粪便无害化的处理系统。国境口岸的卫生要求是:① 国境口岸和国境口岸内涉外的宾馆、生活服务单位以及候船、候车、候机厅(室)应当有健全的卫生制度和必要的卫生设施,并保持室内外环境整洁、通风良好。② 国境口岸有关部门应当采取切实可行的措施,控制啮齿动物、病媒昆虫,使其数量降低到不足为害的程度,仓库、货场必须具有防鼠设施。③ 国境口岸的垃圾、废物、污水、粪便必须进行无害化处理,保持国境口岸环境整洁卫生。

2. **交通工具卫生监督** 对交通工具的卫生要求是:① 交通工具上的宿舱、车厢必须保持清洁卫生,通风良好。② 必须备有足够的消毒、除鼠、除虫药物及器械,并备有防鼠装置。③ 货舱、行李舱、货车车厢在装货前或卸货后应当进行彻底清扫,有毒物品和食品不得混装,防止污染。④ 对不符合卫生要求的入境、出境交通工具,必须接受卫生检疫机关的督导,立即进行改进。

3. **饮用水、食品及从业人员卫生监督** 对食品、饮用水及从业人员的卫生要求是:① 国境口岸和交通工具上的食品、饮用水必须符合有关的卫生标准。② 国境口岸的涉外宾馆,以及向入境、出境的交通工具提供饮食服务的部门,营业前必须向卫生检疫机关申请卫生许可证。③ 国境口岸涉外的宾馆和入境、出境交通工具上的食品、饮用水从业人员应当持有卫生检疫机关签发的健康证书,该证书自签发之日起 12 个月内有效。

(二) 卫生处理

卫生处理,是指卫生检疫机关对发现的染疫人和染疫嫌疑人实施的隔离、留验和就地诊验等医学措施,以及消毒、除鼠、除虫等卫生措施。卫生处理的对象包括交通工具和废旧物品,尸体、骸骨及其他物品。

1. **交通工具的卫生处理** 入境、出境的交通工具有下列情形之一的,应当由卫生检疫机关实施消毒、除鼠、除虫或者其他卫生处理:① 来自检疫传染病疫区的。② 被检疫传染病污染的。③ 发现有与人类健康有关的啮齿动物或者病媒昆虫,超过国家卫生标准的。如果外国交通工具的负责人拒绝接受卫生处理,除有特殊情况外,准许该交通工具在国境卫生检疫机关的监督下,立即离开我国国境。

2. **废旧物品的卫生处理** 卫生检疫机关对入境、出境的废旧物品和曾行驶于境外港口的废旧交通工具,根据污染程度,分别实施消毒、除鼠、除虫,对污染严重的实施销毁。

3. **尸体、骸骨卫生处理** 入境、出境的尸体、骸骨托运人或者代理人应当申请卫生检疫,并出示死亡证明或者其他有关证件;对不符合卫生要求的,必须接受卫生检疫机关实施的卫生处理。经卫生检查合格后,方准运进或者运出。对因患检疫传染病而死亡的患者尸体,必须就近火化,不准移运。

4. **其他物品的卫生处理** 针对鼠疫,对染疫人、染疫嫌疑人的行李、使用过的物品、占用过的部位等要实施除虫、消毒;针对霍乱,对污染或者有污染嫌疑的饮用水、食品以及人的排泄物、垃圾、废物等实施消毒,对来自霍乱疫区的水产品、水果、蔬菜、饮料以及装有这些制品的邮包必要时可以卫生处理。由国外起运经过我国境内的货物,如果不在境内换装,除发生流行病学上有重要意义的事件,需要实施卫生处理外,在一般情况下不实施卫生处理。

七、法律责任

(一) 检疫对象的法律责任

对违反《国境卫生检疫法》规定,有下列行为之一的单位或者个人,国境卫生检疫机关可以根据情节轻重,给予警告或者罚款:① 逃避检疫,向国境卫生检疫机关隐瞒真实情况的。② 入境的人员未经国境卫生检疫机关许可,擅自上下交通工具,或者装卸行李、货物、邮包等物品,不听劝阻的。罚款全部上缴国库。当事人对国境卫生检疫机关给予的罚款决定不服的,可以在接到通知之日起 15 日内,向当地人民法院起诉。逾期不起诉又不履行的,国境卫生检疫机关可以申请人民法院强制执行。

违反国境卫生检疫规定,引起检疫传染病的传播或者有引起检疫传染病传播严重危险的,处 3 年以下有期徒刑或者拘役,并处或者单处罚金。单位犯妨害国境卫生检疫罪的,对单位判处罚金,并对其直接负责的主管人员和其他直接责任人员,依照上述规定处罚。

(二) 国境卫生检疫机关工作人员的法律责任

国境卫生检疫机关工作人员,应当秉公执法,忠于职守,对入境、出境的交通工具和人员,及时进行检疫;违法失职的,给予行政处分,情节严重构成犯罪的,依法追究刑事责任。

(杜珍媛)

第三章 突发公共卫生事件应急法律制度

> **导学**
> 1. 掌握突发公共卫生事件的概念、突发公共卫生事件的应急处理。
> 2. 熟悉突发公共卫生事件的分类与分级、预防与应急准备。
> 3. 了解突发公共卫生事件的处理方针与原则、法律责任。

第一节 概 述

一、突发公共卫生事件的概念

突发公共卫生事件,是指突然发生,造成或者可能造成社会公众健康严重损害的重大传染病疫情、群体性不明原因疾病、重大食物和职业中毒以及其他严重影响公众健康的事件。

重大传染病疫情,是指某种传染病在短时间内发生,波及范围广泛,出现大量的患者或死亡病例,其发病率远远超过常年的发病水平。群体性不明原因疾病,是指一定时间内(通常是指2周内),在某个相对集中的区域(如同一个医疗机构、自然村、社区、建筑工地、学校等集体单位)内同时或者相继出现3例及以上相同临床表现,经县级及以上医院组织专家会诊,不能诊断或解释病因,有重症病例或死亡病例发生的疾病。重大食物和职业中毒,是指由于食品污染和职业危害的原因而造成的人数众多或者伤亡较重的中毒事件。其他严重影响公众健康的事件,是指针对不特定的社会群体,造成或可能造成社会公众健康严重损害,影响正常社会秩序的重大事件。

突发公共卫生事件具有以下特征:① 突发性。突发公共卫生事件的发生比较突然,没有特别的发生方式,突如其来,带有很大的偶然性,不易预测,使人们难以及时预防。② 非特定性。突发公共卫生事件是发生在公共卫生领域的突发事件,具有公共卫生的属性,它不针对特定的人群发生,也不是局限于某一个固定的领域或区域。③ 复杂性。突发公共卫生事件的复杂性表现在:一是成因复杂,二是种类复杂,三是影响复杂。④ 危害性。突发公共卫生事件后果往往较为严重,它对公众健康的损害和影响达到一定的程度。

二、突发公共卫生事件应急立法

为了有效预防、及时控制和消除突发公共卫生事件的危害,保障公众身体健康与生命安全,维护正常的社会秩序,2003年5月9日,国务院发布了《突发公共卫生事件应急条例》。条例在总结防治传染性非典型肺炎工作经验教训的基础上,对突发公共卫生事件应急管理工作进行了制度性建设,将突发公共卫生事件应急处理纳入法制轨道,标志着应对突发公共卫生事件的法律制度建设进入了一个崭新的发展阶段。为依法惩治妨害预防、控制突发传染病疫情等灾害的犯罪活动,保障预防、控制突发传染病疫情等灾害工作的顺利进行,2003年5月14日,最高人民法院、最高人民检察院公布了《关于办理妨害预防、控制突发传染病疫情等灾害的刑事案件具体应用法律若干问题的解释》。

为了预防和减少突发事件的发生,控制、减轻和消除突发事件引起的严重社会危害,规范突发事件应对活动,保护人民生命财产安全,维护国家安全、公共安全、环境安全和社会秩序,2007年8月30日,第十届全国人大常委会第二十九次会议通过了《突发事件应对法》,自2007年11月1日起施行。《突发事件应对法》对突发事件的预防与应急准备、监测与预警、应急处置与救援、事后恢复与重建等应对活动作出了明确规定。

三、突发公共卫生事件的处理方针与原则

突发公共卫生事件应急工作,应当遵循预防为主、常备不懈的方针,贯彻统一领导、分级负责、反应及时、措施果断、依靠科学、加强合作的原则。

1. **预防为主,常备不懈** 提高全社会对突发公共卫生事件的防范意识,落实各项防范措施,做好人员、技术、物资和设备的应急储备工作。对各类可能引发突发公共卫生事件的情况要及时进行分析、预警,做到早发现、早报告、早处理。

2. **统一领导,分级负责** 根据突发公共卫生事件的范围、性质和危害程度,对突发公共卫生事件实行分级管理。各级人民政府负责突发公共卫生事件应急处理的统一领导和指挥,各有关部门按照预案规定,在各自的职责范围内做好突发公共卫生事件应急处理的有关工作。

3. **反应及时,措施果断** 地方各级人民政府和卫生行政部门要按照相关法律、法规和规章的规定,完善突发公共卫生事件应急体系,建立健全系统、规范的突发公共卫生事件应急处理工作制度,对突发公共卫生事件和可能发生的公共卫生事件做出快速反应,及时、有效开展监测、报告和处理工作。

4. **依靠科学,加强合作** 突发公共卫生事件应急工作要充分尊重和依靠科学,要重视开展防范和处理突发公共卫生事件的科研和培训,为突发公共卫生事件应急处理提供科技保障。各有关部门和单位要通力合作、资源共享,有效应对突发公共卫生事件。要广泛组织、动员公众参与突发公共卫生事件的应急处理。

四、突发公共卫生事件的分类与分级

根据事件性质、危害程度、涉及范围,突发公共卫生事件划分为特别重大(Ⅰ级)、重大(Ⅱ级)、较大(Ⅲ级)和一般(Ⅳ级)4级,依次用红色、橙色、黄色、蓝色进行预警。

特别重大的突发公共卫生事件包括:① 肺鼠疫、肺炭疽在大、中城市发生并有扩散趋势,或肺鼠疫、肺炭疽疫情波及2个及以上的省份,并有进一步扩散趋势。② 发生传染性非典型肺炎、人感

染高致病性禽流感病例,疫情有扩散趋势。③ 涉及多个省份的群体性不明原因疾病,并有扩散趋势。④ 发生新发传染病,或我国尚未发现的传染病发生或传入,并有扩散趋势,或发现我国已消灭的传染病重新流行。⑤ 发生烈性病菌株、毒株、致病因子等丢失事件。⑥ 对2个以上省(区、市)造成严重威胁,并有进一步扩散趋势的特别重大食品安全事故。⑦ 周边以及与我国通航的国家和地区发生特大传染病疫情,并出现输入性病例,严重危及我国公共卫生安全的事件。⑧ 发生跨地区(香港、澳门、台湾)、跨国食品安全事故,造成特别严重社会影响的。⑨ 其他危害特别严重的突发公共卫生事件。

五、突发公共卫生事件应急组织体系及其职责

(一) 应急指挥机构

1. **应急机构的设立** 《突发公共卫生事件应急条例》规定,突发公共卫生事件发生后,国务院设立全国突发公共卫生事件应急处理指挥部,由国务院有关部门和军队有关部门组成;国务院主管领导人担任总指挥,负责对全国突发公共卫生事件应急处理的统一领导、统一指挥。国务院卫生行政主管部门和其他有关部门,在各自的职责范围内做好突发事件应急处理的有关工作。

突发公共卫生事件发生后,省、自治区、直辖市人民政府成立地方突发公共卫生事件应急处理指挥部;省、自治区、直辖市人民政府主要领导人担任总指挥,负责领导、指挥本行政区域内突发公共卫生事件应急处理工作。

县级以上地方人民政府卫生行政主管部门,具体负责组织突发公共卫生事件的调查、控制和医疗救治工作。县级以上地方人民政府有关部门,在各自的职责范围内做好突发公共卫生事件应急处理的有关工作。

2. **应急指挥部的组成和职责** 全国突发公共卫生事件应急指挥部负责对特别重大突发公共卫生事件的统一领导、统一指挥,作出处理突发公共卫生事件的重大决策。指挥部成员单位根据突发公共卫生事件的性质和应急处理的需要确定。

省级突发公共卫生事件应急指挥部由省级人民政府有关部门组成,实行属地管理的原则,负责对本行政区域内突发公共卫生事件应急处理的协调和指挥,作出处理本行政区域内突发公共卫生事件的决策,决定要采取的措施。

(二) 日常管理机构

国务院卫生行政部门设立卫生应急办公室(突发公共卫生事件应急指挥中心),负责全国突发公共卫生事件应急处理的日常管理工作。

各省、自治区、直辖市人民政府卫生行政部门及军队、武警系统要参照国务院卫生行政部门突发公共卫生事件日常管理机构的设置及职责,结合各自实际情况,指定突发公共卫生事件的日常管理机构,负责本行政区域或本系统内突发公共卫生事件应急的协调、管理工作。

各市(地)级、县级卫生行政部门要指定机构负责本行政区域内突发公共卫生事件应急的日常管理工作。

(三) 专家咨询委员会

国务院卫生行政部门和省级卫生行政部门负责组建突发公共卫生事件专家咨询委员会。市(地)级和县级卫生行政部门可根据本行政区域内突发公共卫生事件应急工作需要,组建突发公共卫生事件应急处理专家咨询委员会。

(四) 应急处理专业技术机构

医疗机构、疾病预防控制机构、卫生监督机构、出入境检验检疫机构是突发公共卫生事件应急处理的专业技术机构。应急处理专业技术机构要结合本单位职责开展专业技术人员处理突发公共卫生事件能力培训,提高快速应对能力和技术水平;在发生突发公共卫生事件时,要服从卫生行政部门的统一指挥和安排,开展应急处理工作。

第二节 突发公共卫生事件处理

一、预防与应急准备

(一) 应急预案

突发公共卫生事件应急预案,是经一定程序制定的处置突发公共卫生事件的事先方案。《突发公共卫生事件应急条例》规定,国务院卫生行政主管部门按照分类指导、快速反应的要求,制定全国突发公共卫生事件应急预案,报请国务院批准。省、自治区、直辖市人民政府根据全国突发公共卫生事件应急预案,结合本地实际情况,制定本行政区域的突发公共卫生事件应急预案。地方各级人民政府和县级以上地方各级人民政府有关部门根据有关法律、法规、规章、上级人民政府及其有关部门的应急预案以及本地区的实际情况,制定相应的突发公共卫生事件应急预案。突发公共卫生事件应急预案应当根据突发公共卫生事件的变化和实施中发现的问题,根据实际需要和情势变化,适时修订、补充应急预案。应急预案制定、修订程序由国务院规定。

突发事件应急预案应当包括以下主要内容:① 突发事件应急处理指挥部的组成和相关部门的职责。② 突发事件的监测与预警。③ 突发事件信息的收集、分析、报告、通报制度。④ 突发事件应急处理技术和监测机构及其任务。⑤ 突发事件的分级和应急处理工作方案。⑥ 突发事件预防、现场控制,应急设施、设备、救治药品和医疗器械以及其他物资和技术的储备与调度。⑦ 突发事件应急处理专业队伍的建设和培训。突发事件应急预案应当根据突发事件的变化和实施中发现的问题及时进行修订、补充。

2006 年 1 月 8 日,国务院发布了《国家突发公共事件总体应急预案》。国家突发公共事件总体应急预案由国家专项应急预案、国务院部门应急预案和省级地方应急预案构成。为了有效预防、及时控制和消除公共卫生类突发公共事件及其危害,指导和规范相关应急处理工作,最大限度地减少对公共健康造成的危害,保障公众身心健康与生命安全,国家编制了 4 项公共卫生类突发公共事件专项应急预案,即《国家突发公共卫生事件应急预案》《国家突发公共事件医疗卫生救援应急预案》《国家突发重大动物疫情应急预案》《国家重大食品安全事故应急预案》。

(二) 预防控制体系

《突发公共卫生事件应急条例》规定,国家建立统一的突发公共卫生事件预防控制体系。国家鼓励、支持开展突发事件监测、预警、反应处理有关技术的国际交流与合作。

1. **应急知识教育** 地方各级人民政府应当依照法律、行政法规的规定,做好传染病预防和其他公共卫生工作,防范突发公共卫生事件的发生。县级以上各级人民政府卫生行政主管部门和其他有关部门,应当对公众开展突发事件应急知识的专门教育,增强全社会对突发事件的防范意识和应对能力。

2. **监测与预警** 我国建立统一的突发公共卫生事件监测、预警与报告网络体系。突发公共卫生事件的监测、预警分为国家级和地方各级卫生行政部门的监测和预警。县级以上地方人民政府应当建立和完善突发公共卫生事件监测与预警系统。县级以上各级人民政府卫生行政主管部门,应当指定机构负责开展突发公共卫生事件的日常监测,并确保监测与预警系统的正常运行。

各级医疗机构、疾病预防控制机构、卫生监督机构和出入境检疫机构负责开展突发公共卫生事件的日常监测工作。

各级人民政府卫生行政部门根据医疗机构、疾病预防控制机构、卫生监督机构提供的监测信息,按照公共卫生事件的发生、发展规律和特点,及时分析其对公众身心健康的危害程度、可能的发展趋势,及时做出预警。

(三)应急准备

1. **物资储备** 国务院有关部门和县级以上地方人民政府及其有关部门,应当根据突发公共卫生事件应急预案的要求,保证应急设施、设备、救治药品和医疗器械等物资储备。发生突发公共卫生事件时,应依据处理工作需要调用储备物资。卫生应急储备物资使用后要及时补充。

2. **经费保障** 国务院和县级以上地方各级人民政府应当采取财政措施,保障突发事件应对工作所需经费,应保障突发公共卫生事件应急基础设施项目建设经费,按规定落实对突发公共卫生事件应急处理专业技术机构的财政补助政策和突发公共卫生事件应急处理经费,应根据需要对边远贫困地区突发公共卫生事件应急工作给予经费支持。国务院有关部门和地方各级人民政府应积极通过国际、国内等多渠道筹集资金,用于突发公共卫生事件应急处理工作。

3. **医疗急救服务网络建设** 包括:① 县级以上各级人民政府应当加强急救医疗服务网络的建设,配备相应的医疗救治药物、技术、设备和人员,提高医疗卫生机构应对各类突发公共卫生事件的救治能力。② 县级以上地方人民政府卫生行政主管部门,应当定期对医疗卫生机构和人员开展突发公共卫生事件应急处理相关知识、技能的培训,定期组织医疗卫生机构进行突发公共卫生事件应急演练,推广最新知识和先进技术。

二、报告、通报与信息发布

(一)突发公共卫生事件应急报告

《突发公共卫生事件应急条例》规定,国家建立突发事件应急报告制度。国务院卫生行政主管部门制定突发事件应急报告规范,建立重大、紧急疫情信息报告系统。突发公共卫生事件的应急报告是有关决策机关掌握突发公共卫生事件发生、发展信息的重要渠道,建立健全突发公共卫生事件应急报告制度对于及时作出正确决策、有效应对突发公共卫生事件有着重要的意义。

1. **责任报告主体** 县级以上各级人民政府卫生行政部门指定的突发公共卫生事件监测机构、各级各类医疗卫生机构、卫生行政部门、县级以上地方人民政府和检验检疫机构、食品药品监督管理机构、环境保护监测机构、教育机构等有关单位为突发公共卫生事件的责任报告单位;执行职务的各级各类医疗卫生机构的医疗卫生人员、个体开业医生等为突发公共卫生事件的责任报告人。

2. 报告内容和时限 有下列情况之一的,省、自治区、直辖市人民政府应当在接到报告 1 小时内,向国务院卫生行政主管部门报告：① 发生或者可能发生传染病暴发、流行的。② 发生或者发现不明原因群体性疾病的。③ 发生传染病菌种、毒种丢失的。④ 发生或者可能发生重大食物和职业中毒事件的。

突发公共卫生事件监测机构、医疗卫生机构和有关单位发现有上述规定情形之一的,应当在 2 小时内向所在地县级人民政府卫生行政主管部门报告；接到报告的卫生行政主管部门应当在 2 小时内向本级人民政府报告,并同时向上级人民政府卫生行政主管部门和国务院卫生行政主管部门报告。地方人民政府应当在接到报告后 2 小时内向设区的市级人民政府或者上一级人民政府报告。省、自治区、直辖市人民政府在接到报告 1 小时内,向国务院卫生行政主管部门报告。国务院卫生行政主管部门对可能造成重大社会影响的突发公共卫生事件,应当立即向国务院报告。

接到报告的地方人民政府、卫生行政主管部门依照规定报告的同时,应当立即组织力量对报告事项调查核实、确证,采取必要的控制措施,并及时报告调查情况。

(二) 突发公共卫生事件通报

国务院卫生行政主管部门应当根据发生突发公共卫生事件的情况,及时向国务院有关部门和各省、自治区、直辖市人民政府卫生行政主管部门以及军队有关部门通报。突发公共卫生事件发生地的省、自治区、直辖市人民政府卫生行政主管部门,应当及时向毗邻省、自治区、直辖市人民政府卫生行政主管部门通报。

接到通报的省、自治区、直辖市人民政府卫生行政主管部门,必要时应当及时通知本行政区域内的医疗卫生机构。县级以上地方人民政府有关部门,已经发生或者发现可能引起突发公共卫生事件的情形时,应当及时向同级人民政府卫生行政主管部门通报。

对涉及跨境的疫情线索,由国务院卫生行政部门向有关国家和地区通报情况。

(三) 突发公共卫生事件举报

国家建立突发公共卫生事件举报制度,公布统一的突发公共卫生事件报告、举报电话。任何单位和个人有权向人民政府及其有关部门报告突发公共卫生事件隐患,有权向上级人民政府及其有关部门举报地方人民政府及其有关部门不履行突发公共卫生事件应急处理职责,或者不按照规定履行职责的情况。接到报告、举报的有关人民政府及其有关部门,应当立即组织对突发公共卫生事件隐患、不履行或者不按照规定履行突发公共卫生事件应急处理职责的情况进行调查处理。对举报突发公共卫生事件有功的单位和个人,县级以上各级人民政府及其有关部门应当予以奖励。

(四) 突发公共卫生事件信息发布

突发公共卫生事件信息发布是应对突发公共卫生事件不可缺少的关键环节。应急信息及时、准确地发布,一方面有助于社会公众了解突发公共卫生事件的真相和政府采取的应对措施,有助于引导公众,提升政府应对重大突发公共卫生事件的能力；另一方面有助于减轻或消除社会公众的恐慌感和巨大的心理压力,避免或者减少各种谣言的滋生。《突发公共卫生事件应急条例》规定,国家建立突发公共卫生事件的信息发布制度。国务院卫生行政主管部门负责向社会发布突发公共卫生事件的信息。必要时,可以授权省、自治区、直辖市人民政府卫生行政主管部门向社会发布本行政区域内突发公共卫生事件的信息。信息发布应当及时、准确、全面。

三、突发公共卫生事件的应急处理

(一) 启动应急预案

突发公共卫生事件发生后,卫生行政主管部门应当组织专家对突发公共卫生事件进行综合评估,初步判断突发公共卫生事件的类型,提出是否启动突发公共卫生事件应急预案的建议。在全国范围内或者跨省、自治区、直辖市范围内启动全国突发公共卫生事件应急预案,由国务院卫生行政主管部门报国务院批准后实施。省、自治区、直辖市启动突发公共卫生事件应急预案,由省、自治区、直辖市人民政府决定,并向国务院报告。

全国突发公共卫生事件应急处理指挥部对突发公共卫生事件应急处理工作进行督察和指导,地方各级人民政府及其有关部门应当予以配合。省、自治区、直辖市突发公共卫生事件应急处理指挥部对本行政区域内突发公共卫生事件应急处理工作进行督察和指导。

(二) 应急处理措施

1. **突发公共卫生事件的评价** 省级以上人民政府卫生行政主管部门或者其他有关部门指定的突发公共卫生事件应急处理专业技术机构,负责突发公共卫生事件的技术调查、确证、处置、控制和评价工作。国务院卫生行政主管部门或者其他有关部门指定的专业技术机构,有权进入突发公共卫生事件现场进行调查、采样、技术分析和检验,对地方突发公共卫生事件的应急处理工作进行技术指导,有关单位和个人应当予以配合;任何单位和个人不得以任何理由予以拒绝。对新发现的突发传染病、不明原因的群体性疾病、重大食物和职业中毒事件,国务院卫生行政主管部门应当尽快组织力量制定相关的技术标准、规范和控制措施。

2. **法定传染病的宣布** 国务院卫生行政主管部门对新发现的突发传染病,根据危害程度、流行强度,依照《传染病防治法》的规定及时宣布为法定传染病;宣布为甲类传染病的由国务院决定。

3. **应急物资及人员的调集** 突发公共卫生事件发生后,国务院有关部门和县级以上地方人民政府及其有关部门,应当保证突发公共卫生事件应急处理所需的医疗救护设备、救治药品、医疗器械等物资的生产、供应;铁路、交通、民用航空行政主管部门应当保证及时运送。根据突发公共卫生事件应急处理的需要,突发公共卫生事件应急处理指挥部有权紧急调集人员、储备的物资、交通工具以及相关设施、设备。

4. **疫区的控制** 突发公共卫生事件应急处理指挥部根据突发公共卫生事件应急处理的需要,可以对疫区的食物和水源采取控制措施。必要时,对人员进行疏散或者隔离,并可以依法对传染病疫区实行封锁。对传染病暴发、流行区域内流动人口,突发事件发生地的县级以上地方人民政府应当做好预防工作,落实有关卫生控制措施;对传染病患者和疑似传染病患者,应当采取就地隔离、就地观察、就地治疗的措施;对需要治疗和转诊的,应当依照有关规定执行。卫生行政主管部门应当对突发公共卫生事件现场等采取控制措施,宣传突发公共卫生事件防治知识,及时对易受感染的人群和其他易受损害的人群采取应急接种、预防性投药、群体防护等措施。

5. **交通工具上传染病患者的处置** 交通工具上发现根据国务院卫生行政主管部门的规定需要采取应急控制措施的传染病患者、疑似传染病患者,其负责人应当以最快的方式通知前方停靠点,并向交通工具的营运单位报告。交通工具的前方停靠点和营运单位应当立即向交通工具营运单位行政主管部门和县级以上地方人民政府卫生行政主管部门报告。卫生行政主管部门接到报告后,应当立即组织有关人员采取相应的医学处置措施。交通工具上的传染病患者密切接触者,由交通工具停靠点的县级以上各级人民政府卫生行政主管部门或者铁路、交通、民用航空行政主管部门,根据各自的职责,依照传染病防治法律、行政法规的规定,采取控制措施。涉及国境口岸和入出境的人员、交通工具、货物、集装箱、行李、邮包等需要采取传染病应急控制措施的,依照国境卫生检疫法律、行政法规的规定办理。

(三) 突发公共卫生事件医疗救护

医疗卫生机构应当对传染病做到早发现、早报告、早隔离、早治疗,切断传播途径,防止扩散。① 对因突发公共卫生事件致病的人员提供医疗救护和现场救援,对就诊患者必须接诊治疗,实行重症和普通患者分开管理,并书写详细、完整的病历记录;对需要转送的患者,应当按照规定将患者及其病历记录的复印件转送至接诊的或者指定的医疗机构;对疑似患者及时排除或确诊。② 协助疾控机构人员开展标本的采集、流行病学调查工作。③ 采取卫生防护措施,做好医院内现场控制、消毒隔离、个人防护、医疗垃圾和污水处理工作,防止交叉感染和污染。④ 做好传染病和中毒患者的报告。对因突发公共卫生事件而引起身体伤害的患者,任何医疗机构不得拒绝接诊。⑤ 对群体性不明原因疾病和新发传染病做好病例分析与总结,积累诊断治疗的经验。重大中毒事件,按照现场救援、患者转运、后续治疗相结合的原则进行处置等。

第三节 法律责任

一、各级政府及其有关部门未依法履行相应职责的法律责任

县级以上地方人民政府及其卫生行政主管部门未依照规定履行报告职责,对突发公共卫生事件隐瞒、缓报、谎报或者授意他人隐瞒、缓报、谎报的,对政府主要领导人及其卫生行政主管部门主要负责人,依法给予降级或者撤职的行政处分;造成传染病传播、流行或者对社会公众健康造成其他严重危害后果的,依法给予开除的行政处分;构成犯罪的,依法追究刑事责任。

国务院有关部门、县级以上地方人民政府及其有关部门未依照规定,完成突发公共卫生事件应急处理所需要的设施、设备、药品和医疗器械等物资的生产、供应、运输和储备的,对政府主要领导人和政府部门主要负责人依法给予降级或者撤职的行政处分;造成传染病传播、流行或者对社会公众健康造成其他严重危害后果的,依法给予开除的行政处分;构成犯罪的,依法追究刑事责任。

突发公共卫生事件发生后,县级以上地方人民政府及其有关部门对上级人民政府有关部门的调查不予配合,或者采取其他方式阻碍、干涉调查的,对政府主要领导人和政府部门主要负责人依法给予降级或者撤职的行政处分;构成犯罪的,依法追究刑事责任。

县级以上各级人民政府卫生行政主管部门和其他有关部门在突发公共卫生事件调查、控制、医疗救治工作中玩忽职守、失职、渎职的,由本级人民政府或者上级人民政府有关部门责令改正、通报批评、给予警告;对主要负责人、负有责任的主管人员和其他责任人员依法给予降级、撤职的行政处分;造成传染病传播、流行或者对社会公众健康造成其他严重危害后果的,依法给予开除的行政处分;构成犯罪的,依法追究刑事责任。

县级以上各级人民政府有关部门拒不履行应急处理职责的,由同级人民政府或者上级人民政府有关部门责令改正、通报批评、给予警告;对主要负责人、负有责任的主管人员和其他责任人员依法给予降级、撤职的行政处分;造成传染病传播、流行或者对社会公众健康造成其他严重危害后果的,依法给予开除的行政处分;构成犯罪的,依法追究刑事责任。

二、医疗卫生机构违反规定的法律责任

医疗卫生机构未依照规定履行报告职责,隐瞒、缓报或者谎报的、未及时采取控制措施的、未履行突发事件监测职责的、拒绝接诊患者的、拒不服从突发事件应急处理指挥部调度的,由卫生行政主管部门责令改正、通报批评、给予警告;情节严重的,吊销医疗机构执业许可证;对主要负责人、负有责任的主管人员和其他直接责任人员依法给予降级或者撤职的纪律处分;造成传染病传播、流行或者对社会公众健康造成其他严重危害后果,构成犯罪的,依法追究刑事责任。

三、有关单位和个人违反职责的法律责任

在突发公共卫生事件应急处理工作中,有关单位和个人未依照规定履行报告职责,隐瞒、缓报或者谎报,阻碍突发公共卫生事件应急处理工作人员执行职务,拒绝国务院卫生行政主管部门或者其他有关部门指定的专业技术机构进入突发公共卫生事件现场,或者不配合调查、采样、技术分析和检验的,对有关责任人员依法给予行政处分或者纪律处分;触犯《治安管理处罚法》,构成违反治安管理行为的,由公安机关依法予以处罚;构成犯罪的,依法追究刑事责任。

四、其他法律责任

在突发公共卫生事件发生期间,散布谣言、哄抬物价、欺骗消费者,扰乱社会秩序、市场秩序的,由公安机关或者工商行政管理部门依法给予行政处罚;构成犯罪的,依法追究刑事责任。

(贾　敏)

第四章 医疗机构管理法律制度

> **导学**
> 1. 掌握医疗机构执业要求和执业规则、处方管理和抗菌药物的临床应用管理。
> 2. 熟悉医疗机构的分类、医疗机构的设置和审批。
> 3. 了解违反医疗机构管理相关规定所应承担的法律责任。

第一节　概　述

一、医疗机构的概念

医疗机构,是指依法定程序和条件设立的从事疾病诊断、治疗活动的卫生机构的总称。

医疗机构按功能、任务、规模等可分为:① 综合医院、中医医院、中西医结合医院、民族医医院、专科医院、康复医院。② 妇幼保健院。③ 社区卫生服务中心、社区卫生服务站。④ 中心卫生院、乡(镇)卫生院、街道卫生院。⑤ 疗养院。⑥ 综合门诊部、专科门诊部、中医门诊部、中西医结合门诊部、民族医门诊部。⑦ 诊所、中医诊所、民族医诊所、卫生所、医务室、卫生保健所、卫生站。⑧ 村卫生室(所)。⑨ 急救中心、急救站。⑩ 临床检验中心。⑪ 专科疾病防治院、专科疾病防治所、专科疾病防治站。⑫ 护理院、护理站。⑬ 其他诊疗机构。

医疗机构按是否以营利为目的可分为:非营利性医疗机构和营利性医疗机构。非营利性医疗机构,是指为社会公众利益服务而设立和运营的医疗机构;它不以营利为目的,其收入用于弥补医疗服务成本,实际运营中的收支结余只能用于自身的发展,如改善医疗条件、引进技术、开展新的医疗服务项目等。营利性医疗机构,是指医疗服务所得收益可用于投资者经济回报的医疗机构。我国政府不举办营利性医疗机构。目前,我国医疗服务体系中,非营利性医疗机构占主导地位。

二、医疗机构管理立法

1951年1月,当时的政务院颁布了《医院诊所管理暂行条例》,这是我国第一部医疗机构管理方面的行政法规。之后,国务院和卫生部陆续制定了一系列有关医疗机构管理的行政法规和部门规章,如《关于组织联合医疗机构实施办法》《县卫生院暂行组织通则》《县属区卫生所暂行组织通则》等。改革开放以来,出于对医疗机构管理的需要,卫生部制定了不少部门规章,如《全国城市街道卫生院工作条例》《全国医院工作条例》《医院分级管理办法》等。但立法层级较低,尚不能充分发挥对医疗机构进行管理和规范的作用。

为了加强对医疗机构的管理,促进医疗卫生事业的发展,保障公民健康,1994年2月26日,国务院发布了《医疗机构管理条例》。为配合《医疗机构管理条例》的实施,卫生部于同年9月发布了《医疗机构管理条例实施细则》,并发布了《医疗机构设置规划指导原则》《医疗机构诊疗科目名录》《医疗机构基本标准(试行)》等规范性文件。1995年7月,卫生部发布了《医疗机构评审办法》。2000年7月,卫生部、国家中医药管理局、财政部等部委联合发布了《关于城镇医疗机构分类管理的实施意见》。为适应改革开放的需要,2000年5月,卫生部、外经贸部发布了《中外合资、合作医疗机构管理暂行办法》。2007年、2008年和2010年,卫生部、商务部先后发布了《〈中外合资、合作医疗机构管理暂行办法〉的补充规定》《〈中外合资、合作医疗机构管理暂行办法〉的补充规定二》《台湾服务提供者在大陆设立独资医院管理暂行办法》《香港和澳门服务提供者在内地设立独资医院管理暂行办法》。此外,卫生部还于2002年发布了《医疗美容服务管理办法》,2006年发布了《妇幼保健机构管理办法》,2009年发布了《医疗机构校验管理办法(试行)》,2011年发布了《医院评审暂行办法》。2016年9月,国家卫生计生委发布了《医疗质量管理办法》。这些条例、规章的颁布实施使我国对各级各类医疗机构的管理走上了规范化、法制化的轨道。

第二节 医疗机构的设置

一、医疗机构设置规划

(一)医疗机构设置规划的概念

医疗机构设置规划,是以卫生区域内居民实际医疗服务需求为依据,以合理配置利用医疗卫生资源及公平地向全体公民提供高质量的基本医疗服务为目的,将各级各类、不同隶属关系、不同所有制形式的医疗机构统一规划设置和布局。它是区域医疗规划的重要组成部分,是卫生行政部门审批医疗机构设置的依据。

依据医疗机构设置规划来设置区域内的各级各类医疗机构,能够引导医疗卫生资源的合理配置,符合区域内一定人群的实际医疗服务需求,避免医疗卫生资源配置的重叠或遗漏,有利于充分合理地利用我国有限的医疗卫生资源,建立适应我国国情和具有中国特色的医疗服务体系,既能为我国公民公平地提供基本医疗服务,又能比较有效地控制医疗成本。

(二)医疗机构设置规划的制定

县级以上地方人民政府卫生行政部门应当根据本行政区域的人口、医疗资源、医疗需求和现有医疗机构的分布状况,依据《医疗机构设置规划指导原则》制定本行政区域医疗机构设置规划。经上一级卫生行政部门审核,报同级人民政府批准,在本行政区域内发布实施。

医疗机构设置规划分别由省、市、县级卫生行政部门承担。其中省和县的规划都要以设区的市所制订的《医疗机构设置规划》为基础。其中县级卫生行政部门制定设置规划的重点是不足100张床位的医疗机构的具体配置和布局,省级卫生行政部门制定设置规划的重点是全省范围内500张床以上医院、重点专科医院、急救中心、临床检验中心的配置。

根据《关于促进社会办医加快发展的若干政策措施》的规定,各地要定期公开公布区域内医疗机构数量、布局以及床位、大型设备等资源配置情况,并将社会办医纳入相关规划,按照一定比例为社会办医预留床位和大型设备等资源配置空间,在符合规划总量和结构的前提下,取消对社会办医疗机构的具体数量和地点限制。

(三) 医疗机构设置的原则

根据《医疗机构设置规划指导原则(2016—2020年)》,医疗机构设置应遵循以下原则。

1. **公平可及原则** 医疗机构服务半径适宜,交通便利,形成全覆盖医疗服务网络,布局合理。从实际医疗服务需求出发,面向城乡居民,注重科学性与协调性、公平与效率的统一,保障全体居民公平、可及地享有基本医疗卫生服务。

2. **统筹规划原则** 各级各类医疗机构必须符合属地医疗机构设置规划和卫生资源配置标准,局部服从全局,提高医疗卫生资源整体效益。

3. **科学布局原则** 明确和落实各级各类医疗机构功能和任务,实行"中心控制、周边发展",即严格控制医疗资源丰富的中心城区的公立医院数量,新增医疗机构鼓励在中心城区周边居民集中居住区,以及交通不便利、诊疗需求比较突出的地区设置。

4. **协调发展原则** 根据医疗服务需求,坚持公立医院为主体,明确政府办医范围和数量,合理控制公立医院数量和规模。公立医院实行"综合控制、专科发展",控制公立综合医院不合理增长,鼓励新增公立医院以儿童、妇产、肿瘤、精神、传染、口腔等专科医院为主。促进康复、护理等服务业快速增长。

5. **中西医并重原则** 遵循卫生计生工作基本方针,中西医并重,保障中医、中西医结合、民族医医疗机构的合理布局和资源配置,充分发挥中医在慢性病诊疗和康复领域的作用。

二、医疗机构设置的条件

单位或者个人设置医疗机构,必须向县级以上地方人民政府卫生行政部门申请办理设置审批手续。医疗机构不分类别、所有制形式、隶属关系、服务对象,其设置必须符合当地《医疗机构设置规划》,并且符合有关法律法规对设置不同类别医疗机构的特殊规定。

有下列情形之一的,不得申请设置医疗机构:① 不能独立承担民事责任的单位。② 正在服刑或者不具有完全民事行为能力的个人。③ 医疗机构在职、因病退职或者停薪留职的医务人员。④ 发生二级以上医疗事故未满5年的医务人员。⑤ 因违反有关法律、法规和规章,已被吊销执业证书的医务人员。⑥ 被吊销医疗机构执业许可证的医疗机构法定代表人或者主要负责人。⑦ 省、自治区、直辖市政府卫生行政部门规定的其他情形。

三、医疗机构设置的申请与审批

单位或者个人设置医疗机构,不设床位或者床位不满100张的医疗机构,向所在地的县级人民政府卫生行政部门申请;床位在100张以上的医疗机构和专科医院按照省级人民政府卫生行政部门的规定申请。

申请设置医疗机构,应当向县级以上地方人民政府卫生行政部门提交下列文件:① 设置申请书。② 设置可行性研究报告。③ 选址报告和建筑设计平面图。

县级以上地方人民政府卫生行政部门应当自受理设置申请之日起30日内,作出批准或者不批准的书面答复;批准设置的,发给设置医疗机构批准书。

申请设置医疗机构有下列情形之一的,不予批准:① 不符合当地医疗机构设置规划。② 设置人不符合规定的条件。③ 不能提供满足投资总额的资信证明。④ 投资总额不能满足各项预算开支。⑤ 医疗机构选址不合理。⑥ 污水、污物、粪便处理方案不合理。⑦ 省、自治区、直辖市卫生行政部门规定的其他情形。

四、医疗机构执业登记

(一) 医疗机构执业登记的条件

医疗机构开业应当办理执业登记手续。申请医疗机构执业登记,应当具备下列条件:① 有设置医疗机构的批准书。② 符合医疗机构的基本标准。③ 有适合的名称、组织机构和场所。④ 有与其开展的业务相适应的经费、设施、设备和专业卫生技术人员。⑤ 有相应的规章制度。⑥ 能够独立承担民事责任。

登记机关在受理医疗机构执业登记申请后,应当按照规定的条件和时限进行审查和实地考察、核实,并对有关执业人员进行消毒、隔离和无菌操作等基本知识和技能的现场抽查考核。经审核合格的,发给医疗机构执业许可证;审核不合格的,将审核结果和不予批准的理由以书面形式通知申请人。

申请医疗机构执业登记有下列情形之一的,不予登记:① 不符合设置医疗机构批准书核准的事项。② 不符合医疗机构基本标准。③ 投资不到位。④ 医疗机构用房不能满足诊疗服务功能。⑤ 通信、供电、上下水道等公共设施不能满足医疗机构正常运转。⑥ 医疗机构规章制度不符合要求。⑦ 消毒、隔离和无菌操作等基本知识和技能的现场抽查考核不合格。⑧ 省、自治区、直辖市卫生行政部门规定的其他情形。

(二) 医疗机构执业登记的内容

医疗机构执业登记的事项包括:① 类别、名称、地址、法定代表人或者主要负责人。② 所有制形式。③ 注册资金(资本)。④ 服务方式。⑤ 诊疗科目。⑥ 房屋建筑面积、床位(牙椅)。⑦ 服务对象。⑧ 职工人数。⑨ 执业许可证登记号(医疗机构代码)。⑩ 省、自治区、直辖市卫生行政部门规定的其他登记事项。

门诊部、诊所、卫生所、医务室、卫生保健所、卫生站除登记上述所列事项外,还应当核准登记附设药房(柜)的药品种类。

(三) 医疗机构的变更登记和注销登记

医疗机构有下列情形之一时,应当按照规定向原登记的卫生行政部门申请办理变更登记手续:① 因分立或者合并而保留的医疗机构应当申请变更登记。② 医疗机构变更名称、地址、法定代表人或者主要负责人、所有制形式、服务对象、服务方式、注册资金(资本)、诊疗科目、床位(牙椅)的,必须向登记机关申请办理变更登记。机关、企业和事业单位设置的为内部职工服务的医疗机构向社会开放,必须按照规定申请办理变更登记。

医疗机构有下列情形之一时,应当按照规定向原登记的卫生行政部门申请办理注销登记手续:① 因合并或其他原因而终止的医疗机构应当申请注销登记。② 医疗机构歇业,必须向原登记机关办理注销登记。

(四)医疗机构的校验

医疗机构校验,是指卫生行政部门依法对医疗机构的基本条件和执业状况进行检查、评估、审核,并依法作出相应结论的过程。医疗机构经执业登记取得医疗机构执业许可证后,应当按照规定的期限办理校验手续。

《医疗机构校验管理办法(试行)》规定,达到校验期的医疗机构应当申请校验。医疗机构的校验期为:① 床位在100张以上的综合医院、中医医院、中西医结合医院、民族医院以及专科医院、疗养院、康复医院、妇幼保健院、急救中心、临床检验中心和专科疾病防治机构的校验期为3年。② 其他医疗机构的校验期为1年。③ 中外合资、合作医疗机构校验期为1年。④ 暂缓校验后再次校验合格医疗机构的校验期为1年。

《台湾服务提供者在大陆设立独资医院管理暂行办法》《香港和澳门服务提供者在内地设立独资医院管理暂行办法》规定,台资独资医院、港澳独资医院的《医疗机构执业许可证》每3年校验一次。

医疗机构应当于校验期满前3个月向登记的卫生行政部门申请办理校验手续,并提交医疗机构校验申请书、医疗机构执业许可证副本等。卫生行政部门应当在受理校验申请后30日内完成校验。

校验结论包括"校验合格"和"暂缓校验",暂缓校验应当确定暂缓校验期。医疗机构有下列情形之一的,登记机关应当作出"暂缓校验"结论,下达整改通知书,并根据情况,给予1~6个月的暂缓校验期:① 校验审查所涉及的有关文件、病案和材料存在隐瞒、弄虚作假情况。② 不符合医疗机构基本标准。③ 限期整改期间。④ 停业整顿期间。⑤ 省、自治区、直辖市卫生行政部门规定的其他情形。

医疗机构应当于暂缓校验期满后5日内向卫生行政部门提出再次校验申请,由卫生行政部门再次进行校验。再次校验合格的,允许继续执业;再次校验不合格的,由登记机关注销其医疗机构执业许可证。医疗机构暂缓校验期满后规定时间内未提出再次校验申请的,由卫生行政部门注销其医疗机构执业许可证。

第三节 医疗机构执业

一、医疗机构执业要求

医疗机构执业应当进行登记,领取医疗机构执业许可证。任何单位或者个人,未取得医疗机构执业许可证,不得开展诊疗活动。机关、企业和事业单位设置的为内部职工服务的医疗机构未经许可和变更登记不得向社会开放;医疗机构被吊销或者注销执业许可证后,不得继续开展诊疗活动。

二、医疗机构执业规则

1. **严格按照登记的诊疗科目执业** 医疗机构不仅必须在取得医疗机构执业许可证后才能执业,而且必须严格按照核准登记的诊疗科目执业。医疗机构需要改变诊疗科目的,必须向原登记机关办理变更登记。

2. **主动公开医疗相关信息** 医疗机构必须将医疗机构执业许可证、诊疗科目、诊疗时间和收费标准悬挂于明显处。医疗机构工作人员上岗工作,必须佩戴载有本人姓名、职务或者职称的标牌。医疗机构还应当按照规定权限和程序对本单位相关卫生服务信息依法、准确、及时地进行公开。

3. **不得使用非卫生技术人员从事医疗卫生技术工作** 疾病诊断、治疗活动必须由专业的卫生技术人员进行,任何医疗机构都不得使用非卫生技术人员从事医疗卫生技术工作,否则将构成非法行医行为。

4. **加强对医务人员的医德教育** 医务人员承担着"救死扶伤"的崇高使命,必须具有高尚的医德。因此,医疗机构应当加强对医务人员的医德教育,督促医务人员恪守职业道德。

5. **积极而负责地救治患者** 医疗机构对危重病患者应当立即抢救。对限于设备或者技术条件不能诊治的患者,应当及时转诊。医疗机构对传染病、精神病、职业病等患者的特殊诊治和处理,应当按照国家有关法律、法规的规定办理。

6. **按规定出具医学证明文件** 医疗机构医务人员出具医学证明文件应当严格遵循法律规定。未经医师亲自诊查患者,医疗机构不得出具疾病诊断书、健康证明书或者死亡证明文件;未经医师、助产人员亲自接产,医疗机构不得出具出生证明书或者死产报告书。医疗机构为死因不明者出具的《死亡医学证明书》,只作是否死亡的诊断,不作死亡原因的诊断。如果有关方面要求进行死亡原因诊断的,医疗机构必须指派医生对尸体进行解剖和有关死因检查后方能作出死因诊断。

7. **尊重患者的知情同意权** 医疗机构应当尊重患者对自己的病情、诊断、治疗的知情权利。《侵权责任法》规定,医务人员在诊疗活动中应当向患者说明病情和医疗措施。需要实施手术、特殊检查、特殊治疗的,医务人员应当及时向患者说明医疗风险、替代医疗方案等情况,并取得其书面同意;不宜向患者说明的,应当向患者的近亲属说明,并取得其书面同意。

8. **严格按照规定收费** 医疗机构必须按照政府物价等有关部门核准的收费标准收取医疗费用,详列细项,并出具收据。

9. **正确使用医疗机构标识** 医疗机构的印章、银行账户、牌匾以及医疗文件中使用的名称应当与核准登记的医疗机构名称相同。标有医疗机构标识的票据和病历本册以及处方笺、各种检查的申请单、报告单、证明文书单、药品分装袋、制剂标签等不得买卖、出借和转让。

10. **遵守病历管理的有关规定** 病历,是指医务人员在医疗活动过程中形成的文字、符号、图表、影像、切片等资料的总和,包括门(急)诊病历和住院病历。门(急)诊病历由医疗机构保管的,保存时间自患者最后一次就诊之日起不少于15年;住院病历保存时间自患者最后一次住院出院之日起不少于30年。

11. **加强医疗质量管理** 医疗质量管理,是指按照医疗质量形成的规律和有关法律、法规要求,运用现代科学管理方法,对医疗服务要素、过程和结果进行管理与控制,以实现医疗质量系统改进、持续改进的过程。医疗机构应当按照卫生行政部门的有关规定、标准加强医疗质量管理,实施医疗质量保证方案,确保医疗安全和服务质量,不断提高服务水平。医疗质量管理实行院、科两级负责制。

12. **服从卫生行政部门调遣**　医疗机构必须承担相应的预防保健工作,承担县级以上人民政府卫生行政部门委托的支援农村、指导基层医疗卫生工作等任务。发生重大灾害、事故、疾病流行或者其他意外情况时,医疗机构及其卫生技术人员必须服从县级以上人民政府卫生行政部门的调遣。

第四节　处方管理

一、处方的概念

处方,是指由执业医师和执业助理医师在诊疗活动中为患者开具的、由取得药学专业技术职务任职资格的药学专业技术人员审核、调配、核对,并作为患者用药凭证的医疗文书。处方包括医疗机构病区用药医嘱单。医师开具处方和药师调剂处方应当遵循安全、有效、经济的原则。处方药应当凭医师处方销售、调剂和使用。

处方的结构主要包括以下内容:① 前记。包括医疗机构名称,费别,患者姓名、性别、年龄,门诊或住院病历号,科别或病区和床位号,临床诊断,开具日期等。可添列特殊要求的项目。麻醉药品和第一类精神药品处方还应当包括患者身份证明编号,代办人姓名、身份证明编号。② 正文。以 Rp 或 R(拉丁文 Recipe 的缩写)标示,分列药品名称、剂型、规格、数量、用法用量。③ 后记。医师签名或者加盖专用签章,药品金额以及审核、调配、核对、发药药师签名或者加盖专用签章。

为了便于对不同种类处方的区分,《处方管理办法》还对处方的颜色作出了具体规定:普通处方的印刷用纸为白色;急诊处方印刷用纸为淡黄色,右上角标注"急诊";儿科处方印刷用纸为淡绿色,右上角标注"儿科"。

二、处方权的获得

《处方管理办法》规定:① 经注册的执业医师在执业地点取得相应的处方权。经注册的执业助理医师在医疗机构开具的处方,应当经所在执业地点执业医师签名或加盖专用签章后方有效。但经注册的执业助理医师在乡、民族乡、镇、村的医疗机构独立从事一般的执业活动,可以在注册的执业地点取得相应的处方权。医师应当在注册的医疗机构签名留样或者专用签章备案后,方可开具处方。② 试用期人员开具处方,应当经所在医疗机构有处方权的执业医师审核并签名或加盖专用签章后方有效。进修医师由接收进修的医疗机构对其胜任本专业工作的实际情况进行认定后授予相应的处方权。

三、处方书写规则

处方书写应当符合下列规则:① 患者一般情况、临床诊断填写清晰、完整,并与病历记载相一致。② 每张处方限于一名患者的用药。③ 字迹清楚,不得涂改。如需修改,应当在修改处签名并注明修改日期。④ 药品名称应当使用规范的中文名称书写,没有中文名称的可以使用规范的英文名称书写。医疗机构或者医师、药师不得自行编制药品缩写名称或者使用代号。书写药品名称、剂量、规格、用法、用量要准确规范,药品用法可用规范的中文、英文、拉丁文或者缩写体书写,但不得使用"遵医嘱""自用"等含糊不清字句。⑤ 患者年龄应当填写实足年龄,新生儿、婴幼儿写日、月龄,必要时要注明体重。⑥ 西药和中成药可以分别开具处方,也可以开具一张处方,中药饮片应当单独开具处方。⑦ 开具西药、中成药处方,每一种药品应当另起一行,每张处方不得超过 5 种药品。⑧ 中药饮片处方的书写,一般应当按照"君、臣、佐、使"的顺序排列。调剂、煎煮的特殊要求注明在药品右上方,并加括号,如布包、先煎、后下等。对饮片的产地、炮制有特殊要求的,应当在药品名称之前写明。⑨ 药品用法用量应当按照药品说明书规定的常规用法用量使用,特殊情况需要超剂量使用时,应当注明原因并再次签名。⑩ 除特殊情况外,应当注明临床诊断。⑪ 开具处方后的空白处划一斜线以示处方完毕。⑫ 处方医师的签名式样和专用签章应当与院内药学部门留样备查的式样相一致,不得任意改动,否则应当重新登记留样备案。

药品剂量与数量用阿拉伯数字书写。剂量应当使用法定剂量单位:重量以克(g)、毫克(mg)、微克(μg)、纳克(ng)为单位;容量以升(L)、毫升(mL)为单位;国际单位(IU)、单位(U);中药饮片以克(g)为单位。片剂、丸剂、胶囊剂、颗粒剂分别以片、丸、粒、袋为单位;溶液剂以支、瓶为单位;软膏及乳膏剂以支、盒为单位;注射剂以支、瓶为单位,应当注明含量;中药饮片处方以剂为单位。

四、处方开具

《处方管理办法》规定,医师应当根据医疗、预防、保健需要,按照诊疗规范,药品说明书中的药品适应证、药理作用、用法、用量、禁忌、不良反应和注意事项等开具处方。开具医疗用毒性药品、放射性药品的处方应当严格遵守有关法律、法规和规章的规定。医师开具处方应当使用经药品监督管理部门批准并公布的药品通用名称、新活性化合物的专利药品名称和复方制剂药品名称。医师开具院内制剂处方时应当使用经省级卫生行政部门审核、药品监督管理部门批准的名称。医师也可以使用由国务院卫生行政部门公布的药品习惯名称开具处方。

五、处方有效期和用量

处方开具当日有效。特殊情况下需延长有效期的,由开具处方的医师注明有效期限,但有效期最长不得超过 3 日。

处方一般不得超过 7 日用量;急诊处方一般不得超过 3 日用量;对于某些慢性病、老年病或特殊情况,处方用量可适当延长,但医师应当注明理由。特殊管理药品的处方用量应当严格按照国家有关规定执行。

六、处方调剂

取得药学专业技术职务任职资格的人员方可从事处方调剂工作。药师在执业的医疗机构取得处方调剂资格。药师签名或者专用签章式样应当在本机构留样备查。具有药师以上专业技术职务任职资格的人员负责处方审核、评估、核对、发药以及安全用药指导;药士从事处方调配工作。

药师应当凭医师处方调剂处方药品,非经医师处方不得调剂。药师应当按照操作规程调剂处方药品:认真审核处方,准确调配药品,正确书写药袋或粘贴标签,注明患者姓名和药品名称、用法、用量、包装;向患者交付药品时,按照药品说明书或者处方用法,进行用药交代与指导,包括每种药品的用法、用量、注意事项等。

药师应当认真逐项检查处方前记、正文和后记书写是否清晰、完整,确认处方的合法性,并应当对处方用药适宜性进行审核。药师经处方审核后,认为存在用药不适宜时,应当告知处方医师,请其确认或者重新开具处方。药师发现严重不合理用药或者用药错误,应当拒绝调剂,及时告知处方医师,并应当记录,按照有关规定报告。药师对于不规范处方或者不能判定其合法性的处方,不得调剂。

药师调剂处方时必须做到"四查十对":查处方,对科别、姓名、年龄;查药品,对药名、剂型、规格、数量;查配伍禁忌,对药品性状、用法用量;查用药合理性,对临床诊断。在完成处方调剂后,应当在处方上签名或者加盖专用签章。

七、处方点评与处方保管

(一)处方点评

处方点评,是指根据相关法规、技术规范,对处方书写的规范性及药物临床使用的适宜性(用药适应证、药物选择、给药途径、用法用量、药物相互作用、配伍禁忌等)进行评价,发现存在或潜在的问题,制定并实施干预和改进措施,促进临床药物合理应用的过程。

医院处方点评工作在医院药事管理与药物治疗学委员会(组)和医疗质量管理委员会领导下,由医院医疗管理部门和药学部门共同组织实施。医院药学部门成立处方点评工作小组,负责处方点评的具体工作。

处方点评结果分为合理处方和不合理处方。其中不合理处方又包括不规范处方、用药不适宜处方及超常处方。医院药学部门应当会同医疗管理部门对处方点评小组提交的点评结果进行审核,定期公布处方点评结果,通报不合理处方。发现可能造成患者损害的,应当及时采取措施,防止损害发生。各级卫生行政部门和医师定期考核机构,应当将处方点评结果作为重要指标纳入医院评审评价和医师定期考核指标体系。

(二)处方保管

处方由调剂处方药品的医疗机构妥善保存。普通处方、急诊处方、儿科处方保存期限为 1 年,医疗用毒性药品、第二类精神药品处方保存期限为 2 年,麻醉药品和第一类精神药品处方保存期限为 3 年。处方保存期满后,经医疗机构主要负责人批准、登记备案,方可销毁。

医疗机构应当根据麻醉药品和精神药品处方开具情况,按照麻醉药品和精神药品品种、规格对其消耗量进行专册登记,登记内容包括发药日期、患者姓名、用药数量。专册保存期限为 3 年。

第五节 抗菌药物临床应用管理

一、抗菌药物的概念

抗菌药物,是指治疗细菌、支原体、衣原体、立克次体、螺旋体、真菌等病原微生物所致感染性疾病的药物,不包括治疗结核病、寄生虫病和各种病毒所致感染性疾病的药物以及具有抗菌作用的中药制剂。

为加强医疗机构抗菌药物临床应用管理,规范抗菌药物临床应用行为,提高抗菌药物临床应用水平,促进临床合理应用抗菌药物,控制细菌耐药,保障医疗质量和医疗安全,2012年4月24日,卫生部发布了《抗菌药物临床应用管理办法》,同年8月1日起施行。

二、抗菌药物的分级

抗菌药物临床应用实行分级管理。根据安全性、疗效、细菌耐药性、价格等因素,将抗菌药物分为3级:非限制使用级、限制使用级与特殊使用级。

1. **非限制使用级抗菌药物** 是指经长期临床应用证明安全、有效,对细菌耐药性影响较小,价格相对较低的抗菌药物。

2. **限制使用级抗菌药物** 是指经长期临床应用证明安全、有效,对细菌耐药性影响较大,或者价格相对较高的抗菌药物。

3. **特殊使用级抗菌药物** 是指具有以下情形之一的抗菌药物:① 具有明显或者严重不良反应,不宜随意使用的抗菌药物。② 需要严格控制使用,避免细菌过快产生耐药的抗菌药物。③ 疗效、安全性方面的临床资料较少的抗菌药物。④ 价格昂贵的抗菌药物。

三、抗菌药物临床应用规则

(一)抗菌药物处方权的授予

临床医师和药师需要通过培训才能够获得抗菌药物处方权和调剂资格。《抗菌药物临床应用管理办法》规定,具有高级专业技术职务任职资格的医师,可授予特殊使用级抗菌药物处方权;具有中级以上专业技术职务任职资格的医师,可授予限制使用级抗菌药物处方权;具有初级专业技术职务任职资格的医师,在乡、民族乡、镇、村的医疗机构独立从事一般执业活动的执业助理医师以及乡村医生,可授予非限制使用级抗菌药物处方权。药师经培训并考核合格后,方可获得抗菌药物调剂资格。

(二)抗菌药物预防感染指征的掌握

医疗机构和医务人员应当严格掌握使用抗菌药物预防感染的指征。预防感染、治疗轻度或者局部感染应当首选非限制使用级抗菌药物;严重感染、免疫功能低下合并感染或者病原菌只对限制使用级抗菌药物敏感时,方可选用限制使用级抗菌药物。

(三)特殊使用级抗菌药物的使用

严格控制特殊使用级抗菌药物使用。特殊使用级抗菌药物不得在门诊使用。临床应用特殊使用级抗菌药物应当严格掌握用药指征,经抗菌药物管理工作组指定的专业技术人员会诊同意后,由具有相应处方权医师开具处方。

(四)抗菌药物的越级使用

因抢救生命垂危的患者等紧急情况,医师可以越级使用抗菌药物。越级使用抗菌药物应当详细记录用药指征,并应当于24小时内补办越级使用抗菌药物的必要手续。

四、抗菌药物临床应用的监督管理

(一)抗菌药物遴选和定期评估

医疗机构遴选和新引进抗菌药物品种,应当由临床科室提交申请报告,经药学部门提出意见后,由抗菌药物管理工作组审议。抗菌药物管理工作组三分之二以上成员审议同意,并经药事管理与药物治疗学委员会三分之二以上委员审核同意后方可列入采购供应目录。

抗菌药物品种或者品规存在安全隐患、疗效不确定、耐药率高、性价比差或者违规使用等情况的,临床科室、药学部门、抗菌药物管理工作组可以提出清退或者更换意见。清退意见经抗菌药物管理工作组二分之一以上成员同意后执行,并报药事管理与药物治疗学委员会备案;更换意见经药事管理与药物治疗学委员会讨论通过后执行。清退或者更换的抗菌药物品种或者品规原则上12个月内不得重新进入本机构抗菌药物供应目录。

(二) 细菌耐药预警

医疗机构应当开展细菌耐药监测工作,建立细菌耐药预警机制,并采取下列相应措施:① 主要目标细菌耐药率超过30%的抗菌药物,应当及时将预警信息通报本机构医务人员。② 主要目标细菌耐药率超过40%的抗菌药物,应当慎重经验用药。③ 主要目标细菌耐药率超过50%的抗菌药物,应当参照药敏试验结果选用。④ 主要目标细菌耐药率超过75%的抗菌药物,应当暂停针对此目标细菌的临床应用,根据追踪细菌耐药监测结果,再决定是否恢复临床应用。

(三) 抗菌药物临床应用异常情况的调查和处理

医疗机构应当对以下抗菌药物临床应用异常情况开展调查,并根据不同情况作出处理:① 使用量异常增加的抗菌药物。② 半年内使用量始终居于前列的抗菌药物。③ 经常超适应证、超剂量使用的抗菌药物。④ 企业违规销售的抗菌药物。⑤ 频繁发生严重不良事件的抗菌药物。

(四) 超常和违规使用抗菌药物的处理

医疗机构应当对出现抗菌药物超常处方3次以上且无正当理由的医师提出警告,限制其特殊使用级和限制使用级抗菌药物处方权。

医师出现下列情形之一的,医疗机构应当取消其处方权:① 抗菌药物考核不合格的。② 限制处方权后,仍出现超常处方且无正当理由的。③ 未按照规定开具抗菌药物处方,造成严重后果的。④ 未按照规定使用抗菌药物,造成严重后果的。⑤ 开具抗菌药物处方牟取不正当利益的。

药师未按照规定审核抗菌药物处方与用药医嘱,造成严重后果的,或者发现处方不适宜、超常处方等情况未进行干预且无正当理由的,医疗机构应当取消其药物调剂资格。

第六节 法律责任

一、违反《医疗机构管理条例》的法律责任

(一) 未取得医疗机构执业许可证擅自执业的法律责任

对未取得医疗机构执业许可证擅自执业的,责令其停止执业活动,没收非法所得和药品、器械,并处以3 000元以下的罚款;有下列情形之一的,责令其停止执业活动,没收非法所得的药品、器械,处以3 000元以上1万元以下的罚款。① 因擅自执业曾受过卫生行政部门处罚。② 擅自执

业的人员为非卫生技术专业人员。③ 擅自执业时间在3个月以上。④ 给患者造成伤害。⑤ 使用假药、劣药蒙骗患者。⑥ 以行医为名骗取患者钱物。⑦ 省、自治区、直辖市卫生行政部门规定的其他情形。

(二) 逾期不校验医疗机构执业许可证仍从事诊疗活动的法律责任

逾期不校验医疗机构执业许可证仍从事诊疗活动的,由县级以上人民政府卫生行政部门责令其限期补办校验手续;拒不校验的,吊销其医疗机构执业许可证。

(三) 出卖、转让、出借医疗机构执业许可证的法律责任

转让、出借医疗机构执业许可证的,没收其非法所得,并处以3 000元以下的罚款;有下列情形之一的,没收其非法所得,处以3 000元以上5 000元以下的罚款,并吊销医疗机构执业许可证。① 出卖医疗机构执业许可证。② 转让或者出借医疗机构执业许可证是以营利为目的。③ 受让方或者承借方给患者造成伤害。④ 转让、出借医疗机构执业许可证给非卫生技术专业人员。⑤ 省、自治区、直辖市卫生行政部门规定的其他情形。

(四) 诊疗活动超出登记范围的法律责任

除急诊和急救外,医疗机构诊疗活动超出登记的诊疗科目范围,情节轻微的,处以警告;有下列情形之一的,责令其限期改正,并可处以3 000元以下罚款。① 超出登记的诊疗科目范围的诊疗活动累计收入在3 000元以下。② 给患者造成伤害。

有下列情形之一的,处以3 000元罚款,并吊销医疗机构执业许可证:① 超出登记的诊疗科目范围的诊疗活动累计收入在3 000元以上。② 给患者造成伤害。③ 省、自治区、直辖市卫生行政部门规定的其他情形。

(五) 使用非卫生技术人员从事医疗卫生技术工作的法律责任

使用非卫生技术人员从事医疗卫生技术工作的,由县级以上人民政府卫生行政部门责令其限期改正,并可处以3 000元以下罚款;有下列情形之一的,处以3 000元以上5 000元以下的罚款,并可以吊销其医疗机构执业许可证。① 任用2名以上非卫生技术人员从事诊疗活动。② 任用的非卫生技术人员给患者造成伤害。

医疗机构使用卫生技术人员从事本专业以外的诊疗活动的,按使用非卫生技术人员处理。

(六) 出具虚假的医学证明文件的法律责任

出具虚假证明文件,情节轻微的,给予警告,并可处以500元以下的罚款;有下列情形之一的,处以500元以上1 000元以下的罚款。① 出具虚假证明文件造成延误诊治的。② 出具虚假证明文件给患者精神造成伤害的。③ 造成其他危害后果的。

对直接责任人员由所在单位或者上级机关给予行政处分。

二、违反《处方管理办法》的法律责任

医疗机构有下列情形之一的,由县级以上卫生行政部门按照《医疗机构管理条例》的规定,责令限期改正,并可处以5 000元以下的罚款;情节严重的,吊销其医疗机构执业许可证。① 使用未取得处方权的人员、被取消处方权的医师开具处方的。② 使用未取得麻醉药品和第一类精神药品处方资格的医师开具麻醉药品和第一类精神药品处方的。③ 使用未取得药学专业技术职务任职

资格的人员从事处方调剂工作的。

医疗机构未按照规定保管麻醉药品和精神药品处方,或者未依照规定进行专册登记的,按照《麻醉药品和精神药品管理条例》的规定,由设区的市级卫生行政部门责令限期改正,给予警告;逾期不改正的,处 5 000 元以上 1 万元以下的罚款;情节严重的,吊销其印鉴卡;对直接负责的主管人员和其他直接责任人员,依法给予降级、撤职、开除的处分。

三、违反《抗菌药物临床应用管理办法》的法律责任

医疗机构有下列情形之一的,由县级以上卫生行政部门责令限期改正;逾期不改的,进行通报批评,并给予警告;造成严重后果的,对负有责任的主管人员和其他直接责任人员,给予处分。① 未建立抗菌药物管理组织机构或者未指定专(兼)职技术人员负责具体管理工作的。② 未建立抗菌药物管理规章制度的。③ 抗菌药物临床应用管理混乱的。④ 未按照本办法规定执行抗菌药物分级管理、医师抗菌药物处方权限管理、药师抗菌药物调剂资格管理或者未配备相关专业技术人员的。⑤ 其他违反本办法规定行为的。

医疗机构有下列情形之一的,由县级以上卫生行政部门责令限期改正,给予警告,并可根据情节轻重处以 3 万元以下罚款;对负有责任的主管人员和其他直接责任人员,可根据情节给予处分。① 使用未取得抗菌药物处方权的医师或者使用被取消抗菌药物处方权的医师开具抗菌药物处方的。② 未对抗菌药物处方、医嘱实施适宜性审核,情节严重的。③ 非药学部门从事抗菌药物购销、调剂活动的。④ 将抗菌药物购销、临床应用情况与个人或者科室经济利益挂钩的。⑤ 在抗菌药物购销、临床应用中牟取不正当利益的。

(段晓鹏)

第五章 卫生技术人员管理法律制度

导学

1. 掌握执业医师、护士、执业药师的资格考试和注册制度。
2. 熟悉执业医师、护士、执业药师的权利与义务，医师多点执业相关规定。
3. 了解执业医师、护士、执业药师违法执业的法律责任。

第一节 执业医师法律制度

一、概述

（一）执业医师的概念

执业医师，是指依法取得执业医师资格并经注册，在医疗、预防、保健机构中，按照其注册的执业类别和范围，从事相应的医疗工作的人员，包括执业医师和执业助理医师两类。

（二）执业医师法立法

新中国成立后，国家相继颁布了一系列规范医师执业的法律规范，如 1951 年卫生部经政务院批准颁布的《医师暂行条例》《中医师暂行条例》等。党的十一届三中全会以后，卫生部制定发布了一系列规范性文件，使卫生技术人员管理逐步法制化，如《卫生技术人员职称及晋升条例（试行）》（1979 年）、《医院工作人员职责》（1982 年）、《医师、中医师个体开业暂行管理办法》（1988 年）、《外来医师来华短期行医管理办法》（1993 年）等。

为了加强医师队伍建设，提高医师的职业道德和业务素质，保障医师和患者的合法权益，1998 年 6 月 26 日，第九届全国人大常委会第三次会议通过了《执业医师法》，自 1999 年 5 月 1 日起施行。其适用范围是依法取得执业医师资格或者助理医师资格，经注册在医疗、预防、保健机构中执业的专业医务人员。为了贯彻实施《执业医师法》，1999 年卫生部成立了国家医师资格考试委员会，卫生部相继发布了《医师资格考试暂行办法》《医师执业注册暂行办法》《关于医师执业注册中执业范围的暂行规定》《医师外出会诊管理暂行规定》《处方管理办法》《传统医学师承和确有专长人员医师资格考核考试办法》等配套规章。

二、医师资格考试

医师资格考试,是评价申请医师资格者是否具备执业所必需的专业知识与技能的考试。国家实行医师资格考试制度。医师资格考试分为执业医师资格考试和执业助理医师资格考试。医师资格统一考试的办法,由国务院卫生行政部门制定。医师资格考试由省级以上人民政府卫生行政部门组织实施。

(一) 考试类别

医师资格考试类别分为临床、中医(包括中医、民族医、中西医结合)、口腔、公共卫生4类。考试方式分为实践技能考试和医学综合笔试。医师资格考试实行国家统一考试,每年举行一次。

(二) 考试条件

申请参加执业医师资格考试的条件:① 具有高等学校医学专业本科以上学历,在执业医师指导下,在医疗、预防、保健机构中试用期满1年的。② 取得执业助理医师执业证书后,具有高等学校医学专科学历,在医疗、预防、保健机构中工作满2年的;具有中等专业学校医学专业学历,在医疗、预防、保健机构中工作满5年的。

申请参加执业助理医师资格考试的条件:具有高等学校医学专科学历或者中等专业学校医学专业学历,在执业医师指导下,在医疗、预防、保健机构中试用期满1年的。

以师承方式学习传统医学满3年或者经多年实践医术确有专长的,经县级以上人民政府卫生行政部门确定的传统医学专业组织或者医疗、预防、保健机构考核合格并推荐,可以参加执业医师资格或者执业助理医师资格考试。

三、医师执业注册

《执业医师法》规定,国家实行医师执业注册制度。取得执业医师资格或助理医师资格的,可以向所在地县级以上人民政府卫生行政部门申请注册。注册内容包括执业人姓名、执业机构、执业地点、执业资格、执业类别、执业范围等。未经医师注册取得执业证书,不得从事医师执业活动。

1. 注册申请与审核 拟在医疗、保健机构中执业的人员,应当向批准该机构执业的卫生行政部门申请注册。拟在预防机构中执业的人员,应当向该机构的同级卫生行政部门申请注册。拟在机关、企业和事业单位的医疗机构中执业的人员,应当向核发该机构医疗机构执业许可证的卫生行政部门申请。

获得执业医师资格或执业助理医师资格后2年内未注册者,申请注册时,还应提交在省级以上卫生行政部门指定的机构接受3至6个月的培训,并经考核合格的证明。医疗、预防、保健机构可以为本机构中的医师集体办理注册手续。

注册主管部门应当自收到注册申请之日起30日内,对申请人提交的申请材料进行审核。审核合格的,予以注册,并发给国务院卫生行政部门统一印制的医师执业证书。对不符合注册条件的,注册主管部门应当自收到注册申请之日起30日内书面通知申请人,并说明理由。申请人有异议的,可以依法申请行政复议或者向人民法院提起行政诉讼。

2. 不予注册的情形 有下列情形之一的,不予注册:① 不具有完全民事行为能力的。② 因受刑事处罚,自刑罚执行完毕之日起至申请注册之日止不满2年的。③ 受吊销医师执业证书行政处罚,自处罚决定之日起至申请注册之日止不满2年的。④ 甲类、乙类传染病传染期、精神病发病期以及身体残疾等健康状况不适宜或者不能胜任医疗、预防、保健业务工作的。⑤ 重新申请注册,经卫生行政部门指定机构或组织考核不合格的。⑥ 有国务院卫生行政部门规定不宜从事医疗、预防、保健业务的其他情形的。

3. **重新注册的情形** 有下列情形之一的,应当重新申请注册:① 中止医师执业活动 2 年以上的。② 不予注册情形消失的。重新申请注册的人员,应当首先到县以上卫生行政部门指定的医疗、预防、保健机构或组织,接受 3 至 6 个月的培训,并经考核合格,方可按照有关规定重新申请执业注册。

4. **注销注册的情形** 医师注册后有下列情形之一的,其所在的医疗、预防、保健机构应当在 30 日内报告注册主管部门,办理注销注册:① 死亡或者被宣告失踪的。② 受刑事处罚的。③ 受吊销医师执业证书行政处罚的。④ 因考核不合格,暂停执业活动期满,经培训后再次考核仍不合格的。⑤ 中止医师执业活动满 2 年的。⑥ 身体健康状况不适宜继续执业的。⑦ 有出租、出借、抵押、转让、涂改医师执业证书行为的。⑧ 有国务院卫生行政部门规定不宜从事医疗、预防、保健业务的其他情形的。注册主管部门对具有上述规定情形的,应当予以注销注册,收回医师执业证书。

5. **变更注册的情形** 医师变更执业地点、执业类别、执业范围等注册事项的,应当到注册主管部门办理变更注册手续,并提交医师变更执业注册申请审核表、医师资格证书、医师执业证书以及省级以上卫生行政部门规定提交的其他材料。但经医疗、预防、保健机构批准的卫生支农、会诊、进修、学术交流、承担政府交办的任务和卫生行政部门批准的义诊等除外。医师在办理变更注册手续过程中,在医师执业证书原注册事项已被变更,未完成新的变更事项许可前,不得从事执业活动。

6. **备案的情形** 医师注册后有下列情况之一的,其所在的医疗、预防、保健机构应当在 30 日内报注册主管部门备案:① 调离、退休、退职。② 被辞退、开除。③ 省级以上卫生行政部门规定的其他情形。

《执业医师法》规定,申请个体行医的执业医师,须经注册后在医疗、预防、保健机构中执业满 5 年,并按照国家有关规定办理审批手续。执业助理医师不得申请个体行医、设置个体诊所。

四、医师执业权利和义务

(一) 医师执业权利

《执业医师法》规定,医师在执业活动中享有下列权利:① 在注册的执业范围内,进行医学诊查、疾病调查、医学处置、出具相应的医学证明文件,选择合理的医疗、预防、保健方案。② 按照国务院卫生行政部门规定的标准,获得与本人执业活动相当的医疗设备基本条件。③ 从事医学研究、学术交流,参加专业学术团体。④ 参加专业培训,接受继续医学教育。⑤ 在执业活动中,人格尊严、人身安全不受侵犯。⑥ 获取工资报酬和津贴,享受国家规定的福利待遇。⑦ 对所在机构的医疗、预防、保健工作和卫生行政部门的工作提出意见和建议,依法参与所在机构的民主管理。

(二) 医师执业义务

《执业医师法》规定,医师在执业活动中应当履行下列义务:① 遵守法律、法规,遵守技术操作规范。② 树立敬业精神,遵守职业道德,履行医师职责,尽职尽责为患者服务。③ 关心、爱护、尊重患者,保护患者的隐私。④ 努力钻研业务,更新知识,提高专业技术水平。⑤ 宣传卫生保健知识,对患者进行健康教育。

五、医师执业规则

(一) 医师执业范围

《执业医师法》规定,医师应按照执业注册的执业地点、执业类别、执业范围,从事相应的医疗、预防、保健活动。医师的执业地点,是指医师执业的医疗、预防、保健机构及其登记注册的地址。执业类别,是指临床、中医(包括中医、中西医结合、民族医)、口腔、公共卫生,医师进行执业注册的类别必须以取得医师资格的类别为依据。执业范围,是指医师执业的具体诊疗科目,包括内科、外科、妇产科、儿科、牙科、放射科等。

根据《关于医师执业注册中执业范围的暂行规定》,在计划生育技术服务机构中执业的临床医师,其执业范围为计划生育技术服务专业。在医疗机构中执业的临床医师以妇产科专业为执业范围进行执业注册的,其范围含计划生育技术服务专业。取得全科医学专业技术职务任职资格者,方可申请注册全科医学专业作为执业范围。

一般情况下医师不得从事执业注册范围以外的其他执业活动,但有下列情形的,不属于超出执业范围:① 对患者实施紧急医疗救护的。② 临床医师依据《住院医师规范化培训规定》和《全科医师规范化培训试行办法》等,进行临床转科、培训的。③ 依据国家有关规定,经医疗、预防、保健机构批准的卫生支农、会诊、学术交流、承担政府交办的任务和卫生行政部门批准的义诊等。④ 符合《医师外出会诊管理暂行规定》的。⑤ 省级以上卫生行政部门规定的其他情形。

(二) 医师执业规则的具体规定

《执业医师法》规定,医师执业应当遵守以下规则:① 医师实施医疗、预防、保健措施,签署有关医学证明文件,必须亲自诊查、调查,并按照规定及时填写医学文书,不得隐匿、伪造或者销毁医学文书及有关资料。医师不得出具与自己执业范围无关或者与执业类别不相符的医学证明文件。② 对急危患者,医师应当采取紧急措施进行诊治;不得拒绝急救处置。③ 医师应当使用经国家有关部门批准使用的药品、消毒药剂和医疗器械。除正当诊断治疗外,不得使用麻醉药品、医疗用毒性药品、精神药品和放射性药品。④ 医师应当如实向患者或者其家属介绍病情,但应注意避免对患者产生不利后果。医师进行实验性临床医疗,应当经医院批准并征得患者本人或者其家属同意。⑤ 医师不得利用职务之便,索取、非法收受患者财物或者牟取其他不正当利益。⑥ 遇有自然灾害、传染病流行、突发重大伤亡事故及其他严重威胁人民生命健康的紧急情况时,医师应当服从县级以上人民政府卫生行政部门的调遣。⑦ 医师发生医疗事故或者发现传染病疫情时,应当按照有关规定及时向所在机构或者卫生行政部门报告。医师发现患者涉嫌伤害事件或者非正常死亡时,应当按照有关规定向有关部门报告。⑧ 执业助理医师应当在执业医师的指导下,在医疗、预防、保健机构中按照其执业类别执业。在乡、民族乡、镇的医疗、预防、保健机构中工作的执业助理医师,可以根据医疗诊治的情况和需要,独立从事一般的执业活动。

(三) 医师多点执业

《中共中央、国务院关于深化医药卫生体制改革的意见》提出,稳步推动医务人员的合理流动,促进不同医疗机构之间人才的纵向和横向交流,研究探索注册医师多点执业。2009年9月11日,卫生部发出《关于医师多点执业有关问题的通知》。

医师多点执业,是指医师在两个以上医疗机构从事诊疗活动,不包括医师外出会诊。国家对医师实行多点执业分类管理。

(1) 医师执行政府指令任务,如卫生支农、支援社区和急救中心(站)、医疗机构对口支援等,由所在医疗机构批准。

(2) 多个医院(社区卫生服务中心)以整合医疗资源、方便患者就医和提高医疗技术水平为目的,通过签订协议等形式,开展横向或纵向医疗合作的,相关医院(社区卫生服务中心)经向医疗机构执业许可证登记机关备案,医师可以在开展医疗合作的其他医院(社区卫生服务中心)执业。备案内容包括医师姓名、执业类别、职称、工作时间和执业地点。卫生行政部门应当做好备案医师执业注册信息管理,便于查询和监督。

(3) 医师受聘在两个以上医疗机构执业的,应当向卫生行政部门申请增加注册的执业地点。

六、医师考核与培训

(一) 考核

县级以上政府卫生行政部门负责指导、检查和监督医师考核工作。根据卫生部《医师定期考核管理办法》,受县级以上人民政府卫生行政部门委托的机构或者组织应当按照医师执业标准,对医师的业务水平、工作成绩和职业道德状况进行定期考核。医师的考核结果,考核机构应当报告准予注册的卫生行政部门备案,并作为医师晋升相应技术职务的条件。对考核不合格的医师,县级以上人民政府卫生行政部门可以责令其暂停执业活动3~6个月,并接受培训和继续医学教育。暂停执业活动期满,再次进行考核。对考核合格的,允许其继续执业;对考核仍不合格的,由县级以上人民政府卫生行政部门注销注册,收回医师执业证书。

(二) 培训

县级以上人民政府卫生行政部门应当制定医师培训计划,对医师进行多种形式的培训,为医师接受继续医学教育提供条件。卫生行政部门应当采取有力措施,对在农村和少数民族地区从事医疗、预防、保健业务的医务人员实施培训。医疗、预防、保健机构应当按照规定和计划保证本机构医师的培训和继续医学教育。县级以上人民政府卫生行政部门委托的承担医师考核任务的医疗卫生机构,应当为医师的培训和接受继续医学教育提供和创造条件。

七、法律责任

(一) 以不正当手段取得医师执业证书的法律责任

以不正当手段取得医师执业证书的,由发给证书的卫生行政部门予以吊销;对负有直接责任的主管人员和其他直接责任人员,依法给予行政处分。

(二) 医疗、预防、保健机构以及医师违法执业的法律责任

(1) 医师在执业活动中,违反《执业医师法》规定,有下列行为之一的,由县级以上人民政府卫生行政部门给予警告或者责令暂停6个月以上1年以下执业活动;情节严重的,吊销其执业证书。① 违反卫生行政规章制度或者技术操作规范,造成严重后果的。② 由于不负责任延误急危患者的抢救和诊治,造成严重后果的。③ 造成医疗责任事故的。④ 未经亲自诊查、调查,签署诊断、治疗、流行病学等证明文件或者有关出生、死亡等证明文件的。⑤ 隐匿、伪造或者擅自销毁医学文书及有关资料的。⑥ 使用未经批准使用的药品、消毒药剂和医疗器械的。⑦ 不按照规定使用麻醉药品、医疗用毒性药品、精神药品和放射性药品的。⑧ 未经患者或者其家属同意,对患者进行实验性临床医疗的。⑨ 泄露患者隐私,造成严重后果的。⑩ 利用职务之便,索取、非法收受患者财物

或者牟取其他不正当利益的。⑪ 发生自然灾害、传染病流行、突发重大伤亡事故以及其他严重威胁人民生命健康的紧急情况时,不服从卫生行政部门调遣的。⑫ 发生医疗事故或者发现传染病疫情,患者涉嫌伤害事件或者非正常死亡,不按照规定报告的。⑬ 使用假学历骗取考试得来的医师证的。

(2) 医师在医疗、预防、保健工作中造成事故的,依照法律或者国家有关规定处理。

(3) 未经批准擅自开办医疗机构行医或者非医师行医的,由县级以上人民政府卫生行政部门予以取缔,没收其违法所得及其药品、器械,并处10万元以下的罚款;对医师吊销其执业证书;给患者造成损害的,依法承担赔偿责任;构成犯罪的,依法追究刑事责任。

(4) 卫生行政部门工作人员或者医疗、预防、保健机构工作人员违反本法有关规定,弄虚作假、玩忽职守、滥用职权、徇私舞弊,尚不构成犯罪的,依法给予行政处分;构成犯罪的,依法追究刑事责任。

(5) 医疗、预防、保健机构未依照《执业医师法》规定履行报告职责,导致严重后果的,由县级以上人民政府卫生行政部门给予警告;并对该机构的行政负责人依法给予行政处分。

第二节 护士法律制度

一、概述

(一) 护士的概念

护士,是经执业注册取得护士执业证书,依照《护士条例》从事护理活动,履行保护生命、减轻痛苦、增进健康职责的卫生技术人员。护理工作是医疗卫生工作的重要组成部分,护士在医疗、预防、保健和康复工作中起着重要作用。

(二) 护士管理立法

为了加强护士管理,提高护理质量,保障医疗和护理安全,保护护士的合法权益,1993年3月26日,卫生部发布了《护士管理办法》。为了进一步促进护理工作的规范化,维护护士的各项合法权益,2008年1月23日,国务院通过了《护士条例》,自2008年5月12日起实行。2008年,卫生部发布了《护士执业注册管理办法》。2010年,卫生部、人力资源社会保障部联合发布了《护士执业资格考试办法》。

二、护士资格考试

护士执业资格考试是评价申请者是否具备执业所必需的护理专业知识与工作能力的考试。考试成绩合格者,可申请护士执业注册。

《护士执业资格考试办法》规定,具有护理、助产专业中专和大专学历的人员,参加护士执业资格考试并成绩合格,可取得护理初级(士)专业技术资格证书;护理初级(师)专业技术资格按照有关规定通过参加全国卫生专业技术资格考试取得。具有护理、助产专业本科以上学历的人员,参加护士执业资格考试并成绩合格,可以取得护理初级(士)专业技术资格证书;在达到《卫生技术人员职务试行条例》规定的护师专业技术职务任职资格年限后,可直接聘任护师专业技术职务。

1. **考试原则和科目** 护士执业资格考试实行国家统一考试制度。统一考试大纲,统一命题,统一合格标准。护士执业资格考试包括专业实务和实践能力两个科目,一次考试通过两个科目为考试成绩合格。考试成绩合格者,取得考试成绩合格证明,作为申请护士执业注册的有效证明。

2. **考试条件** 《护士执业资格考试办法》规定,中等职业学校、高等学校完成国务院教育主管部门和国务院卫生行政部门规定的普通全日制3年以上的护理、助产专业课程学习,包括在教学、综合医院完成8个月以上护理临床实习,并取得相应学历证书的,可以申请参加护士执业资格考试。

三、护士执业注册

国家实行护士执业注册管理制度。护士经执业注册取得护士执业证书后,方可在注册的执业地点从事护理工作。国务院卫生行政部门负责全国护士执业注册监督管理工作。省级人民政府卫生行政部门是护士执业注册的主管部门,负责本行政区域的护士执业注册管理工作,结合本行政区域的实际情况,制定护士执业注册工作的具体办法,并报国家卫生行政部门备案。

1. **注册的申请与审核** 申请护士执业注册,应当具备以下条件:① 具有完全民事行为能力。② 在中等职业学校、高等学校完成教育部和国家卫生行政部门规定的普通全日制3年以上的护理、助产专业课程学习,包括在教学、综合医院完成8个月以上护理临床实习,并取得相应学历证书。③ 通过国家卫生行政部门组织的护士执业资格考试。④ 符合国家卫生行政部门规定的健康标准。护士被吊销执业证书的,自执业证书被吊销之日起2年内不得申请执业注册。

护士首次申请执业注册,应当由本人自通过护士执业资格考试之日起3年内向拟执业地省、自治区、直辖市人民政府卫生行政部门提出申请,并提交相关材料。逾期提出申请的,还应当提交在省、自治区、直辖市人民政府卫生行政部门规定的教学、综合医院接受3个月临床护理培训并考核合格的证明。

卫生行政部门应当自受理申请之日起20个工作日内,对申请人提交的材料进行审核。审核合格的,准予注册,发给护士执业证书;对不符合规定条件的,不予注册,并书面说明理由。

2. **变更注册** 护士在其执业注册有效期内变更执业地点的,应当向拟执业地省、自治区、直辖市人民政府卫生行政部门报告,并提交护士变更注册申请审核表和申请人的《护士执业证书》。承担卫生行政部门交办或者批准的任务以及履行医疗卫生机构职责的护理活动,包括经医疗卫生机构批准的进修、学术交流等活动不在变更注册之列。

3. **延续注册** 护士执业注册有效期为5年。期满需要继续执业的,应当在有效期届满前30日,向原注册部门申请延续注册。申请延续注册,应当提交下列材料:① 护士延续注册申请审核表。② 申请人的护士执业证书。③ 省、自治区、直辖市人民政府卫生行政部门指定的医疗机构出具的申请人6个月内健康体检证明。

4. **注销注册的情形** 护士执业注册后有下列情形之一的,原注册部门应该注销其执业注册:① 注册有效期届满未延续注册。② 受吊销护士执业证书处罚。③ 护士死亡或者丧失民事行为能力。

四、护士执业权利和义务

(一) 护士的权利

《护士条例》规定,护士在执业活动中享有下列权利:① 有按照国家有关规定获取工资报酬、享受福利待遇、参加社会保险的权利。任何单位或者个人不得克扣护士工资,降低或者取消护士福利等待遇。② 有获得与其所从事的护理工作相适应的卫生防护、医疗保健服务的权利。从事直接接触有毒有害物质、有感染传染病危险工作的护士,有依照有关法律、行政法规的规定接受职业健康监护的权利;患职业病的,有依照有关法律、行政法规的规定获得赔偿的权利。③ 有按照国家有关规定获得与本人业务能力和学术水平相应的专业技术职务、职称的权利;有参加专业培训、从事学术研究和交流、参加行业协会和专业学术团体的权利。④ 有获得疾病诊疗、护理相关信息的权利和其他与履行护理职责相关的权利,可以对医疗卫生机构和卫生行政部门的工作提出意见和建议。

(二) 护士的义务

《护士条例》规定,护士在执业活动中应当履行下列义务:① 遵守法律、法规、规章和诊疗技术规范的规定。② 发现患者病情危急,应当立即通知医师;在紧急情况下为抢救垂危患者生命,应当先行实施必要的紧急救护。③ 发现医嘱违反法律、法规、规章或者诊疗技术规范规定的,应当及时向开具医嘱的医师提出;必要时,应当向该医师所在科室的负责人或者医疗卫生机构负责医疗服务管理的人员报告。④ 尊重、关心、爱护患者,保护患者的隐私。⑤ 参与公共卫生和疾病预防控制工作。发生自然灾害、公共卫生事件等严重威胁公众生命健康的突发事件,应当服从县级以上人民政府卫生行政部门或者所在医疗卫生机构的安排,参加医疗救护。

五、法律责任

(一) 护士违反执业规则的法律责任

护士在执业活动中有下列情形之一的,由县级以上地方人民政府卫生行政部门依据职责分工责令改正,给予警告;情节严重的,暂停其6个月以上1年以下执业活动,直至由原发证部门吊销其护士执业证书。① 发现患者病情危急未立即通知医师的。② 发现医嘱违反法律、法规、规章或者诊疗技术规范的规定,未依照《护士条例》第十七条的规定提出或者报告的。③ 泄露患者隐私的。④ 发生自然灾害、公共卫生事件等严重威胁公众生命健康的突发事件,不服从安排参加医疗救护的。

护士在执业活动中造成医疗事故的,依照医疗事故处理的有关规定承担法律责任。

(二) 医疗卫生机构违反职责的法律责任

(1) 低于国务院卫生主管部门规定的护士配备标准、允许或使用不符合规定人员从事护士工作,由县级以上地方人民政府卫生行政部门依据职责分工责令限期改正,给予警告;逾期不改正的,根据国务院卫生行政部门规定的护士配备标准和在医疗卫生机构合法执业的护士数量核减其诊疗科目,或者暂停其6个月以上1年以下执业活动。

(2) 未依法保证护士权利的,依照有关法律、行政法规的规定给予处罚。

(3) 未制定、实施在职培训计划或者未保证护士接受培训的,未履行护士管理职责的,县级以上地方人民政府卫生行政部门依据职责分工责令限期改正,给予警告。

（三）其他人员的法律责任

（1）卫生行政部门或国家举办的医疗卫生机构的工作人员未依照《护士条例》规定履行职责，在护士监督管理工作中滥用职权、徇私舞弊，或者有其他失职、渎职行为的，依法给予处分；构成犯罪的，依法追究刑事责任。

（2）扰乱医疗秩序，阻碍护士依法开展执业活动，侮辱、威胁、殴打护士，或者有其他侵犯护士合法权益行为的，由公安机关依照《治安管理处罚法》的规定给予处罚；构成犯罪的，依法追究刑事责任。

第三节 执业药师法律制度

一、概述

（一）执业药师的概念

执业药师，是指经全国统一考试合格，取得执业药师资格证书并经注册登记，在药品生产、经营、使用单位中执业的药学技术人员。

（二）执业药师管理立法

1994年我国开始实施执业药师资格制度，对药学技术人员实行职业准入控制，纳入全国专业技术人员执业资格制度范围。1999年4月1日，人事部、国家药品监督管理局修订并颁发《执业药师资格制度暂行规定》和《执业药师资格考试实施办法》，执业药师资格制度实行全国统一大纲、统一考试、统一注册、统一管理、分类执业；从事药品生产、经营、使用的单位均应配备相应的执业药师，并以此作为开办药品生产、经营、使用单位的必备条件之一。2000年4月14日，国家药品监督管理局修订并颁发的《执业药师注册管理暂行办法》。2003年11月3日，国家食品药品监督管理局修订并颁发了《执业药师继续教育管理暂行办法》，逐步形成一套较为完整的包括执业药师考试、注册、继续教育和监督管理的执业药师管理制度。

二、执业药师资格考试与注册

（一）执业药师资格考试

凡中华人民共和国公民和获准在我国境内就业的其他国籍的人员具备以下条件之一者，均可申请参加执业药师资格考试：① 取得药学、中药学或相关专业中专学历，从事药学或中药学专业工作满7年。② 取得药学、中药学或相关专业大专学历，从事药学或中药学专业工作满5年。③ 取得药学、中药学或相关专业大学本科学历，从事药学或中药学专业工作满3年。④ 取得药学、中药学或相关专业第二学士学位、研究生班结业或取得硕士学位，从事药学或中药学专业工作满1年。⑤ 取得药学、中药学或相关专业博士学位。相关专业是指医学、化学和生物学专业。

执业药师资格考试合格者，由各省、自治区、直辖市人事（职改）部门颁发国家人事部门与国家药品监督管理部门用印的中华人民共和国执业药师资格证书。该证书在全国范围内有效。

(二) 执业药师注册

执业药师资格实行注册制度。国家食品药品监督管理总局为全国执业药师资格注册管理机构,各省、自治区、直辖市药品监督管理部门为注册机构。取得执业药师资格证书者,须按规定向所在省(自治区、直辖市)药品监督管理部门申请注册。经注册后,方可按照注册的执业类别、执业范围从事相应的执业活动。未经注册者,不得以执业药师身份执业。

执业药师的执业类别为药学类、中药学类。执业范围为药品生产、药品经营、药品使用。执业地区为省、自治区、直辖市。执业药师只能在一个执业药师注册机构注册,在一个执业单位按照注册的执业类别、执业范围执业。

1. 注册申请与审核 申请注册者,必须同时具备下列条件:① 取得执业药师资格证书。② 遵纪守法,遵守药师职业道德。③ 身体健康,能坚持在执业药师岗位工作。④ 经所在单位考核同意。经批准注册者,由各省、自治区、直辖市药品监督管理部门在执业药师资格证书中的注册情况栏内加盖注册专用印章,同时发给国务院药品监督管理部门统一印制的中华人民共和国执业药师注册证,并报国务院药品监督管理部门备案。

执业药师只能在一个省、自治区、直辖市注册。执业药师变更执业地区、执业范围应及时办理变更注册手续。执业药师注册有效期为3年。有效期满前3个月,持证者须到注册机构办理再次注册手续。

2. 不予注册的情形 有下列情形之一的,不予注册:① 不具有完全民事行为能力的。② 因受刑事处罚,自刑罚执行完毕之日到申请注册之日不满2年的。③ 受过取消执业药师执业资格处分不满2年的。④ 国家规定不宜从事执业药师业务的其他情形的。

3. 注册的注销 执业药师有下列情形之一的,由所在单位向注册机构办理注销注册手续:① 死亡或被宣告失踪的。② 受刑事处罚的。③ 受取消执业资格处分的。④ 因健康或其他原因不能或不宜从事执业药师业务的。

三、执业药师的职责

《执业药师资格制度暂行规定》规定,执业药师的职责包括:① 必须遵守职业道德,忠于职守,以对药品质量负责、保证人民用药安全有效为基本准则。② 必须严格执行《药品管理法》及国家有关药品研究、生产、经营、使用的各项法规及政策。执业药师对违反《药品管理法》及有关法规的行为或决定,有责任提出劝告、制止、拒绝执行并向上级报告。③ 在执业范围内负责对药品质量的监督和管理,参与制定、实施药品全面质量管理及对本单位违反规定的处理。④ 负责处方的审核及监督调配,提供用药咨询与信息,指导合理用药,开展治疗药物的监测及药品疗效的评价等临床药学工作。

四、执业药师继续教育

《执业药师继续教育管理暂行办法》规定,执业药师继续教育对象是已取得执业药师资格证书的人员,内容主要包括有关法律法规、职业道德和药学、中药学及相关专业知识与技能,并分为必修、选修和自修3类。执业药师继续教育实行学分制。具有执业药师资格的人员每年参加执业药师继续教育获取的学分不得少于15学分,注册期3年内累计不得少于45学分。其中必修和选修内容每年不得少于10学分,自修内容学习可累计获取学分。执业药师参加必修内容、选修内容及自修内容获取的学分在执业药师继续教育登记证书上进行登记后在全国范围内有效。执业药继续教育登记证书是执业药师再次注册的必备证件。

五、法律责任

单位和执业药师违反《药品管理法》和《执业药师资格制度暂行规定》的，必须承担相应的法律责任：① 对未按规定配备执业药师的单位，应限期配备，逾期将追究单位负责人的责任。② 对已在需由执业药师担任的岗位工作，但尚未通过执业药师资格考试的人员，要进行强化培训，限期达到要求。对经过培训仍不能通过执业药师资格考试者，必须调离岗位。③ 对涂改、伪造或以虚假和不正当手段获取执业药师资格证书或执业药师注册证的人员，发证机构应收回证书，取消其执业药师资格，注销注册。并对直接责任者根据有关规定给予行政处分，直至送交有关部门追究法律责任。

执业药师违反《执业药师资格制度暂行规定》的，所在单位须如实上报，由药品监督管理部门根据情况给予处分。注册机构对执业药师所受处分，应及时记录在其执业药师资格证书中的备注"执业情况记录"栏内。执业药师在执业期间违反《药品管理法》及其他法律法规构成犯罪的，由司法机关依法追究其刑事责任。

（刘书文）

第六章 医疗技术临床应用法律制度

导学

1. 掌握医疗技术的概念与分类、人体器官移植的概念与实施、人类精子库的管理。
2. 熟悉医疗技术临床应用的管理、活体器官捐献的规定、开展放射诊疗的条件。
3. 了解相关法律责任。

第一节 概 述

一、医疗技术的概念

医疗技术，是指医疗机构及其医务人员以诊断和治疗疾病为目的，对疾病作出判断和消除疾病、缓解病情、减轻痛苦、改善功能、延长生命、帮助患者恢复健康而采取的诊断、治疗措施。

根据《医疗技术临床应用管理办法》，医疗技术分为3类。

第一类医疗技术，是指安全性、有效性确切，医疗机构通过常规管理在临床应用中能确保其安全性、有效性的技术。

第二类医疗技术，是指安全性、有效性确切，涉及一定伦理问题或者风险较高，卫生行政部门应当加以控制管理的医疗技术。

第三类医疗技术，是指具有下列情形之一，需要卫生行政部门加以严格控制管理的医疗技术：① 涉及重大伦理问题。② 高风险。③ 安全性、有效性尚需经规范的临床试验研究进一步验证。④ 需要使用稀缺资源。⑤ 国务院卫生行政部门规定的其他需要特殊管理的医疗技术。

目前我国的第三类医疗技术主要包括：① 涉及重大伦理问题，安全性、有效性尚需经规范的临床试验研究进一步验证的医疗技术：克隆治疗技术、自体干细胞和免疫细胞治疗技术、基因治疗技术、中枢神经系统手术戒毒、立体定向手术治疗精神病技术、异基因干细胞移植技术、瘤苗治疗技术等。② 涉及重大伦理问题，安全性、有效性确切的医疗技术：同种器官移植技术、变性手术等。③ 风险性高，安全性、有效性尚需验证或者安全性、有效性确切的医疗技术：利用粒子发生装置等大型仪器设备实施毁损式治疗技术，放射性粒子植入治疗技术，肿瘤热疗治疗技术，肿瘤冷冻治疗技术,组织、细胞移植技术,人工心脏植入技术,人工智能辅助诊断治疗技术等。④ 其他需要特殊管理的医疗技术:基因芯片诊断和治疗技术、断骨增高手术、异种器官移植技术等。

根据《医疗技术临床应用管理办法》,异种干细胞治疗技术、异种基因治疗技术、人类体细胞克隆技术等医疗技术暂不得应用于临床。

二、医疗技术临床应用立法

在医疗技术中,有的已具有成熟的临床应用经验,并已产生良好的效果。但还有许多医疗技术尚处于探索阶段,仍存在较大的技术缺陷,并面临社会、伦理与法律问题。如针对出现的手术戒毒、断骨增高等医疗技术临床应用所引发的争议,卫生部及时组织专家进行论证,并先后发出《关于手术戒毒有关问题的通知》《关于对"肢体延长术"实施严格管理的通知》。

为了规范人体器官移植,保证医疗质量,保障人体健康,维护公民的合法权益,2007年3月21日,国务院发布了《人体器官移植条例》。卫生部发布了《人类辅助生殖技术管理办法》《人类精子库管理办法》《放射诊疗管理规定》《变性手术技术管理规范(试行)》《医疗技术临床应用管理办法》等,基本形成了我国有关医疗技术临床应用的法律体系。

三、医疗技术临床应用的监督管理体制

《医疗技术临床应用管理办法》规定,国务院卫生行政部门负责第三类医疗技术的临床应用管理工作。第三类医疗技术目录由国务院卫生行政部门制定公布,并根据临床应用实际情况,予以调整。2015年6月29日,国家卫生计生委发布《关于取消第三类医疗技术临床应用准入审批有关工作的通知》,取消第三类医疗技术临床应用准入审批。

省级卫生行政部门负责第二类医疗技术临床应用管理工作。第二类医疗技术目录由省级卫生行政部门根据本辖区情况制定并公布,报国务院卫生行政部门备案。省级卫生行政部门不得将国务院卫生行政部门废除或者禁止使用的医疗技术列入本行政区医疗技术目录。

第一类医疗技术临床应用由医疗机构根据功能、任务、技术能力实施严格管理。医疗机构应当依法准予医务人员实施与其专业能力相适应的医疗技术。医疗机构开展的临床检验项目必须是国家卫生行政部门公布的准予开展的临床检验项目。医疗机构不得在临床应用国家卫生行政部门废除或者禁止使用的医疗技术。

四、医疗技术临床应用的管理

(一)医疗技术临床应用登记

《医疗技术临床应用管理办法》规定,省级卫生行政部门负责审定第二类医疗技术的临床应用。医疗机构开展通过临床应用能力技术审核的医疗技术,经相应的卫生行政部门审定后30日内到核发其医疗机构执业许可证的卫生行政部门办理诊疗科目项下的医疗技术登记。经登记后医疗机构方可在临床应用相应的医疗技术。

(二)医疗机构医疗技术临床应用管理制度

医疗机构应当有专门的部门负责医疗技术临床应用管理和第一类医疗技术临床应用能力技术审核工作。医疗机构应当:① 建立医疗技术分级管理制度和保障医疗技术临床应用质量、安全的规章制度,建立医疗技术档案,对医疗技术定期进行安全性、有效性和合理应用情况的评估。

② 自准予开展第二类医疗技术和第三类医疗技术之日起 2 年内,每年向批准该项医疗技术临床应用的卫生行政部门报告临床应用情况,包括诊疗病例数、适应证掌握情况、临床应用效果、并发症、合并症、不良反应、随访情况等。必要时,相应的卫生行政部门可以组织专家进行现场核实。

(三) 医疗机构手术分级管理

医疗机构应当建立手术分级管理制度。根据风险性和难易程度不同,手术分为 4 级:① 一级手术是指风险较低、过程简单、技术难度低的普通手术。② 二级手术是指有一定风险、过程复杂程度一般、有一定技术难度的手术。③ 三级手术是指风险较高、过程较复杂、难度较大的手术。④ 四级手术是指风险高、过程复杂、难度大的重大手术。

医疗机构应当对具有不同专业技术职务任职资格的医师开展不同级别的手术进行限定,并对其专业能力进行审核后授予相应的手术权限。

(四) 医疗技术临床应用的停止

医疗机构在医疗技术临床应用过程中出现下列情形之一的,应当立即停止该项医疗技术的临床应用,并向核发其医疗机构执业许可证的卫生行政部门报告:① 该项医疗技术被国家卫生行政部门废除或者禁止使用。② 从事该医疗技术主要专业技术人员或者关键设备、设施及其他辅助条件发生变化,不能正常临床应用。③ 发生与该项医疗技术直接相关的严重不良后果。④ 该项医疗技术存在医疗质量和医疗安全隐患。⑤ 该项医疗技术存在伦理缺陷。⑥ 该项医疗技术临床应用效果不确切。⑦ 省级以上卫生行政部门规定的其他情形。

(五) 医疗技术临床应用的注销登记

医疗机构出现下列情形之一的,负责医疗机构诊疗科目登记的卫生行政部门应当及时注销医疗机构诊疗科目项下的相应医疗技术登记,并向社会公告:① 该项医疗技术被国家卫生行政部门废除或者禁止使用。② 从事该医疗技术主要专业技术人员或者关键设备、设施及其他辅助条件发生变化,不能正常临床应用。

(六) 医疗技术临床应用的复核

医疗机构出现下列情形之一的,批准该项医疗技术临床应用的卫生行政部门应当立即组织专家对医疗机构医疗技术临床应用情况进行复核:① 发生与该项医疗技术直接相关的严重不良后果。② 该项医疗技术存在医疗质量和医疗安全隐患。③ 该项医疗技术存在伦理缺陷。④ 该项医疗技术临床应用效果不确切。必要时,可以组织对医疗技术安全性、有效性进行论证。根据复核结果和论证结论,批准该项医疗技术临床应用的卫生行政部门及时作出继续或者停止临床应用该项医疗技术的决定,并对相应的医疗技术目录进行调整。

(七) 医疗技术临床应用的重新审核

医疗机构出现下列情形之一的,应当报请批准其临床应用该项医疗技术的卫生行政部门决定是否需要重新进行医疗技术临床应用能力技术审核:① 与该项医疗技术有关的专业技术人员或者设备、设施、辅助条件发生变化,可能会对医疗技术临床应用带来不确定后果的。② 该项医疗技术非关键环节发生改变的。③ 准予该项医疗技术诊疗科目登记后 1 年内未在临床应用的。④ 该项医疗技术中止 1 年以上拟重新开展的。

五、医疗技术临床应用监督管理

县级以上地方卫生行政部门应当加强对医疗机构医疗技术临床应用情况的监督管理。县级以上卫生行政部门进行监督检查时,有权采取下列措施:① 进入工作现场了解情况,调查取证。② 查阅、复制有关资料。③ 责令医疗机构立即改正违法违规行为。

医疗机构出现下列情形之一的,卫生行政部门不准予医疗机构诊疗科目项下医疗技术登记;已经准予登记的,应当及时撤销医疗技术登记。① 在医疗技术临床应用能力技术审核过程中弄虚作假的。② 不符合相应卫生行政部门规划的。③ 未通过医疗技术临床应用能力技术审核的。④ 超出登记的诊疗科目范围的。⑤ 医疗技术与其功能、任务不相适应的。⑥ 虽通过医疗技术临床应用能力技术审核,但不再具备医疗技术临床应用条件的。⑦ 省级以上卫生行政部门规定的其他情形。

医疗机构出现下列情形之一的,卫生行政部门应当立即责令其改正;造成严重后果的,依法追究医疗机构主要负责人和直接责任人员责任。① 临床应用国家卫生行政部门废除或者禁止使用的医疗技术的。② 违反规定擅自临床应用新的第三类医疗技术的。③ 临床应用未经医疗技术临床应用能力技术审核的医疗技术的。④ 未按照规定向卫生行政部门报告医疗技术临床应用情况的。⑤ 未按照规定立即停止医疗技术临床应用的。⑥ 未按照规定重新申请医疗技术临床应用能力技术审核,或者擅自临床应用需要重新进行医疗技术临床应用能力技术审核的医疗技术的。⑦ 违反《医疗技术临床应用管理办法》其他规定的。

第二节 人体器官移植技术管理

一、人体器官移植的概念

人体器官移植,是指摘取人体器官捐献人具有特定功能的心脏、肺脏、肝脏、肾脏或者胰腺等器官的全部或者部分,将其植入接受人身体以代替其病损器官的过程。

按器官来源不同,可分为自体移植、同种异体移植、异种移植。自体移植,是指摘除身体的组织器官移植到同一身体的另一部位。同种异体移植,是指将他人身体上的组织器官移植于到另一个体上。异种移植,是指将异类的组织器官移植到人体上。根据移植位置不同,可分为原位移植和异位移植。原位移植,是指将脱离人体的组织器官重新移植到原来部位。异位移植,是指将来源于他处的组织器官移植到人体上。

《人体器官移植条例》规定,人体器官捐献应当遵循自愿、无偿的原则。公民享有捐献或者不捐献其人体器官的权利;任何组织或者个人不得强迫、欺骗或者利诱他人捐献人体器官;对已经表示捐献其人体器官的意愿,有权予以撤销。任何组织或者个人不得以任何形式买卖人体器官,不得从事与买卖人体器官有关的活动。

二、人体器官移植立法

为了规范人体器官移植,保证医疗质量,保障人体健康,维护公民的合法权益,2007 年 3 月 31

日,国务院颁布了《人体器官移植条例》,自 2007 年 5 月 1 日起施行。该条例适用于在我国境内从事的人体器官移植,但不包括人体细胞和角膜、骨髓等人体组织移植。

为规范和加强人体器官移植技术临床应用管理,卫生部颁布了《人体器官移植技术临床应用管理暂行规定》,以及《肝脏移植技术管理规范》《肾脏移植技术管理规范》《肺脏移植技术管理规范》《心脏移植技术管理规范》等。2008 年 7 月 10 日,卫生部办公厅印发了《世界卫生组织人体细胞、组织和器官移植指导原则(草案)》,供取得人体器官移植执业资质的医院在临床实践中参考。2009 年 12 月 28 日,卫生部发布了《关于规范活体器官移植的若干规定》,对活体器官移植有关问题作出具体规定。

三、人体器官移植

(一)人体器官移植的条件

医疗机构从事人体器官移植,应当依照《医疗机构管理条例》的规定,向所在地省、自治区、直辖市人民政府卫生行政主管部门申请办理人体器官移植诊疗科目登记。医疗机构从事人体器官移植,应当具备下列条件:① 有与从事人体器官移植相适应的执业医师和其他医务人员。② 有满足人体器官移植所需要的设备、设施。③ 有由医学、法学、伦理学等方面专家组成的人体器官移植技术临床应用与伦理委员会,该委员会中从事人体器官移植的医学专家不超过委员人数的四分之一。④ 有完善的人体器官移植质量监控等管理制度。

(二)人体器官移植的实施

医疗机构及其医务人员从事人体器官移植,应当遵守伦理原则和人体器官移植技术管理规范。申请人体器官移植手术患者的排序,应当符合医疗需要,遵循公平、公正和公开的原则。

1. 术前医学检查、说明和风险评估 实施人体器官移植手术的医疗机构及其医务人员应当对人体器官捐献人进行医学检查,对接受人因人体器官移植感染疾病的风险进行评估,并采取措施,降低风险。在摘取活体器官前,应当履行下列义务:① 向活体器官捐献人说明器官摘取手术的风险、术后注意事项、可能发生的并发症及其预防措施等,并与活体器官捐献人签署知情同意书。② 查验活体器官捐献人同意捐献其器官的书面意愿、活体器官捐献人与接受人存在帮扶关系的证明材料。③ 确认除摘取器官产生的直接后果外不会损害活体器官捐献人其他正常的生理功能。从事人体器官移植的医疗机构应当保存活体器官捐献人的医学资料,并进行随访。

2. 摘取人体器官的伦理审查 在摘取活体器官前或者尸体器官捐献人死亡前,负责人体器官移植的执业医师应当向所在医疗机构的人体器官移植技术临床应用与伦理委员会提出摘取人体器官审查申请。人体器官移植技术临床应用与伦理委员会收到摘取人体器官审查申请后,应当对下列事项进行审查,并出具同意或者不同意的书面意见:① 人体器官捐献人的捐献意愿是否真实。② 有无买卖或者变相买卖人体器官的情形。③ 人体器官的配型和接受人的适应证是否符合伦理原则和人体器官移植技术管理规范。经三分之二以上委员同意,人体器官移植技术临床应用与伦理委员会方可出具同意摘取人体器官的书面意见。人体器官移植技术临床应用与伦理委员会不同意摘取人体器官的,医疗机构不得做出摘取人体器官的决定,医务人员不得摘取人体器官。

3. 摘取尸体器官的规则 摘取尸体器官,应当在依法判定尸体器官捐献人死亡后进行。从事人体器官移植的医务人员不得参与捐献人的死亡判定。从事人体器官移植的医疗机构及其医务人员应当尊重死者的尊严;对摘取器官完毕的尸体,应当进行符合伦理原则的医学处理,除用于移植的器官以外,应当恢复尸体原貌。

4. **隐私保护** 从事人体器官移植的医务人员应当对人体器官捐献人、接受人和申请人体器官移植手术的患者的个人资料保密。

(三) 活体器官捐献

捐献人体器官的公民应当具有完全民事行为能力。任何组织或者个人不得摘取未满18周岁公民的活体器官用于移植。公民捐献其人体器官应当有书面形式的捐献意愿,对已经表示捐献其人体器官的意愿,有权予以撤销。公民生前表示不同意捐献其人体器官的,任何组织或者个人不得捐献、摘取该公民的人体器官;公民生前未表示不同意捐献其人体器官的,该公民死亡后,其配偶、成年子女、父母可以以书面形式共同表示同意捐献该公民人体器官的意愿。

活体器官的接受人限于活体器官捐献人的配偶、直系血亲或者3代以内旁系血亲,或者有证据证明与活体器官捐献人存在因帮扶等形成亲情关系的人员。《关于规范活体器官移植的若干规定》规定,"配偶"仅限于结婚3年以上或者婚后已育有子女的,"因帮扶等形成亲情关系"仅限于养父母和养子女之间的关系、继父母与继子女之间的关系。

四、法律责任

(一) 违法摘取器官的法律责任

未经公民本人同意摘取其活体器官的,公民生前表示不同意捐献其人体器官而摘取其尸体器官的,或摘取未满18周岁公民的活体器官的,如构成犯罪,依法追究刑事责任。

(二) 买卖人体器官的法律责任

买卖人体器官或者从事与买卖人体器官有关活动的,由设区的市级以上地方人民政府卫生主管部门依照职责分工没收违法所得,并处交易额8倍以上10倍以下的罚款;医疗机构参与上述活动的,还应当对负有责任的主管人员和其他直接责任人员依法给予处分,并由原登记部门撤销该医疗机构人体器官移植诊疗科目登记,该医疗机构3年内不得再申请人体器官移植诊疗科目登记;医务人员参与上述活动的,由原发证部门吊销其执业证书。国家工作人员参与买卖人体器官或者从事与买卖人体器官有关活动的,由有关国家机关依据职权依法给予撤职、开除的处分。

组织他人出卖人体器官的,处5年以下有期徒刑,并处罚金;情节严重的,处5年以上有期徒刑,并处罚金或者没收财产。

(三) 医疗机构违反相关规定的法律责任

(1) 医疗机构未办理人体器官移植诊疗科目登记,擅自从事人体器官移植的,依照《医疗机构管理条例》的规定予以处罚。

(2) 实施人体器官移植手术的医疗机构及其医务人员违反规定,未对人体器官捐献人进行医学检查或者未采取措施,导致接受人因人体器官移植手术感染疾病的,依照《医疗事故处理条例》的规定予以处罚。

(3) 违反规定,给他人造成损害的,应当依法承担民事责任。

(4) 医疗机构有下列情形之一的,对负有责任的主管人员和其他直接责任人员依法给予处分;情节严重的,由原登记部门撤销该医疗机构人体器官移植诊疗科目登记,该医疗机构3年内不得再申请人体器官移植诊疗科目登记。① 不再具备规定条件,仍从事人体器官移植的。② 未经人体器官移植技术临床应用与伦理委员会审查同意,做出摘取人体器官的决定,或者胁迫医务人员违反规定摘取人体器官的。③ 摘取活体器官前未依照规定履行说明、查验、确认义务的。④ 对摘取器官完毕的尸体未进行符合伦理原则的医学处理,恢复尸体原貌的。

(5) 医疗机构未定期将实施人体器官移植的情况向所在地省、自治区、直辖市人民政府卫生主管部门报告的,由所在地省、自治区、直辖市人民政府卫生主管部门责令限期改正;逾期不改正的,对负有责任的主管人员和其他直接责任人员依法给予处分。

(四) 医务人员违反相关规定的法律责任

(1) 医务人员有下列情形之一的,依法给予处分;情节严重的,由县级以上地方人民政府卫生主管部门依照职责分工暂停其 6 个月以上 1 年以下执业活动;情节特别严重的,由原发证部门吊销其执业证书。① 未经人体器官移植技术临床应用与伦理委员会审查同意摘取人体器官的。② 摘取活体器官前未依照规定履行说明、查验、确认义务的。③ 对摘取器官完毕的尸体未进行符合伦理原则的医学处理,恢复尸体原貌的。

(2) 从事人体器官移植的医务人员参与尸体器官捐献人的死亡判定的,由县级以上地方人民政府卫生主管部门依照职责分工暂停其 6 个月以上 1 年以下执业活动;情节严重的,由原发证部门吊销其执业证书。

(五) 国家机关工作人员违反相关规定的法律责任

国家机关工作人员在人体器官移植监督管理工作中滥用职权、玩忽职守、徇私舞弊,构成犯罪的,依法追究刑事责任;尚不构成犯罪的,依法给予处分。

第三节 放射诊疗技术管理

一、放射诊疗的概念

放射诊疗,是指使用放射性同位素、射线装置进行临床医学诊断、治疗和健康检查的活动。为加强放射诊疗工作的管理,保证医疗质量和医疗安全,保障放射诊疗工作人员、患者和公众的健康权益,2006 年 1 月 24 日卫生部发布了《放射诊疗管理规定》,并于 2016 年 1 月 19 日进行了修改。

按照诊疗风险和技术难易程度,放射诊疗工作可分为 4 类:① 放射治疗。即利用电离辐射的生物效应治疗肿瘤等疾病的技术。② 核医学。即利用放射性同位素诊断或治疗疾病或进行医学研究的技术。③ 介入放射学。即在医学影像系统监视引导下,经皮针穿刺或引入导管做抽吸注射、引流或对管腔、血管等做成型、灌注、栓塞等,以诊断与治疗疾病的技术。④ X 射线影像诊断。即利用 X 射线的穿透等性质取得人体内器官与组织的影像信息以诊断疾病的技术。

二、开展放射诊疗的条件

(一) 基本条件

医疗机构开展放射诊疗工作,应当具备与其开展的放射诊疗工作相适应的条件,经所在地县级以上地方卫生行政部门的放射诊疗技术和医用辐射机构许可(以下简称放射诊疗许可)。

医疗机构开展放射诊疗工作,应当具备以下基本条件:① 具有经核准登记的医学影像科诊疗科目。② 具有符合国家相关标准和规定的放射诊疗场所和配套设施。③ 具有质量控制与安全防护专(兼)职管理人员和管理制度,并配备必要的防护用品和监测仪器。④ 产生放射性废气、废液、固体废物的,具有确保放射性废气、废液、固体废物达标排放的处理能力或者可行的处理方案。⑤ 具有放射事件应急处理预案。

(二) 设备要求

医疗机构开展不同类别放射诊疗工作,除具有相应资质的人员外,还应当分别具有下列设备:① 开展放射治疗工作的,至少有一台远距离放射治疗装置,并具有模拟定位设备和相应的治疗计划系统等设备。② 开展核医学工作的,具有核医学设备及其他相关设备。③ 开展介入放射学工作的,具有带影像增强器的医用诊断 X 射线机、数字减影装置等设备。④ 开展 X 射线影像诊断工作的,有医用诊断 X 射线机或 CT 机等设备。

(三) 放射诊疗的设置与批准

1. **预防性审核** 医疗机构设置放射诊疗项目,应当按照其开展的放射诊疗工作的类别,分别向相应的卫生行政部门提出建设项目卫生审查、竣工验收和设置放射诊疗项目申请:① 开展放射治疗、核医学工作的,向省级卫生行政部门申请办理。② 开展介入放射学工作的,向设区的市级卫生行政部门申请办理。③ 开展 X 射线影像诊断工作的,向县级卫生行政部门申请办理。同时开展不同类别放射诊疗工作的,向具有高类别审批权的卫生行政部门申请办理。卫生行政部门根据建设项目卫生审查、竣工验收和设置放射诊疗项目申请不同,作出审核决定。

2. **放射诊疗许可** 医疗机构在开展放射诊疗工作前,应当提交规定的资料,向相应的卫生行政部门提出放射诊疗许可申请。卫生行政部门对合格的予以批准,发给放射诊疗许可证。

3. **放射诊疗科目登记** 医疗机构取得放射诊疗许可证后,到核发医疗机构执业许可证的卫生行政执业登记部门办理相应诊疗科目登记手续。执业登记部门应根据许可情况,将医学影像科核准到二级诊疗科目。未取得放射诊疗许可证或未进行诊疗科目登记的,不得开展放射诊疗工作。

三、放射诊疗的执业规则

(一) 安全防护与质量保证

医疗机构应当配备专(兼)职的管理人员,负责放射诊疗工作的质量保证和安全防护。医疗机构的放射诊疗设备和检测仪表,应当符合相关要求,不合格或国家有关部门规定淘汰的放射诊疗设备不得购置、使用、转让和出租。医疗机构应当定期对放射诊疗工作场所、放射性同位素储存场所和防护设施进行放射防护检测,保证辐射水平符合有关规定或者标准。放射诊疗工作人员应当按照有关规定佩戴个人剂量计。医疗机构应当按照有关规定和标准,对放射诊疗工作人员进行上岗前、在岗期间和离岗时的健康检查,定期进行专业及防护知识培训,并分别建立个人剂量、职业健康管理和教育培训档案。

(二) 放射事件的预防与处置

医疗机构应当制定防范和处置放射事件的应急预案。发生放射事件后应当立即采取有效应急救援和控制措施,防止事件的扩大和蔓延。医疗机构发生下列放射事件情形之一的,应当及时进行调查处理,如实记录,并按照有关规定及时报告卫生行政部门和有关部门:① 诊断放射性药物实际用量偏离处方剂量50%以上的。② 放射治疗实际照射剂量偏离处方剂量25%以上的。③ 人员误照或误用放射性药物的。④ 放射性同位素丢失、被盗和污染的。⑤ 设备故障或人为失误引起的其他放射事件。

四、法律责任

(一)医疗机构擅自从事放射诊疗工作的法律责任

医疗机构有下列情形之一的,由县级以上卫生行政部门给予警告、责令限期改正,并可以根据情节处以3 000元以下的罚款;情节严重的,吊销其医疗机构执业许可证。① 未取得放射诊疗许可从事放射诊疗工作的。② 未办理诊疗科目登记或者未按照规定进行校验的。③ 未经批准擅自变更放射诊疗项目或者超出批准范围从事放射诊疗工作的。

(二)医疗机构使用不具备资质的人员从事放射诊疗工作的法律责任

医疗机构使用不具备相应资质的人员从事放射诊疗工作的,由县级以上卫生行政部门责令限期改正,并可以处以5 000元以下的罚款;情节严重的,吊销其医疗机构执业许可证。

(三)医疗机构未履行安全防护职责的法律责任

医疗机构违反规定,有下列行为之一的,由县级以上卫生行政部门给予警告,责令限期改正,并可处1万元以下的罚款:① 购置、使用不合格或国家有关部门规定淘汰的放射诊疗设备的。② 未按照规定使用安全防护装置和个人防护用品的。③ 未按照规定对放射诊疗设备、工作场所及防护设施进行检测和检查的。④ 未按照规定对放射诊疗工作人员进行个人剂量监测、健康检查、建立个人剂量和健康档案的。⑤ 发生放射事件并造成人员健康严重损害的。⑥ 发生放射事件未立即采取应急救援和控制措施或者未按照规定及时报告的。

(四)卫生行政部门不履行法定职责的法律责任

卫生行政部门及其工作人员违反规定,对不符合条件的医疗机构发放放射诊疗许可证的,或者不履行法定职责,造成放射事故的,对直接负责的主管人员和其他直接责任人员,依法给予行政处分;情节严重,构成犯罪的,依法追究刑事责任。

第四节　人类辅助生殖技术管理

一、人类辅助生殖技术的概念

人类辅助生殖技术,是指运用医学技术和方法对配子、合子、胚胎进行人工操作,以达到受孕目的的技术,分为人工授精和体外受精—胚胎移植技术及其各种衍生技术。

人工授精,是指用人工方式将精液注入女性体内以取代性交途径使其妊娠的一种方法。根据精液来源不同,分为丈夫精液人工授精和供精人工授精。

体外受精—胚胎移植技术及其各种衍生技术,是指从女性体内取出卵子,在器皿内培养后,加入经技术处理的精子,待卵子受精后,继续培养,到形成早期胚胎时,再转移到子宫内着床,发育成胎儿直至分娩的技术。用这种技术生育的婴儿也称为"试管婴儿"。

二、人类辅助生殖技术立法

为保证人类辅助生殖技术安全、有效和健康发展,规范人类辅助生殖技术的应用和管理,保障人民健康,2001年2月20日,卫生部发布了《人类辅助生殖技术管理办法》和《人类精子库管理办法》。2003年6月27日,卫生部发布了修订后的《人类辅助生殖技术规范》《人类精子库基本标准和技术规范》和《人类辅助生殖技术和人类精子库伦理原则》。

《人类辅助生殖技术管理办法》规定,人类辅助生殖技术的应用应当在医疗机构中进行,以医疗为目的,并符合国家计划生育政策、伦理原则和有关法律规定。禁止以任何形式买卖配子、合子、胚胎。医疗机构和医务人员不得实施任何形式的代孕技术。

人类辅助生殖技术应当遵循有利于患者、知情同意、保护后代、社会公益、保密、严防商业化、伦理监督等伦理原则。

《人类辅助生殖技术管理办法》规定,国务院卫生行政部门主管全国人类辅助生殖技术应用和全国人类精子库的监督管理工作。县级以上地方人民政府卫生行政部门负责本行政区域内人类辅助生殖技术和人类精子库的日常监督管理。

三、人类辅助生殖技术的审批

《人类辅助生殖技术管理办法》规定,国务院卫生行政部门根据区域卫生规划、医疗需求和技术条件等实际情况,制订人类辅助生殖技术应用规划。

(一)申请开展人类辅助生殖技术的医疗机构条件

申请开展人类辅助生殖技术的医疗机构应当符合下列条件:① 具有与开展技术相适应的卫生专业技术人员和其他专业技术人员。② 具有与开展技术相适应的技术和设备。③ 设有医学伦理委员会。④ 符合国务院卫生行政部门制定的《人类辅助生殖技术规范》的要求。

(二)开展人类辅助生殖技术的医疗机构审批

申请开展丈夫精液人工授精技术的医疗机构,由省、自治区、直辖市人民政府卫生行政部门审查批准。省、自治区、直辖市人民政府卫生行政部门收到前条规定的材料后,可以组织有关专家进行论证,并在收到专家论证报告后30个工作日内进行审核。审核同意的,发给批准证书;审核不同意的,书面通知申请单位。

对申请开展供精人工授精和体外受精—胚胎移植技术及其衍生技术的医疗机构,由省、自治区、直辖市人民政府卫生行政部门提出初审意见,国务院卫生行政部门审批。

国务院卫生行政部门收到省、自治区、直辖市人民政府卫生行政部门的初审意见和材料后,聘请有关专家进行论证,并在收到专家论证报告后45个工作日内进行审核。审核同意的,发给批准证书;审核不同意的,书面通知申请单位。

人类辅助生殖技术批准证书每2年校验一次,校验由原审批机关办理。校验合格的,可以继续开展人类辅助生殖技术;校验不合格的,收回其批准证书。

四、人类辅助生殖技术实施

人类辅助生殖技术必须在经过批准并进行登记的医疗机构中实施。未经卫生行政部门批准,任何单位和个人不得实施人类辅助生殖技术。

实施人类辅助生殖技术必须遵循以下规则:① 符合国务院卫生行政部门制定的《人类辅助生殖技术规范》的规定。② 遵循知情同意原则,并签署知情同意书。涉及伦理问题的,应当提交医学伦理委员会讨论。③ 实施供精人工授精和体外受精—胚胎移植技术及其各种衍生技术的医疗机构应当与国务院卫生行政部门批准的人类精子库签订供精协议。严禁私自采精。医疗机构在实施人类辅助生殖技术时应当索取精子检验合格证明。④ 实施人类辅助生殖技术的医疗机构应当为当事人保密,不得泄露有关信息。⑤ 实施人类辅助生殖技术的医疗机构不得进行性别选择。法律法规另有规定的除外。⑥ 实施人类辅助生殖技术的医疗机构应当建立健全技术档案管理制度。供精人工授精医疗行为方面的医疗技术档案和法律文书应当永久保存。⑦ 实施人类辅助生殖技术的医疗机构应当对实施人类辅助生殖技术的人员进行医学业务和伦理学知识的培训。

五、人类精子库管理

人类精子库,是指以治疗不育症以及预防遗传病等为目的,利用超低温冷冻技术,采集、检测、保存和提供精子的机构。人类精子库必须设置在医疗机构内。

《人类精子库管理办法》规定,精子的采集和提供应当遵守当事人自愿和符合社会伦理原则。任何单位和个人不得以营利为目的进行精子的采集与提供活动。

1. 精子的采集　供精者必须原籍为中国公民,应当是年龄在22~45周岁之间的健康男性。人类精子库应当对供精者进行健康检查和严格筛选,供精者必须达到供精者健康检查标准,不得采集有下列情况之一的人员的精液:① 有遗传病家族史或者患遗传性疾病。② 精神病患者。③ 传染病患者或者病原携带者。④ 长期接触放射线和有害物质者。⑤ 精液检查不合格者。⑥ 其他严重器质性疾病患者。

人类精子库工作人员应当向供精者说明精子的用途、保存方式以及可能带来的社会伦理等问题。供精者只能在一个人类精子库中供精。

2. 精子的提供　精子库采集精子后,应当进行检验和筛查。① 不得向未取得国务院卫生行政部门人类辅助生殖技术批准证书的机构提供精液。② 不得提供未经检验或检验不合格的精液。③ 不得提供新鲜精液进行供精人工授精,精液冷冻保存需经6个月检疫期并经复检合格后,才能提供临床使用,并向医疗机构提交检验结果。④ 不得实施非医学指征的,以性别选择生育为目的的精子分离技术。⑤ 不得提供2人或2人以上的混合精液。⑥ 一个供精者的精子最多只能提供给5名妇女受孕。

人类精子库应当建立供精者档案,对供精者的详细资料和精子使用情况进行计算机管理并永久保存。人类精子库应当为供精者和受精者保密,未经供精者和受精者同意不得泄露有关信息。

六、法律责任

(一)未经批准擅自开展人类辅助生殖技术和设置人类精子库的法律责任

对未经批准擅自开展人类辅助生殖技术和设置人类精子库,采集、提供精子的非医疗机构,按照《医疗机构管理条例》第四十四条的规定处罚。对未经批准擅自开展人类辅助生殖技术和设置人类精子库,采集、提供精子的医疗机构按照《医疗机构管理条例》第四十七条和《医疗机构管理条例实施细则》第八十条的规定处罚。

(二) 开展人类辅助生殖技术医疗机构的法律责任

开展人类辅助生殖技术的医疗机构有下列行为之一的,由省、自治区、直辖市人民政府卫生行政部门给予警告、3万元以下罚款,并给予有关责任人行政处分;构成犯罪的,依法追究刑事责任:① 买卖配子、合子、胚胎的。② 实施代孕技术的。③ 使用不具有人类精子库批准证书机构提供的精子的。④ 擅自进行性别选择的。⑤ 实施人类辅助生殖技术档案不健全的。⑥ 经指定技术评估机构检查技术质量不合格的。⑦ 其他违反《人类辅助生殖技术管理办法》规定的行为。

(三) 设置人类精子库医疗机构的法律责任

设置人类精子库的医疗机构有下列行为之一的,由省、自治区、直辖市人民政府卫生行政部门给予警告、1万元以下罚款,并给予有关责任人员行政处分;构成犯罪的,依法追究刑事责任。① 采集精液前,未按规定对供精者进行健康检查的。② 向医疗机构提供未经检验的精子的。③ 向不具有人类辅助生殖技术批准证书的机构提供精子的。④ 供精者档案不健全的。⑤ 经评估机构检查质量不合格的。⑥ 其他违反《人类精子库管理办法》规定的行为。

(喻小勇,霍增辉)

第七章 血液管理法律制度

导学

1. 掌握无偿献血的主体、血站的概念与分类、采血管理的基本要求以及临床用血的主要原则。
2. 熟悉血液和血液管理法律制度的概念、血液的质量保证、临床用血的主要规定。
3. 了解血液管理的法律责任。

第一节 概述

一、血液的概念

血液,是指全血、血液成分和特殊血液成分。血液是在循环系统中的心脏和血管腔内循环流动的一种组织,由血浆和血细胞组成,是一种复杂的维持生命不可缺少的物质。血液具有运输物质、维持组织的兴奋性、调节和预防作用的重要生理功能。血液在采集、储存、使用过程中,必须确保质量,避免污染,防止经血液传播疾病。

二、血液管理立法

血液管理工作是我国卫生工作的重要组成部分,不仅关系到献血者和用血者的身体健康和安全,也关系到对经血液途径传播疾病的有效预防。为了规范献血工作,1978年11月24日,国务院批转了卫生部《关于加强输血工作的请示报告》,正式提出了实行公民义务献血制度。1984年1月,卫生部和中国红十字总会在全国倡导自愿无偿献血。1996年,国务院发布了《血液制品管理条例》。随后,卫生部相继发布了《全国血站工作条例》《关于加强输血工作管理的若干规定》《采供血机构和血液管理办法》《血站基本标准》等规范性文件。为了保证临床用血的需要和安全,保障献血者和用血者的身体健康,1997年12月29日,第八届全国人大常委会第二十九次会议通过了《献血法》,自1998年10月1日起施行。《献血法》对公民献血、用血,血站采血、储血、供血以及医疗机构临床用血等作出了明确规定。

卫生部根据《献血法》,先后发布了《血站管理办法》《医疗机构临床用血管理办法》《临床输血技术规范》《脐带血造血干细胞库管理办法(试行)》《采供血机构设置规划指导原则》等配套规章和规范性文件。卫生部、国家标准化管理委员会发布了《献血者健康检查要求》(GB18467—2011)国家标准。为发扬人道主义精神,推动我国无偿献血事业的进一步发展,卫生部、中国红十字会总会、总后勤部卫生部联合印发了《全国无偿献血表彰奖励办法(2014年修订)》。

第二节 无偿献血

一、无偿献血的概念

无偿献血,是指公民向血站自愿、无报酬地提供自身血液的行为。我国《献血法》规定,国家实行无偿献血制度,鼓励国家工作人员、现役军人和高等学校在校学生率先献血,为树立社会新风尚作表率。

献血活动在世界经历了一个有偿到无偿的过程。无偿献血是国际红十字会和世界卫生组织从20世纪30年代建议和提倡的。1965年红十字会国际会议卫生社会青少年委员会提出,血液不可作为商品买卖,提倡无偿献血,特别要对青少年进行深入宣传,应设立国家的献血日。1973年召开的第二十二届国际红十字会大会指出,出于人道主义动机志愿的献血,不领取任何报酬的无偿献血,才是血液需要最安全有效的道路。1981年马尼拉第二十四届国际红十字会大会通过的《献血与输血的道德规范》明确指出,血液的捐献在任何情况下都必须是自愿的,不允许给献血者任何压力,不得给献血者以任何经济好处;要始终鼓励自愿无偿献血,要时刻关心献血者的健康和安全,只有这样,才能保证受血员得到有效的治疗。1991年在布达佩斯召开的红十字联合会第八届大会作出第三十四号决议,将自愿无偿献血定义为:"出于自愿提供自身血液、血浆或其他血液成分而不取任何报酬的人被称为自愿无偿献血者。无论是现金或礼品都可视为金钱的替代,包括休假和旅游等,而小型纪念品和茶点,以及支付交通费则是合理的。"经过几十年的不懈努力,世界上很多国家和地区都从过去的有偿供血,逐渐向义务性无偿献血过渡,最终实现了公民无偿献血。

《献血法》实施后,我国建立了无偿献血制度,在几年之内实现了从有偿献血向无偿献血的平稳过渡,完成了西方国家需要20年以上的发展道路,血液供应能力不断增强,血液安全得到较好保障。我国献血总量由1998年不足1 000吨提高到2014年近4 400吨,增长了3.4倍;全国无偿献血人次由1998年的32.8万提高到2014年的1 299万,更是增长近40倍。到2015年,我国共有近1 320万人次参加无偿献血,献血率为每千人9.6次(含互助献血、计划献血,不含企业性质的单采血浆、造血干细胞捐献),较2014年增长1.6%;采血总量达到2 220余万单位,献血总量约4 600吨。

二、无偿献血的主体

《献血法》规定,提倡18~55周岁的健康公民自愿献血。根据2011年卫生部、国家标准化管理委员会《献血者健康检查要求》的规定,既往无献血反应、符合健康检查要求的多次献血者主动要求再次献血的,年龄可延长至60周岁。我国提倡的自愿献血的年龄上限,比国际上的普遍规定低。

世界卫生组织提倡的献血年龄是 18～65 周岁。

三、无偿献血的用途

《献血法》规定,无偿献血的血液必须用于临床,不得买卖。血站、医疗机构不得将无偿献血的血液出售给单采血浆站或者血液制品生产单位。

四、无偿献血的管理体制

地方各级人民政府领导本行政区域内的献血工作,统一规划并负责组织、协调有关部门共同做好献血工作。县级以上各级人民政府卫生行政部门监督管理献血工作;各级红十字会依法参与、推动献血工作。为提高公民无偿献血的自觉性,《献血法》特别规定各级人民政府要加强对无偿献血宣传教育工作的领导,普及献血的科学知识,开展预防和控制血液途径传播的疾病的教育。新闻媒介应当开展献血的社会公益性宣传。国家机关、军队、社会团体、企业事业组织、居民委员会、村民委员会,应当动员和组织本单位或者本居住区的适龄公民参加献血。

第三节 血站管理

一、血站的概念

血站,是指不以营利为目的,采集、提供临床用血的公益性卫生机构。血站分为一般血站和特殊血站。一般血站包括血液中心、中心血站和中心血库。特殊血站包括脐带血造血干细胞库和国务院卫生行政部门根据医学发展需要批准、设置的其他类型血库。

二、血站的设置审批

(一)一般血站

1. **血液中心的设置** 在省、自治区人民政府所在地的城市和直辖市,应规划设置一所相应规模的血液中心。

2. **中心血站的设置** 在设区的市级人民政府所在地的城市,可规划设置一所相应规模的中心血站。中心血站供血半径应大于 100 千米。距血液中心 150 千米范围内(或在 3 个小时车程内)的设区的市,原则上不单独设立中心血站;与已经设立中心血站距离不足 100 千米的相近(邻)设区的市原则上不单独设立中心血站。

3. **中心血库的设置** 在血液中心或中心血站 3 个小时车程内不能提供血液的县(市),可根据实际需要在县级医疗机构内设置一所中心血库,其任务是完成本区域的采供血任务,供血半径应在 60 千米左右。距血液中心或中心血站 3 个小时车程内的县(市)原则上不予设置。

《采供血机构设置规划指导原则》规定,一个城市内不得重复设置血液中心、中心血站。血液中心和中心血站可根据服务区域实际需要,设立非独立的分支机构、固定采血点、储血点。固定采血点、储血点不得进行血液检测。

(二) 特殊血站

特殊血站,是指脐带血造血干细胞库和国务院卫生行政部门根据医学发展需要批准、设置的其他类型血库。脐带血造血干细胞库,是指以人体造血干细胞移植为目的,具有采集、处理、保存和提供造血干细胞的能力,并具有相当研究实力的特殊血站。

《脐带血造血干细胞库管理办法(试行)》规定,国家对脐带血造血干细胞库实行全国统一规划、统一布局、统一标准、统一规范和统一管理制度。符合规划的省级行政区域范围内,只能设置一个脐带血造血干细胞库。脐带血造血干细胞库不得在批准设置地以外的省、自治区、直辖市设置分支机构或采血点。

国家不批准设置以营利为目的的脐带血造血干细胞库等特殊血站。任何单位和个人不得以营利为目的进行脐带血采供活动。

申请设置脐带血造血干细胞库等特殊血站的,应当按照国务院卫生行政部门规定的条件向所在地省级人民政府卫生行政部门申请。省级人民政府卫生行政部门组织初审后报国务院卫生行政部门。国务院卫生行政部门对脐带血造血干细胞库等特殊血站的设置审批按照申请的先后顺序进行。脐带血造血干细胞库等特殊血站执业,应当向所在地省级人民政府卫生行政部门申请办理执业登记。

三、血站的执业许可

《献血法》规定,设立血站向公民采集血液,必须经国务院卫生行政部门或者省、自治区、直辖市人民政府卫生行政部门批准。《血站管理办法》规定,血站开展采供血活动,应当向所在省、自治区、直辖市人民政府卫生行政部门申请办理执业登记,取得血站执业许可证。没有取得血站执业许可证的,不得开展采供血活动。血站执业许可证有效期为3年。

四、血站的职责

(一) 血液中心的职责

血液中心应当具有较高综合质量评价的技术能力,其主要职责包括:① 按照省级人民政府卫生行政部门的要求,在规定范围内开展无偿献血者的招募、血液的采集与制备、临床用血供应以及医疗用血的业务指导等工作。② 承担所在省、自治区、直辖市血站的质量控制与评价。③ 承担所在省、自治区、直辖市血站的业务培训与技术指导。④ 承担所在省、自治区、直辖市血液的集中化检测任务。⑤ 开展血液相关的科研工作。⑥ 承担卫生行政部门交办的任务。

(二) 中心血站的职责

中心血站主要职责包括:① 按照省级人民政府卫生行政部门的要求,在规定范围内开展无偿献血者的招募、血液的采集与制备、临床用血供应以及医疗用血的业务指导等工作。② 承担供血区域范围内血液储存的质量控制。③ 对所在行政区域内的中心血库进行质量控制。④ 承担卫生行政部门交办的任务。直辖市、省会市、自治区首府市已经设置血液中心的,不再设置中心血站;尚未设置血液中心的,可以在已经设置的中心血站基础上加强能力建设,履行血液中心的职责。

(三) 中心血库的职责

中心血库的主要职责,包括按照省级人民政府卫生行政部门的要求,在规定范围内开展无偿献血者的招募、血液的采集与制备、临床用血供应以及医疗用血业务指导等工作。

第四节　采供血管理

一、采血

（一）基本要求

血站应当根据医疗机构临床用血需求，制定血液采集、制备、供应计划，保障临床用血安全、及时、有效，并为献血者提供各种安全、卫生便利的条件。血站应当建立献血者信息保密制度，为献血者保密。

（二）献血者健康检查

为了保障献血者和用血者身体健康，血站应当按照国家有关规定对献血者进行健康检查和血液采集，免费对献血者进行必要的健康检查；身体不符合献血条件的，血站应当向其说明情况，不得采集血液。

采血时要做到以下几点：① 每次采血前必须免费对献血者进行必要的身体健康检查。② 身份核对。③ 采集血液应当遵循自愿和知情同意的原则，对献血者履行规定的告知义务，并取得献血者签字的知情同意书。

（三）采血量和采血间隔

《献血法》规定，血站对献血者每次采集血液量一般为 200 毫升，最高不得超过 400 毫升；献血间隔不得少于 6 个月。严格禁止血站违反规定对献血者超量、频繁采集血液。根据《献血者健康检查要求》(GB18467—2011)，全血献血者每次可献全血 400 毫升，或者 300 毫升，或者 200 毫升。单采血小板献血者：每次可献 1~2 个治疗单位，或者 1 个治疗单位及不超过 200 毫升血浆。全年血小板和血浆采集总量不超过 10 升。上述献血量均不包括血液检测留样的血量和保养液或抗凝剂的量。全血献血间隔不少于 6 个月。单采血小板献血间隔不少于 2 周，不大于 24 次/年。因特殊配型需要，由医生批准，最短间隔时间不少于 1 周。单采血小板后与全血献血间隔不少于 4 周。全血献血后与单采血小板献血间隔不少于 3 个月。

（四）血液质量保证

血站开展采供血业务应当实行全面质量管理，严格遵守《中国输血技术操作规程》《血站质量管理规范》和《血站实验室质量管理规范》等技术规范。血站采集血液必须使用有生产单位名称和批准文号的一次性采血器材，不得使用可重复使用的采血器材和无生产单位名称和批准文号的一次性采血器材。同时，一次性采血器材一次使用后必须销毁，不得再次使用。

根据《血站管理办法》，血站工作人员应当符合岗位执业资格的规定，并接受血液安全和业务岗位培训与考核，领取岗位培训合格证书后方可上岗。血站工作人员每人每年应当接受不少于 75 学时的岗位继续教育。

二、供血

血站应当保证发出的血液质量符合国家有关标准,其品种、规格、数量、活性、血型无差错;未经检测或者检测不合格的血液,不得向医疗机构提供。血站发出血液的包装、储存、运输必须符合《血站质量管理规范》的要求,血液包装袋上必须标明:① 血站的名称及其许可证号。② 献血编号或者条形码。③ 血型。④ 血液品种。⑤ 采血日期及时间或者制备日期及时间。⑥ 有效日期及时间。⑦ 储存条件。

血站应当加强对其所设储血点的质量监督,确保储存条件,保证血液储存质量;按照临床需要进行血液储存和调换,以保证血液质量和新鲜度。血站和医疗机构应当使用符合卫生标准的运输工具进行血液的运输,以确保血液不受污染。

第五节 临床用血管理

一、临床用血的原则

《献血法》规定,医疗机构临床用血应当制定用血计划,遵循合理、科学的原则,不得浪费和滥用血液。医疗机构应当推行按血液成分针对医疗实际需要输血。国家鼓励临床用血新技术的研究和推广。2012 年 6 月 7 日,卫生部发布的《医疗机构临床用血管理办法》规定,要加强医疗机构临床用血管理,推进临床科学合理用血,保护血资源,保障临床用血安全和医疗质量。

二、临床用血管理

医疗机构应当使用卫生行政部门指定血站提供的血液,加强临床用血管理,建立并完善管理制度和工作规范,并保证落实。

(一) 预警机制

医疗机构应当配合血站建立血液库存动态预警机制,保障临床用血需求和正常医疗秩序;应当对血液预订、接收、入库、储存、出库及库存预警等进行管理,保证血液储存、运送符合国家有关标准和要求。

(二) 临床用血申请

《医疗机构临床用血管理办法》规定,医疗机构应当建立临床用血申请管理制度:① 同一患者一天申请备血量少于 800 毫升的,由具有中级以上专业技术职务任职资格的医师提出申请,上级医师核准签发后,方可备血。② 同一患者一天申请备血量在 800 毫升至 1 600 毫升的,由具有中级以上专业技术职务任职资格的医师提出申请,经上级医师审核,科室主任核准签发后,方可备血。③ 同一患者一天申请备血量达到或超过 1 600 毫升的,由具有中级以上专业技术职务任职资格的医师提出申请,科室主任核准签发后,报医务部门批准,方可备血。以上规定内容不适用于急救用血。

(三) 受血者血样采集与送检

确定输血后,医护人员应持输血申请单和贴好标签的试管,当面核对患者姓名、性别、年龄、病案号、病室/门诊、床号、血型和诊断,采集血样。医护人员或专门人员将受血者血样与输血申请单送交输血科(血库),双方逐项核对。

(四) 发血

《临床输血技术规范》规定,配血合格后,由医护人员到输血科(血库)取血。为保证所取血液与受血者资料吻合,取血与发血双方必须共同查对患者姓名、性别、病案号、门急诊/病室、床号、血型有效期及配血试验结果,以及保存血的外观等,准确无误,双方共同签字后方可发出。

凡血袋有下列情形之一的,一律不得发出:① 标签破损、字迹不清。② 血袋有破损、漏血。③ 血液中有明显凝块。④ 血浆呈乳糜状或暗灰色。⑤ 血浆中有明显气泡、絮状物或粗大颗粒。⑥ 未摇动时血浆层与红细胞的界面不清或交界面上出现溶血。⑦ 红细胞层呈紫红色。⑧ 过期或其他须查证的情况。

血液发出后,受血者和供血者的血样保存于2~6℃冰箱至少7日,以便对输血不良反应追查原因。血液一经发出,不得退回。

(五) 输血

输血是临床输血治疗的最终落实环节。为了患者的生命安全,《临床输血技术规范》规定:① 输血前,由两名医护人员核对交叉配血报告单及血袋标签各项内容,检查血袋有无破损渗漏,血液颜色是否正常。准确无误方可输血。② 输血时,由两名医护人员带病历共同到患者床旁核对患者姓名、性别、年龄、病案、门急诊/病室、床号、血型等,确认与配血报告相符,再次核对血液后,方可用符合标准的输血器进行输血。③ 输血过程中应严密观察受血者有无输血不良反应,如出现异常情况应及时处理。

三、临床应急用血

《献血法》规定,为保证应急用血,医疗机构可以临时采集血液,但应当依照规定,确保采血用血安全。根据《医疗机构临床用血管理办法》的规定,医疗机构应当制定应急用血工作预案。为保证应急用血,医疗机构可以临时采集血液,但必须同时符合以下条件:① 危及患者生命,急需输血。② 所在地血站无法及时提供血液,且无法及时从其他医疗机构调剂血液,而其他医疗措施不能替代输血治疗。③ 具备开展交叉配血及乙型肝炎病毒表面抗原、丙型肝炎病毒抗体、艾滋病病毒抗体和梅毒螺旋体抗体的检测能力。④ 遵守采供血相关操作规程和技术标准。医疗机构应当在临时采集血液后10日内将情况报告县级以上人民政府卫生行政部门。

省、自治区、直辖市人民政府卫生行政部门应当制定临床用血保障措施和应急预案,保证自然灾害、突发事件等大量伤员和特殊病例、稀缺血型等应急用血的供应和安全。因应急用血或者避免血液浪费,在保证血液安全的前提下,经省、自治区、直辖市人民政府卫生行政部门核准,医疗机构之间可以调剂血液。

四、临床用血费用

根据《献血法》的规定,公民临床用血时须交付用于血液的采集、储存、分离、检验等费用。具体收费标准由国务院卫生行政门会同国务院价格主管部门制定。无偿献血者临床需要用血时,免交前述费用；无偿献血者的配偶和直系亲属临床需要用血时，可以按照省、自治区、直辖市人民政府的规定免交或者减交前述费用。

五、患者自身储血

《献血法》规定，为保障公民临床急救用血的需要，国家提倡并指导择期手术的患者自身储血，动员家庭、亲友、所在单位以及社会互助献血。

《医疗机构临床用血管理办法》规定，医疗机构应当积极推行节约用血的新型医疗技术。医院、有条件的二级医院和妇幼保健院应当开展自体输血技术，建立并完善管理制度和技术规范，提高合理用血水平，保证医疗质量和安全。医疗机构应当动员符合条件的患者接受自体输血技术，提高输血治疗效果和安全性。

第六节 法律责任

一、非法采集、出售、出卖血液的法律责任

《献血法》规定，有下列行为之一的，由县级以上地方人民政府予以取缔，没收违法所得，可以并处10万元以下的罚款；构成犯罪的，依法追究刑事责任。① 非法采集血液的。② 血站、医疗机构出售无偿献血的血液的。③ 非法组织他人出卖血液的。

《刑法》规定，非法采集、供应血液或者制作、供应血液制品，不符合国家规定的标准，足以危害人体健康的，处5年以下有期徒刑或者拘役，并处罚金；对人体健康造成严重危害的，处5年以上10年以下有期徒刑，并处罚金；造成特别严重后果的，处10年以上有期徒刑或者无期徒刑，并处罚金或者没收财产。

《刑法》规定，非法组织他人出卖血液的，处5年以下有期徒刑，并处罚金；以暴力、威胁方法强迫他人出卖血液的，处5年以上10年以下有期徒刑，并处罚金。有上述行为对他人造成伤害的，依照《刑法》有关规定定罪处罚。

二、违规采集血液的法律责任

《传染病防治法》规定，采供血机构未执行国家有关规定，导致因输入血液引起经血液传播疾病发生的，由县级以上人民政府卫生行政部门责令改正，通报批评，给予警告；造成传染病传播、流行或者其他严重后果的，对负有责任的主管人员和其他直接责任人员，依法给予降级、撤职、开除的处分，并可以依法吊销采供血机构的执业许可证。

《献血法》规定，血站违反有关操作规程和制度采集血液，由县级以上地方人民政府卫生行政部门责令改正，给献血者健康造成损害的，应当依法赔偿，对直接负责的主管人员和其他直接责任人员，依法给予行政处分；构成犯罪的，依法追究刑事责任。

《刑法》规定，经国家主管部门批准采集、供应血液或者制作、供应血液制品的部门，不依照规定进行检测或者违背其他操作规定，造成危害他人身体健康后果的，对单位判处罚金，并对其直接负

责的主管人员和其他直接责任人员,处5年以下有期徒刑或者拘役。

《医疗机构临床用血管理办法》规定,医疗机构违反关于应急用血采血规定的,由县级以上人民政府卫生行政部门责令限期改正,给予警告;情节严重或者造成严重后果的,处3万元以下罚款,对负有责任的主管人员和其他直接责任人员依法给予处分。

三、医疗机构未建立临床用血管理制度的法律责任

《医疗机构临床用血管理办法》规定,医疗机构有下列情形之一的,由县级以上人民政府卫生行政部门责令限期改正;逾期不改的,进行通报批评,并予以警告;情节严重或者造成严重后果的,可处3万元以下的罚款,对负有责任的主管人员和其他直接责任人员依法给予处分。① 未设立临床用血管理委员会或者工作组的。② 未拟定临床用血计划或者1年内未对计划实施情况进行评估和考核的。③ 未建立血液发放和输血核对制度的。④ 未建立临床用血申请管理制度的。⑤ 未建立医务人员临床用血和无偿献血知识培训制度的。⑥ 未建立科室和医师临床用血评价及公示制度的。⑦ 将经济收入作为对输血科或者血库工作的考核指标。⑧ 违反《医疗机构临床用血管理办法》的其他行为。

医疗机构使用未经卫生行政部门指定的血站供应的血液的,由县级以上地方人民政府卫生行政部门给予警告,并处3万元以下罚款;情节严重或者造成严重后果的,对负有责任的主管人员和其他直接责任人员依法给予处分。

四、临床用血的包装、储存、运输不符合规定的法律责任

《献血法》规定,临床用血的包装、储存、运输,不符合国家规定的卫生标准和要求的,责令改正,给予警告,可以并处1万以下的罚款。

五、提供不符合国家规定标准血液的法律责任

《献血法》规定,血站违反规定向医疗机构提供不符合国家规定标准的血液的,由县级以上人民政府卫生行政部门责令改正;情节严重,造成经血液途径传播的疾病传播或者有传播严重危险的,限期整顿,对直接负责的主管人员和其他直接责任人员,依法给予行政处分;构成犯罪的,依法追究刑事责任。

六、将不符合标准的血液用于患者的法律责任

《献血法》规定,医疗机构的医务人员违反规定,将不符合国家规定标准的血液用于患者的,由县级以上地方人民政府卫生行政部门责令改正;给患者健康造成损害的,应当依法赔偿,对直接负责的主管人员和其他直接责任人员,依法给予行政处分;构成犯罪的,依法追究刑事责任。

七、卫生行政部门玩忽职守的法律责任

《献血法》规定,卫生行政部门及其工作人员在献血、用血的监督管理工作中,玩忽职守,造成严重后果,构成犯罪的,依法追究刑事责任;尚不构成犯罪的,依法给予行政处分。

《医疗机构临床用血管理办法》规定,县级以上地方卫生行政部门未按照规定履行监管职责,造成严重后果的,对直接负责的主管人员和其他直接责任人员依法给予记大过、降级、撤职、开除等行政处分。

(邰蕾蕾)

第八章 医疗损害责任法律制度

导学

1. 掌握医疗损害的概念与分类、医疗损害责任的构成、医疗损害责任的归责原则与责任承担、医疗损害赔偿争议的解决途径、医疗损害赔偿范围和项目。
2. 熟悉医疗损害与医疗事故的关系、医疗损害鉴定的程序、病历资料和现场实物的封存与保管、医疗损害争议的行政处理。
3. 了解我国医疗损害责任立法概况,医疗损害的预防、尸检相关规定、法律责任。

第一节 概　　述

一、医疗损害及相关概念

(一) 医疗损害的概念

医疗损害目前没有法定概念。一般认为,医疗损害是指医疗机构及其医务人员在医疗活动中,违反了相关的卫生法律法规和各种技术操作规范,过失造成患者身体上或精神上的损害结果。这种损害后果主要表现为3种情况:① 造成患者死亡,即患者生命在医疗活动中的非正常终结,这是最严重的医疗损害后果。② 造成患者的身体损害,即患者身体遭受损害。一方面是患者的躯干、四肢、组织及器官直接受到损坏,致使不能发挥正常功能;另一方面是虽然表面上患者的肢体、组织、器官未受到直接损坏或损害不明显,但患者的肢体、组织、器官功能出现障碍,如肢体活动受到限制、大脑受药物刺激造成精神障碍等。③ 造成患者的精神损害,即医疗损害导致的患者心理和感情遭受创伤和痛苦。

《侵权责任法》所指的医疗损害,既包括有过错的诊疗行为引起的患者损害,也包括有缺陷的产品和不合格血液引起的患者损害。

(二) 医疗事故的概念

根据《医疗事故处理条例》的规定,医疗事故是指医疗机构及其医务人员在医疗活动中,违反医疗卫生管理法律、行政法规、部门规章和诊疗护理规范、常规,过失造成患者人身损害的事故。

2010年7月1日《侵权责任法》生效前,解决医患之间发生的医疗纠纷的依据主要是《医疗事故处理条例》,医疗机构对患者承担赔偿责任的前提条件是医疗机构的医疗行为构成了医疗事故;不构成医疗事故,即使医疗行为存在过失,医疗机构也不承担赔偿责任。《侵权责任法》生效后,根据《侵权责任法》的规定,患者在诊疗活动中受到损害,医疗机构及其医务人员有过错的,由医疗机构承担赔偿责任。即只要因为医疗机构及其医务人员的过错行为给患者造成了损害,医疗机构就应当赔偿,而不论这种损害后果是否构成医疗事故。2010年7月1日后医疗损害赔偿应依照《侵权责任法》的规定。而"医疗事故"概念的意义主要体现在两方面:① 卫生行政部门要追究给患者造成损害的医疗机构及其医务人员的行政责任,即卫生行政部门要处分或处罚有关的医疗机构及其医务人员,其前提条件是有关的医疗机构及其医务人员的行为构成了"医疗事故"。② 人民法院要追究给患者造成损害的医疗机构及其医务人员的刑事责任,即人民法院以"医疗事故罪"对有关医务人员判处刑罚,其前提条件是需要有关的医疗机构及其医务人员的行为构成"医疗事故"。

(三) 医疗损害与医疗事故的关系

1. **医疗损害与医疗事故相同之处**　主要体现在:① 医疗损害与医疗事故都发生在诊疗活动中。② 都给患者造成了损害。③ 责任人的行为与损害后果之间都存在因果关系。

2. **医疗损害与医疗事故的区别**　① 责任人不同。医疗事故的责任人只能是医疗机构及其医务人员;而医疗损害的责任人除了医疗机构及其医务人员外,还包括药品、消毒药剂、医疗器械生产者或者血液提供机构等。② 损害后果不同。医疗事故造成的是人身损害;而医疗损害造成的除人身损害外,还包括其他损害。

(四) 医疗损害的分类

根据《侵权责任法》的规定,根据医疗机构及其医务人员的行为,可以把医疗损害分为以下几种。

1. **诊疗损害**　医疗机构及其医务人员在诊疗活动中违反诊疗、护理义务,如对患者诊疗、护理方法的选择与执行,对患者病情发展过程的观察与追踪、护理等行为存在不符合当时医疗水平的过失,并由此造成患者的损害。

2. **违反告知义务的损害**　医疗机构及其医务人员没有按照法律的规定告知或错误告知患者病情或医疗措施相关的信息,或者没有获得患者及其家属的同意即展开或停止有关诊疗活动,由此造成患者的损害。

3. **侵犯患者隐私权的损害**　医疗机构及其医务人员违反保密义务,泄漏患者的隐私或者未经患者同意公开其病历资料,由此造成患者的损害。

4. **医疗产品损害**　医疗机构及其医务人员在诊疗过程中使用有缺陷的药品、消毒药剂、医疗器械、医用材料等医疗产品,或者输入不合格的血液,由此造成患者的损害。

5. **过度检查损害**　医疗机构及其医务人员违反诊疗规范对患者进行超出患者个体和社会保健实际需要的不必要医疗检查,由此造成患者的损害。

二、医疗损害责任立法

对医疗损害进行专门立法是从医疗事故开始的。1987年,国务院发布了《医疗事故处理办法》,这是我国第一个处理医疗事故的行政法规。该办法将医疗事故分为责任事故和技术事故:责任事故是指医务人员因违反规章制度、诊疗护理常规等失职行为所致的事故,技术事故是指医务人员因技术过失所致的事故。医疗机构只对发生的责任事故赔偿,并根据给患者直接造成损害的程度,将医疗事故分为3级;同时规定由县级以上地方政府按行政区划成立医疗事故技术鉴定委员会,负责对医疗事故争议的技术鉴定。

20世纪90年代中期之后,医疗纠纷逐渐增多,《医疗事故处理办法》已无法适应医疗纠纷处理的实际情况,亟须一部新的法律来处理和解决医疗纠纷。2002年4月4日,国务院发布了《医疗事故处理条例》。该条例取消了医疗事故的分类,并将医疗事故由3级增加为4级;将医疗事故技术鉴定由政府组织调整为由医学会组织,并对确定的医疗事故由补偿改为赔偿。同时,该条例首次较系统地规定了患者权利,如患者有权复印或者复制病历资料等,并对患者及其家属实质性参与医疗事故争议的处理作了制度性和机制性安排。随后,卫生部相继发布了《医疗事故技术鉴定暂行办法》《医疗事故分级标准》《医疗机构病历管理规定》《医疗事故争议中尸检机构及专业技术人员资格认定暂行办法》《医疗重大过失行为和医疗事故报告制度的规定》《病历书写基本规范》等配套规章。2003年1月6日,最高人民法院发布了《关于参照〈医疗事故处理条例〉审理医疗纠纷民事案件的通知》。上述法规、规章为正确处理医疗事故、保护患者和医疗机构及其医务人员的合法权益、维护医疗秩序、保障医疗安全、促进医学科学发展起到了积极作用。但由于效力等级的局限性,它并没能从根本上解决法律适用上的二元化现象。

2009年12月26日,第十一届全国人大常会第十二次会议通过了《侵权责任法》,其中第七章"医疗损害责任"一章在继承和发展《医疗事故处理条例》民事赔偿部分的基础上,确立了医疗损害责任的基本构成、归责原则、过错责任及附条件的过错推定,对医疗服务过程中涉及患者权益受到侵犯的事项,如患者隐私、医疗产品和血液、过度检查等,都作了明确规定,为统一我国医疗纠纷处理必将发挥了重要作用。同时,为维护医疗秩序,建立和谐医患关系,切实保障广大人民群众的利益,确保医务人员、就诊患者的安全,构建安全稳定的医疗环境,全面推进平安医院创建工作,2013年12月20日,国家卫生计生委、中央综治办等部门联合制定下发了《关于维护医疗秩序打击涉医违法犯罪专项行动方案》。

第二节 医疗损害责任

一、医疗损害责任的概念

医疗损害责任,是指医疗机构及其医务人员在诊疗活动中,因医疗过错对患者造成了损害,从而需要由医疗机构对患者及其家属承担的损害赔偿责任。

医疗损害侵权行为使患者的生命权、健康权、隐私权等民事权益受到侵害,但医学科学发展至今,对很多的疾病的诊断、治疗及转归的客观规律等认识仍然非常有限,加之患者的个体差异很大,在诊疗过程中医务人员出现差错无法完全避免。由于多数患者及其亲属无法理解由此给患者带来的损害,加之某些社会因素的影响,使之成为我国医患纠纷的重要原因。医疗损害与一般侵权损害不同,因此医疗损害责任的承担也应有别于一般侵权责任。

二、医疗损害责任的构成

医疗损害责任的构成要件包括以下几方面。

1. **医疗损害的责任主体必须是医疗机构及其医务人员** 造成医疗损害的必须是有合法资质、持有执业许可证的医疗机构及其医务人员。国家对有权开展医疗活动的医疗机构和有权从事医疗活动的医务人员规定了严格的许可制度。凡未经卫生行政部门批准而开展医疗活动的,都是非法行医。非法行医造成患者身体健康损害的,不属于医疗损害。当然,由于患者自己或其亲属的过错造成的不良后果,也不能认定为医疗损害。

2. **医疗损害必须发生在医务人员正常履行职务的医疗活动过程中** 医疗活动的主要内容和形式是诊疗护理,如果损害的发生与诊疗护理活动无关,或者医务人员并不是在其执业的地点和正常的工作时间内进行诊疗护理行为,而给患者造成损害,就不能构成医疗损害责任。

3. **造成医疗损害的医疗行为具有违法性** 即医疗机构及其医务人员的诊疗护理行为违反了有关医疗卫生管理法律、行政法规、部门规章和诊疗护理规范、常规的行为。如果医疗机构及其医务人员的医疗行为没有任何违反法律规定及技术规范之处,即使患者可能存在损害后果,也不构成医疗损害责任。

4. **必须对患者造成了损害后果** 只有患者在生命权、健康权、财产权、隐私权等方面遭受损害,才可能构成医疗损害责任。而且这种损害后果必须是法律明确规定并且真实存在的,不能是主观的推断或臆测。

5. **违法行为和损害后果之间必须存在因果关系** 患者客观存在的损害后果必须是由于违法的医疗行为造成的。如果仅有违法的医疗行为,但患者并未因此发生损害;或者患者虽然存在损害后果,但并非是由于违法医疗行为所致,都不构成医疗损害责任。

6. **造成医疗损害的医疗机构及其医务人员在主观心态上必须存在过失** 即医疗机构及其医务人员对于患者损害后果的发生,或者是疏忽大意的过失,或者过于自信的过失,进而违反了有关卫生法律及医疗诊疗护理规范、常规,而造成了患者的损害后果。

三、医疗损害责任的归责原则与责任承担

(一) 医疗损害的归责原则

归责,是指行为人因其行为和物件致他人损害的事实发生后,应依何种根据使其承担责任,即法律应以行为人的过错还是应以已发生的损害结果为价值判断标准,而使行为人承担侵权责任。归责原则,是指归责的规则,是确定行为人的侵权民事责任的根据和标准。

《侵权责任法》第五十四条规定,患者在诊疗活动中受到损害,医疗机构及其医务人员有过错的,由医疗机构承担赔偿责任。这表明,医疗损害责任采用过错责任原则,即医疗机构及其医务人员在对患者的诊疗活动中存在过错的前提下,才承担医疗损害责任。但《侵权责任法》第五十八条又规定,患者有损害,因下列情形之一的,推定医疗机构有过错:① 违反法律、行政法规、规章以及其他有关诊疗规范的规定。② 隐匿或者拒绝提供与纠纷有关的病历资料。③ 伪造、篡改或者销毁病历资料。由此,《侵权责任法》确定的医疗损害责任的归责原则是,以过错责任原则为一般要求,以过错推定原则为例外。

(二)医疗损害责任的承担

由于导致医疗损害的原因多种多样,因此相应的承担医疗损害赔偿责任的主体也各不相同。

患者在诊疗活动中受到损害,医疗机构及其医务人员有过错的,医疗损害责任主体是医疗机构及其医务人员;需要赔偿的,由医疗机构承担赔偿责任。

因药品、消毒药剂、医疗器械的缺陷,或者输入不合格的血液造成患者损害的,医疗损害责任主体是该缺陷药品、消毒药剂、医疗器械的生产者和该不合格血液的提供机构;需要赔偿的,由生产者或者血液提供机构承担赔偿责任。

为了保护患者利益,《侵权责任法》同时规定,对因药品、消毒药剂、医疗器械的缺陷,或者输入不合格的血液造成患者损害的,患者可以向生产者或者血液提供机构请求赔偿,也可以向医疗机构请求赔偿。患者向医疗机构请求赔偿的,医疗机构赔偿后,有权向负有责任的生产者或者血液提供机构追偿。

(三)医疗机构不承担赔偿责任的情形

现代医学虽然有了很大的发展,但远没有达到包治百病的水平。非但如此,由于个体的差异性和疾病发病机制的复杂性,即使是医务人员在诊疗活动中恪尽职守、竭尽全力,但在现有医学技术水平下仍然不能完全克服、预见和避免很多意外情况的发生。这并不是医疗机构或者医务人员的问题,而是医学发展的局限性。对此,《侵权责任法》规定了医疗侵权免责事由,即患者有损害,因下列情形之一的,医疗机构不承担赔偿责任:① 患者或者其近亲属不配合医疗机构进行符合诊疗规范的诊疗。② 医务人员在抢救生命垂危的患者等紧急情况下已经尽到合理诊疗义务。③ 限于当时的医疗水平难以诊疗。但是,患者或者其近亲属不配合医疗机构进行符合诊疗规范的诊疗,医疗机构及其医务人员也有过错的,应当承担相应的赔偿责任。

《医疗事故处理条例》也规定了6种不属于医疗事故的情形,医疗机构对此不承担赔偿责任:① 在紧急情况下为抢救垂危患者生命而采取紧急医学措施造成不良后果的。② 在医疗活动中由于患者病情异常或者患者体质特殊而发生医疗意外的。③ 在现有医学科学技术条件下,发生无法预料或者不能防范的不良后果的。④ 无过错输血感染造成不良后果的。⑤ 因患方原因延误诊疗导致不良后果的。⑥ 因不可抗力造成不良后果的。其中部分规定与《侵权责任法》的规定是一致的。

此外,医疗机构还可以根据《民法通则》《侵权责任法》等相关规定,对正当防卫、紧急避险、受害人同意、第三人的过错等免责事由,要求免除或者减轻应当承担的赔偿责任。

第三节 医疗损害的预防与处置

一、医疗损害的预防

医疗机构及其医务人员应当根据《医疗事故处理条例》的相关规定,做好医疗损害的预防工作。

1. **依法执业** 医疗机构及其医务人员在医疗活动中,必须严格遵守医疗卫生管理法律、行政法规、部门规章和诊疗护理规范、常规,恪守医疗服务职业道德。这对于保障医疗安全、保证医疗质量、防范医疗损害的发生具有重要意义。

2. **加强培训**　医疗机构应当经常对其医务人员进行医疗卫生管理法律、行政法规、部门规章和诊疗护理规范、常规的培训和医疗服务职业道德教育,促进医务人员综合素质的全面提高。

3. **严格医疗质量控制**　医疗机构应当设置医疗服务质量监控部门或者配备专(兼)职人员,具体负责监督本医疗机构的医务人员的医疗服务工作,检查医务人员执业情况,接受患者对医疗服务的投诉,向其提供咨询服务,预防医疗损害的发生。

4. **制定预案**　医疗机构应当制定防范、处理医疗损害的预案,预防医疗损害的发生,减轻医疗损害的后果。在预案中应当明确应急机制中各成员部门及其人员的组成、具体职责、工作措施以及相互之间的协调关系。

5. **履行告知义务**　在医疗活动中,医疗机构及其医务人员应当将患者的病情、医疗措施、医疗风险等如实告知患者,及时解答其咨询。但是,应当避免对患者产生不利后果。

二、医疗过失行为的报告

1. **医疗机构内部报告**　医务人员在医疗活动中有下列情形之一的,应当立即向所在科室负责人报告:① 发生或者发现医疗损害。② 可能引起医疗损害的医疗过失行为。③ 发生医疗损害争议。科室负责人接到报告后,应当及时向本医疗机构负责医疗服务质量监控的部门或者专(兼)职人员报告。负责医疗服务质量监控的部门或者专(兼)职人员接到报告后,应当立即进行调查、核实,将有关情况如实向本医疗机构负责人报告,并向患者通报、解释。

2. **医疗机构向卫生行政部门报告**　发生医疗损害后,医疗机构应当按照规定向所在地卫生行政部门报告。发生下列重大医疗过失行为的,医疗机构应当在12小时内向所在地卫生行政部门报告:① 导致患者死亡或者可能为造成患者中度残疾、器官组织损伤导致严重功能障碍的损害后果。② 导致3人以上医疗损害后果。③ 国务院卫生行政部门和省、自治区、直辖市人民政府卫生行政部门规定的其他情形。发生或者发现医疗过失行为,医疗机构及其医务人员应当立即采取有效措施,避免或者减轻对患者身体健康的损害,防止损害扩大。

三、病历资料和现场实物的封存与保管

病历资料分为客观性病历资料和主观性病历资料。客观性病历资料,包括门诊病历、住院志、体温单、医嘱单、化验单(检验报告)、医学影像检查资料、特殊检查同意书、手术同意书、手术及麻醉记录单、病理资料、护理记录以及国务院卫生行政部门规定的其他病历资料。主观性病历资料,包括死亡病例讨论记录、疑难病例讨论记录、上级医师查房记录、会诊意见、病程记录等。

《侵权责任法》规定,医疗机构及其医务人员应当按照规定填写并妥善保管住院志、医嘱单、检验报告、手术及麻醉记录、病理资料、护理记录、医疗费用等病历资料。

《医疗事故处理条例》规定,医疗机构应当按照国务院卫生行政部门规定的要求,书写并妥善保管病历资料。因抢救急危患者,未能及时书写病历的,有关医务人员应当在抢救结束后6个小时内据实补记,并加以注明。发生医疗事故等医疗损害争议时,主观性病历资料应当在医患双方在场的情况下封存和启封。封存的病历资料可以是复印件。封存的病历资料由医疗机构保管。任何单位和个人都不得涂改、伪造、隐匿、销毁或者抢夺病历资料。当事人以伪造、篡改、销毁或其他不当方式改变病历资料的内容,致使无法认定医疗行为与损害后果之间是否存在因果关系及有无过

错的,应承担相应不利的后果。

疑似输液、输血、注射、药物等引起不良后果的,医患双方应当共同对现场实物进行封存和启封,封存的现场实物由医疗机构保管;需要检验的,应当由双方共同指定的、依法具有检验资格的检验机构进行检验;双方无法共同指定时,由卫生行政部门指定。疑似输血引起不良后果,需要对血液进行封存保留的,医疗机构应当通知提供该血液的采供血机构派员到场。

四、病历资料的复制

患者有权查阅、复印或者复制自己的客观性病历资料。患者要求复印或者复制自己的客观性病历资料,医疗机构应当提供复印或者复制服务并在复印或者复制的病历资料上加盖证明印记。复印或者复制病历资料时,应当有患者在场。医疗机构应患者的要求,为其复印或者复制病历资料,可以按照规定收取工本费。具体收费标准由省、自治区、直辖市人民政府价格主管部门会同同级卫生行政部门规定。

五、尸检

尸检,即尸体解剖,是指对已经死亡的机体进行剖验以查明死亡原因的一种医学手段。尸检对于解决死因不明或对死因有异议而发生的医疗损害争议具有独特的无法替代的作用。

1. **尸检时限** 患者死亡,医患双方当事人不能确定死因或者对死因有异议的,应当在患者死亡后 48 小时内进行尸检;具备尸体冻存条件的,可以延长至 7 日。尸检应当经死者近亲属同意并签字。

2. **尸检机构和人员** 承担尸检的机构尸检应当由按照国家有关规定取得相应资格的机构和病理解剖专业技术人员进行。承担尸检任务的机构和病理解剖专业技术人员有进行尸检的义务。医疗损害争议双方当事人可以请法医病理学人员参加尸检,也可以委派代表观察尸检过程。

3. **拒绝尸检的责任** 拒绝或者拖延尸检,超过规定时间,影响对死因判定的,由拒绝或者拖延的一方承担责任。患者就医后死亡,医疗机构认为死亡原因不明,要求患者一方协助进行尸检,但因患者一方的原因未行尸检,导致无法查明死亡原因,并致使无法认定医疗行为与损害结果之间是否存在因果关系或有无过错的,患者一方应承担不利的诉讼后果。

4. **尸体的存放和处理** 患者在医疗机构内死亡的,尸体应当立即移放太平间。死者尸体存放时间一般不得超过 2 周。逾期不处理的尸体,经医疗机构所在地卫生行政部门批准,并报经同级公安部门备案后,由医疗机构按照规定进行处理。

第四节 医疗损害鉴定

一、医疗损害鉴定的现状

《侵权责任法》没有规定医疗损害鉴定问题。目前,与医疗损害鉴定有关的规定主要是《全国人大常委会关于司法鉴定管理问题的决定》、国务院《医疗事故处理条例》和最高人民法院《关于参照

〈医疗事故处理条例〉审理医疗纠纷民事案件的通知》《人民法院对外委托司法鉴定管理规定》等。

《全国人大常委会关于司法鉴定管理问题的决定》规定,国家对从事法医类鉴定的鉴定人和鉴定机构实行登记管理制度。医疗事故技术鉴定的组织方式与一般的法医类鉴定有很大区别,医疗事故技术鉴定的内容也不都属于法医类鉴定。但医疗事故技术鉴定中涉及的有关问题,如尸检、伤残鉴定等,属于法医类鉴定。对此类鉴定事项,在进行医疗事故技术鉴定时,由已列入鉴定人名册的法医参加鉴定为宜。

根据《医疗事故处理条例》的规定,卫生行政部门接到医疗机构关于重大医疗过失行为的报告或者医疗事故争议当事人要求处理医疗事故争议的申请后,对需要进行医疗事故技术鉴定的,应当交由负责医疗事故技术鉴定工作的医学会组织鉴定;医患双方协商解决医疗事故争议,需要进行医疗事故技术鉴定的,由双方当事人共同委托负责医疗事故技术鉴定工作的医学会组织鉴定。但是,最高人民法院《关于参照〈医疗事故处理条例〉审理医疗纠纷民事案件的通知》出台之后,明确规定人民法院在民事审判中,根据当事人的申请或者依职权决定进行医疗事故司法鉴定的,交由条例所规定的医学会组织鉴定。因医疗事故以外的原因引起的其他医疗赔偿纠纷需要进行司法鉴定的,按照《人民法院对外委托司法鉴定管理规定》组织鉴定。这就出现了目前二元化的医疗鉴定模式。

现在从事医疗损害鉴定的机构主要是3类:医学会,司法鉴定机构,依法具有检验资格的检验机构。医学会主要进行诊疗行为引起的医疗损害争议鉴定;司法鉴定机构根据司法行政部门授予的业务范围进行司法鉴定;检验机构进行缺陷产品或者不合格血液的质量鉴定。

医疗损害鉴定内容主要分为两部分:一是诊疗行为引起的医疗损害,二是缺陷产品或者不合格血液引起的医疗损害。诊疗行为引起的医疗损害又分为故意行为引起的医疗损害和过失行为引起的医疗损害。故意行为引起的医疗损害,涉嫌刑事犯罪,由公安部门负责侦查,医学会并不介入。而缺陷产品或者不合格血液引起的医疗损害,依法需要由具有检验资格的检验机构进行质量检验,医学会并不具有相应资质,所以,医学会也不介入。医学会开展的医疗损害鉴定内容只能是过失行为引起的医疗损害,实质上也就是医疗事故部分。

医学会进行医疗损害鉴定,在新的规定出台前,仍应遵照现行的医疗事故技术鉴定程序和要求。

二、医疗损害鉴定的程序

(一) 鉴定组织

《医疗事故处理条例》规定,设区的市级地方医学会和省、自治区、直辖市直接管辖的县(市)地方医学会负责组织首次医疗事故技术鉴定工作。省、自治区、直辖市地方医学会负责组织再次鉴定工作。必要时,中华医学会可以组织疑难、复杂并在全国有重大影响的医疗事故争议的技术鉴定工作。但是,医学会作为鉴定机构应当针对《侵权责任法》提出的一些新概念,诸如当时医疗水平、符合诊疗规范的诊疗、合理诊疗义务、过度检查、不合格的血液、严重精神损害等,在传统的医疗事故技术鉴定之外,适时调整和扩充新的鉴定内容。

(二) 鉴定的提起

卫生行政部门接到医疗机构关于重大医疗过失行为的报告或者医疗事故争议当事人要求处理医疗事故争议的申请后,对需要进行医疗事故技术鉴定的,交由负责医疗事故技术鉴定工作的医学会组织鉴定;医患双方协商解决医疗事故争议,需要进行医疗事故技术鉴定的,由双方当事人共同委托负责医疗事故技术鉴定工作的医学会组织鉴定。当事人对首次医疗事故技术鉴定结论不服的,可以自收到首次鉴定结论之日起15日内向医疗机构所在地卫生行政部门提出再次鉴定的申请。

(三) 鉴定专家库的建立

负责组织医疗事故技术鉴定工作的医学会应当建立专家库。专家库由具备下列条件的医疗卫生专业技术人员组成:① 有良好的业务素质和执业品德。② 受聘于医疗卫生机构或者医学教学、科研机构并担任相应专业高级技术职务3年以上。有良好的业务素质和执业品德,并具备高级技术任职资格的法医可以受聘进入专家库。医学会依照规定聘请医疗卫生专业技术人员和法医进入专家库,可以不受行政区域的限制。符合规定条件的医疗卫生专业技术人员和法医有义务进入专家库,并承担医疗事故技术鉴定工作。

(四) 鉴定专家组的产生

医疗事故技术鉴定,由负责组织医疗事故技术鉴定工作的医学会组织专家鉴定组进行。参加医疗事故技术鉴定的相关专业的专家,由医患双方在医学会主持下从专家库中随机抽取。在特殊情况下,医学会根据医疗事故技术鉴定工作的需要,可以组织医患双方在其他医学会建立的专家库中随机抽取相关专业的专家参加鉴定或者函件咨询。

专家鉴定组进行医疗事故技术鉴定,实行合议制。专家鉴定组人数为单数,涉及的主要学科的专家一般不得少于鉴定组成员的二分之一;涉及死因、伤残等级鉴定的,并应当从专家库中随机抽取法医参加专家鉴定组。专家鉴定组成员有下列情形之一的,应当回避,当事人也可以以口头或者书面的方式申请其回避:① 是医疗事故争议当事人或者当事人的近亲属的。② 与医疗事故争议有利害关系的。③ 与医疗事故争议当事人有其他关系,可能影响公正鉴定的。

(五) 鉴定结论

医疗事故技术鉴定结论是卫生行政部门处理医疗事故争议的依据,也是人民法院审理医疗事故争议案件的重要依据。

1. **鉴定原则** 专家鉴定组应当在事实清楚、证据确凿的基础上,综合分析患者的病情和个体差异,实事求是地作出鉴定结论,并制作医疗事故技术鉴定书。鉴定结论以专家鉴定组成员的过半数通过。鉴定过程应当如实记载。

2. **鉴定书的内容** 应当包括:① 双方当事人的基本情况及要求。② 当事人提交的材料和负责组织医疗事故技术鉴定工作的医学会的调查材料。③ 对鉴定过程的说明。④ 医疗行为是否违反医疗卫生管理法律、行政法规、部门规章和诊疗护理规范、常规。⑤ 医疗过失行为与人身损害后果之间是否存在因果关系。⑥ 医疗过失行为在医疗事故损害后果中的责任程度。⑦ 医疗事故等级。⑧ 对医疗事故患者的医疗护理医学建议。

(六) 鉴定费用

医疗事故技术鉴定,可以收取鉴定费用。经鉴定,属于医疗事故的,鉴定费用由医疗机构支付;不属于医疗事故的,鉴定费用由提出医疗事故处理申请的一方支付。鉴定费用标准由省、自治区、直辖市人民政府价格主管部门会同同级财政部门、卫生行政部门规定。

第五节 医疗损害争议的行政处理与监督

一、医疗损害争议的行政处理

1. **行政处理申请的提出** 发生医疗损害争议,当事人申请卫生行政部门处理的,应当提出书面申请。申请书应当载明申请人的基本情况、有关事实、具体请求及理由等。当事人自知道或者应当知道其身体健康受到损害之日起1年内,可以向卫生行政部门提出医疗损害争议处理申请。

2. **受理行政处理申请的权限划分** 发生医疗损害争议,当事人申请卫生行政部门处理的,由医疗机构所在地的县级人民政府卫生行政部门受理。医疗机构所在地是直辖市的,由医疗机构所在地的区、县人民政府卫生行政部门受理。有下列情形之一的,县级人民政府卫生行政部门应当自接到医疗机构的报告或者当事人提出医疗事故争议处理申请之日起7日内移送上一级人民政府卫生行政部门处理:① 患者死亡。② 可能为二级以上的医疗事故。③ 国务院卫生行政部门和省、自治区、直辖市人民政府卫生行政部门规定的其他情形。

3. **行政处理申请的审查和受理** 卫生行政部门应当自收到医疗损害争议处理申请之日起10日内进行审查,作出是否受理的决定。对符合《医疗事故处理条例》规定,予以受理;需要进行技术鉴定的,应当自作出受理决定之日起5日内将有关材料交由负责技术鉴定工作的医学会组织鉴定并书面通知申请人;对不符合规定,不予受理的,应当书面通知申请人并说明理由。当事人对首次技术鉴定结论有异议,申请再次鉴定的,卫生行政部门应当自收到申请之日起7日内交由省、自治区、直辖市地方医学会组织再次鉴定。

4. **行政处理与诉讼的关系** 医疗损害争议行政处理和人民法院对医疗损害争议的审理裁决,都是解决医疗损害争议的途径。当事人有权选择任何一种途径解决医疗损害争议。但是当事人不能同时选择两种途径解决争议。当事人既向卫生行政部门提出医疗损害争议处理申请,又向人民法院提起诉讼的,卫生行政部门不予受理;卫生行政部门已经受理的,应当终止处理。

二、医疗损害鉴定的监督

1. **技术鉴定程序的审核** 卫生行政部门收到负责组织医疗损害技术鉴定工作的医学会出具的医疗损害技术鉴定书后,应当对参加鉴定的人员资格和专业类别、鉴定程序进行审核;必要时,可以组织调查,听取争议双方当事人的意见。

2. **技术鉴定结论的审核** 卫生行政部门经审核,对符合规定作出的医疗损害技术鉴定结论,应当作为对发生医疗损害的医疗机构和医务人员作出行政处理以及进行医疗损害赔偿调解的依据;经审核,发现技术鉴定不符合规定的,应当要求重新鉴定。

3. **医疗损害责任人员的处理** 卫生行政部门应当依照《医疗事故处理条例》和有关法律、行政法规、部门规章的规定,对发生医疗损害的医疗机构和医务人员作出行政处理。

4. **汇总报告** 县级以上地方人民政府卫生行政部门应当按照规定逐级将当地发生的医疗损

害以及依法对发生医疗损害的医疗机构和医务人员作出行政处理的情况,上报国务院卫生行政部门。

第六节 医疗损害赔偿

一、医疗损害赔偿的概念

医疗损害赔偿,是指医疗机构及其医务人员因医疗过失行为对患者造成损害时应承担补充对方损失的民事责任。

医疗损害赔偿应当考虑下列因素,确定具体赔偿数额:① 医疗损害造成患者损害程度。② 医疗过失行为在医疗损害后果中的责任程度。③ 医疗损害后果与患者原有疾病状况之间的关系,并结合医疗科学发展水平、医疗风险、医疗条件及患者个体差异等因素。

二、医疗损害赔偿争议的解决途径

1. 协商解决 发生医疗损害赔偿民事责任争议,医患双方可以协商解决。医患双方协商解决赔偿民事责任争议,体现了医患双方依法处分民事权利、确认民事义务的自主权。双方当事人协商解决医疗损害赔偿等民事责任争议的,应当制作协议书。协议书应当载明双方当事人的基本情况和医疗损害的原因、双方当事人共同认定的医疗损害等级以及协商确定的赔偿数额等,并由双方当事人在协议上签名。根据司法部、卫生部、保监会 2010 年 1 月发布的《关于加强医疗纠纷人民调解工作的意见》,各地省级卫生行政部门都根据本地实际情况,对公立医疗机构就医疗纠纷与患者自行和解的经济补偿、赔偿最高限额等予以了规定。

2. 行政调解 医疗损害争议发生后,医患双方可以申请卫生行政部门主持,根据自愿和合法的原则,通过友好协商达成协议,解决医疗损害赔偿。《医疗事故处理条例》规定,已确定为医疗损害的,卫生行政部门应医疗损害争议双方当事人请求,可以进行医疗损害赔偿调解。经调解,双方当事人就赔偿数额达成协议的,制作调解书,双方当事人应当自觉履行;调解不成或者经调解达成协议后一方反悔的,卫生行政部门不再调解。

3. 人民调解 发生医疗事故等医疗损害赔偿争议,医患双方不愿意协商或者协商不成时,可以向医疗纠纷人民调解委员会提出调解申请。医疗纠纷人民调解委员会是专业性人民调解组织,受理本辖区内医疗机构与患者之间的医疗纠纷。调解时,应当遵循医患双方自愿原则进行。需要进行相关鉴定以明确责任的,经双方同意,医疗纠纷人民调解委员会可以委托有法定资质的专业鉴定机构进行鉴定。经调解成功的,应当就争议事实、赔偿数额制作人民调解协议书。人民调解协议书具有民事合同性质,当事人可以依法申请有管辖权的人民法院确认其效力;非因法定事由,不得请求撤销、解除、变更协议或者确认协议无效。

4. 诉讼解决 发生医疗事故等医疗损害赔偿争议,医患双方不愿意协商、调解或者协商、调解不成的,可以直接向人民法院提起民事诉讼,由人民法院作出裁决。诉讼是解决医疗事故等医疗损害赔偿争议的最终途径。

三、医疗损害赔偿范围和项目

医疗损害侵权行为致患者人体损害的,应当赔偿医疗费、护理费、交通费、误工费、住院伙食补助费、住宿费、营养费等;造成患者残疾的,除以上致患者人体损害的赔偿项目外,还应当赔偿残疾辅助器具费和残疾赔偿金;造成患者死亡的,除致患者人体损害的赔偿项目外,还应当赔偿丧葬费和死亡赔偿金。

同时,医疗损害造成患者严重精神损害的,患者还可以请求精神损害赔偿。根据最高人民法院《关于确定民事侵权精神损害赔偿责任若干问题的解释》,精神损害的赔偿数额根据以下因素确定:侵权人的过错程度,法律另有规定的除外;侵害的手段、场合、行为方式等具体情节;侵权行为所造成的后果;侵权人的获利情况;侵权人承担责任的经济能力;受诉法院所在地平均生活水平。

第七节 法律责任

一、卫生行政部门及其工作人员的法律责任

卫生行政部门有下列情形之一的,由上级卫生行政部门给予警告并责令限期改正;情节严重的,对负有责任的主管人员和其他直接责任人员依法给予行政处分。① 接到医疗机构关于重大医疗过失行为的报告后,未及时组织调查的。② 接到医疗事故争议处理申请后,未在规定时间内审查或者移送上一级人民政府卫生行政部门处理的。③ 未将应当进行医疗事故技术鉴定的重大医疗过失行为或医疗事故争议移交医学会组织鉴定的。④ 未按照规定逐级将当地发生的医疗事故以及依法对发生医疗事故的医疗机构和医务人员的处理情况上报的。⑤ 未按照本条例规定审核医疗事故技术鉴定书的。

卫生行政部门的工作人员在处理医疗事故过程中,利用职务上的便利收受他人财物或者其他利益,滥用职权,玩忽职守,或者发现违法行为不予查处,造成严重后果的,依照刑法关于受贿罪、滥用职权罪、玩忽职守罪或者其他有关罪的规定,依法追究刑事责任;尚不够刑事处罚的,依法给予降级或者撤职的行政处分。

二、医疗机构及其他有关机构与人员的法律责任

(1) 医疗机构违反《医疗事故处理条例》的规定,有下列情形之一的,由卫生行政部门责令改正;情节严重的,对负有责任的主管人员和其他直接责任人员依法给予行政处分或者纪律处分。① 未如实告知患者病情、医疗措施和医疗风险的。② 没有正当理由,拒绝为患者提供复印或者复制病历资料服务的。③ 未按照国务院卫生行政部门规定的要求书写和妥善保管病历资料服务的。④ 未在规定时间内补记抢救工作病历内容的。⑤ 未按照规定封存、保管和启封病历资料和实物的。⑥ 未设置医疗服务质量监控部门或者配备专(兼)职人员的。⑦ 未制定有关医疗事故防范和处理预案的。⑧ 未在规定时间内向卫生行政部门报告重大医疗过失行为的。⑨ 未按照规定向卫生行政部门报告医疗事故的。⑩ 未按照规定进行尸检和保存、处理尸体的。

(2) 医疗机构或者其他有关机构违反《医疗事故处理条例》的规定,有下列情形之一的,由卫生行政部门责令改正,给予警告;对负有责任的主管人员和其他直接责任人员依法给予行政处分或者纪律处分;情节严重的,由原发证部门吊销其执业证书或者资格证书。① 承担尸检任务的机构没有正当理由,拒绝进行尸检的。② 涂改、伪造、隐匿、销毁病历资料的。

(3) 医疗机构及其医务人员泄露患者隐私,造成患者损害,情节严重的,依法追究刑事责任。根据《刑法》第二百五十三条规定,医疗单位工作人员违反国家规定,将本单位在履行职责或者提供服务过程中获得的公民个人信息出售或者非法提供给他人,情节严重的,处3年以下有期徒刑或者拘役,并处或者单处罚金。

三、发生医疗事故医疗机构及医务人员的法律责任

医疗机构发生医疗事故的,由卫生行政部门根据医疗事故等级和情节,给予警告;情节严重的,责令限期整顿直至由原发证部门吊销执业许可证。对负有责任的医务人员,依照刑法关于医疗事故罪的规定,依法追究刑事责任;尚不够刑事处罚的,依法给予行政处分或者纪律处分。

对发生医疗事故的有关医务人员,除依照上述处罚外,卫生行政部门并可以责令暂停6个月以上1年以下执业活动;情节严重的,吊销其执业许可证。

《刑法》第三百三十五条规定,医务人员由于严重不负责任,造成就诊人死亡或者严重损害就诊人身体健康的,处3年以下有期徒刑或者拘役。

四、医疗事故技术鉴定人员的法律责任

参加医疗事故技术鉴定工作的人员接受申请鉴定双方或者一方当事人的财物或者其他利益,出具虚假医疗事故技术鉴定书,造成严重后果的,依照《刑法》关于受贿罪的规定,依法追究刑事责任;尚不够刑事处罚的,由原发证部门吊销其执业证书或者资格证书。

五、扰乱医疗秩序和医疗事故技术鉴定工作的法律责任

《侵权责任法》规定,医疗机构及其医务人员的合法权益受法律保护。干扰医疗秩序,妨害医务人员工作、生活的,应当依法承担法律责任。

《医疗事故处理条例》规定,以医疗事故为由,寻衅滋事、抢夺病历资料,扰乱医疗机构正常医疗秩序和医疗事故技术鉴定工作,依法追究刑事责任;尚不够刑事处罚的,依法给予治安管理处罚。

(张彩霞)

第九章 中医药管理法律制度

导学

1. 掌握中医药、中药的概念,中医医疗机构的设置规定,中医从业人员的资格条件,中医药发展的保障措施。
2. 熟悉中医药发展的方针和原则、中医坐堂医诊所管理、中药的生产经营、中药品种保护、中医教育机构、学术经验与技术专长继承相关规定。
3. 了解中医药立法,中医医院管理,中西医结合的管理,野生、濒危中药材资源保护,法律责任。

第一节 概述

一、中医药的概念

中医药,是包括汉族和少数民族医药在内的我国各民族医药的统称,是反映中华民族对生命、健康和疾病的认识,具有独特理论和技术方法的医药学体系。

中医药是中华民族优秀文化,是我国医学科学的特色与优势,是国家医药卫生事业的重要组成部分,不仅为中华文明的发展做出了重要贡献,而且对世界文明的进步产生了积极的影响。中医药作为我国独特的卫生资源、潜力巨大的经济资源、具有原创优势的科技资源、优秀的文化资源和重要的生态资源,在经济社会发展中发挥着重要作用。

二、中医药立法

新中国成立以来,党和国家高度重视中医药在保障人民健康中的重要作用,制定了一系列政策措施,明确了中医药在我国卫生事业发展中的地位和作用,推动中医药事业发展取得了显著成就。1982年《宪法》第二十一条明确规定,国家发展医药卫生事业,发展现代医药和我国传统医药。这从根本上确立了中医药的法律地位,为中医药的发展和法律制度建设提供了根本法律依据。

为了继承和发展中医药学,保障和促进中医药事业的发展,保护人体健康,2003年5月6日,国务院颁布了《中医药条例》,自2003年10月1日起施行。2016年12月25日,第十二届全国人大常委会第二十五次会议审议通过了《中医药法》,自 2017 年 7 月 1 日起施行。这是新中国成立以来我国首部规范中医药管理及其相关工作的法律。国务院、卫生部、国家中医药管理局、国家食品药品监督管理局还发布了有关中医医疗机构管理、中药生产经营、传统医药队伍建设和科研管理等方面的一系列行政法规和部门规章。主要有《中药品种保护条例》《中医医疗机构管理办法(试行)》《全国示范中医医院建设验收标准》《中医医院评审暂行办法》《中医坐堂医诊所管理办法(试行)》《医疗气功管理暂行规定》《中药注册管理补充规定》《社区中医药服务工作指南(试行)》等。各地积极推进中医药立法工作,全国各省、自治区、直辖市也相继出台了中医药发展条例。截至 2015 年 12 月底,全国共有 25 个省、自治区、直辖市颁布实施了中医药发展条例。

此外,党中央和国务院发布了一系列关于中医药发展的战略规划。2009 年 3 月 17 日,中共中央、国务院发布了《关于深化医药卫生体制改革的意见》,明确要求充分发挥中医药(民族医药)在疾病预防控制、应对突发公共卫生事件、医疗服务中的作用;加强中医临床研究基地和中医院建设,组织开展中医药防治疑难疾病的联合攻关;在基层医疗卫生服务中,大力推广中医药适宜技术;采取扶持中医药发展政策,促进中医药继承和创新。2009 年 4 月 21 日,国务院发布了《关于扶持和促进中医药事业发展的若干意见》。2016 年 2 月 22 日,国务院发布了《中医药发展战略规划纲要(2016—2030 年)》。2016 年 10 月 25 日,中共中央、国务院发布了《"健康中国 2030"规划纲要》,明确要求充分发挥中医药独特优势,主要体现为提高中医药服务能力、发展中医养生保健治未病服务、推进中医药继承创新。2016 年 12 月 6 日,国务院新闻办发布了《中国的中医药》白皮书,这是我国首次发布中医药发展状况的白皮书。

在中医药法律制度及战略规划的推动下,我国中医药总体规模不断扩大,发展水平和服务能力逐步提高,初步形成了医疗、保健、科研、教育、产业、文化整体发展新格局,对经济社会发展贡献度明显提升。截至 2015 年年底,全国有中医类医院 3 966 所,其中民族医医院 253 所,中西医结合医院 446 所。中医类别执业(助理)医师 45.2 万人(含民族医医师、中西医结合医师)。中医类门诊部、诊所 42 528 个,其中民族医门诊部、诊所 550 个,中西医结合门诊部、诊所 7 706 个。2015 年,全国中医类医疗卫生机构总诊疗人次达 9.1 亿,全国中医类医疗卫生机构出院人数 2 691.5 万人。中医药除在常见病、多发病、疑难杂症的防治中贡献力量外,在重大疫情防治和突发公共事件医疗救治中也发挥了重要作用。全国有 2 088 家通过药品生产质量管理规范(GMP)认证的制药企业生产中成药。中药已从丸、散、膏、丹等传统剂型,发展到现在的滴丸、片剂、膜剂、胶囊等 40 多种剂型。中药产品生产工艺水平有了很大提高,基本建立了以药材生产为基础、工业为主体、商业为纽带的现代中药产业体系。2015 年中药工业总产值 7 866 亿元,占医药产业规模的 28.55%,成为新的经济增长点。

三、中医药发展的原则

(一)坚持以人为本、服务惠民的原则

以满足人民群众中医药健康需求为出发点和落脚点,坚持中医药发展为了人民,中医药成果惠及人民,增进人民健康福祉,保证人民享有安全、有效、方便的中医药服务。

(二)坚持继承创新、突出特色的原则

把继承创新贯穿中医药发展一切工作,正确把握好继承和创新的关系,坚持和发扬中医药特

色优势,坚持中医药原创思维,充分利用现代科学技术和方法,推动中医药理论与实践不断发展,推进中医药现代化,在创新中不断形成新特色、新优势,永葆中医药薪火相传。

(三)坚持深化改革、激发活力的原则

改革完善中医药发展体制机制,充分发挥市场在资源配置中的决定性作用,拉动投资消费,推进产业结构调整,更好发挥政府在制定规划、出台政策、引导投入、规范市场等方面的作用,积极营造平等参与、公平竞争的市场环境,不断激发中医药发展的潜力和活力。

(四)坚持统筹兼顾、协调发展的原则

坚持中医与西医相互取长补短,发挥各自优势,促进中西医结合,在开放中发展中医药。统筹兼顾中医药发展各领域、各环节,注重城乡、区域、国内国际中医药发展,促进中医药医疗、保健、科研、教育、产业、文化全面发展,促进中医中药协调发展,不断增强中医药发展的整体性和系统性。

四、中医药管理体制

国务院中医药管理部门负责全国中医药管理工作。国务院有关部门在各自的职责范围内负责与中医药有关的工作。县级以上地方人民政府中医药管理部门负责本行政区域内的中医药管理工作。县级以上地方人民政府有关部门在各自的职责范围内负责与中医药有关的工作。

国务院《中医药发展战略规划纲要(2016—2030年)》指出:健全中医药管理体制;按照中医药治理体系和治理能力现代化要求,创新管理模式,建立健全国家、省、市、县级中医药管理体系,进一步完善领导机制,切实加强中医药管理工作;各相关部门要在职责范围内,加强沟通交流、协调配合,形成共同推进中医药发展的工作合力。

五、中医药保障措施

国家应采取各种措施,保障中医药事业的健康发展。

1. **将中医药事业纳入国民经济和社会发展计划**　县级以上各级人民政府应当将中医药事业纳入国民经济和社会发展计划,使中医药事业与经济、社会协调发展。县级以上地方人民政府在制定区域卫生规划时,应当根据本地区社会、经济发展状况和居民医疗需求,统筹安排中医医疗机构的设置和布局,完善城乡中医服务网络。地方各级政府要在土地利用总体规划和城乡规划中统筹考虑中医药发展需要,扩大中医医疗、养生保健、中医药健康养老服务等用地供给。

2. **增加中医药事业投入**　县级以上地方人民政府应当根据中医药事业发展的需要以及本地区国民经济和社会发展状况,逐步增加对中医药事业的投入,扶持中医药事业的发展。落实政府对中医药事业的投入政策。任何单位和个人不得将中医药事业经费挪作他用。

3. **充分发挥中医药优势**　县级以上人民政府及其有关部门制定基本医疗保险支付政策、药物政策等医药卫生政策,应当发挥中医药的优势,支持提供和利用中医药服务。县级以上地方人民政府有关部门应当将符合条件的中医医疗机构纳入基本医疗保险定点医疗机构范围,将符合条件的中医诊疗项目、中药饮片、中成药和医疗机构中药制剂纳入基本医疗保险基金支付范围。中医药主管部门应当参与有关政策的制定工作。国家鼓励境内外组织和个人通过捐资、投资等方式扶持中医药事业发展。非营利性中医医疗机构,依照国家有关规定享受财政补贴、税收减免等优惠政策。

《中医药法》确认了上述这些促进中医药事业发展的政策措施。

第二节 中医药服务

一、中医医疗机构管理

中医医疗机构,是指依法取得医疗机构执业许可证的中医、中西医结合的医院、门诊部、诊所及其他能够提供中医医疗服务的卫生机构。

(一) 中医医疗机构设置

《中医药法》规定,举办中医医疗机构应当按照国家有关医疗机构管理的规定办理审批手续,并遵守医疗机构管理的有关规定。举办中医诊所的,将诊所的名称、地址、诊疗范围、人员配备情况等报所在地县级人民政府中医药主管部门备案后即可开展执业活动。中医诊所应当将本诊所的诊疗范围、中医医师的姓名及其执业范围在诊所的明显位置公示,不得超出备案范围开展医疗活动。

《中医药发展战略规划纲要(2016—2030 年)》提出,完善覆盖城乡的中医医疗服务网络,全面建成以中医类医院为主体、综合医院等其他类别医院中医药科室为骨干、基层医疗卫生机构为基础、中医门诊部和诊所为补充、覆盖城乡的中医医疗服务网络。原则上在每个地市级区域、县级区域设置 1 个市办中医类医院、1 个县办中医类医院,在综合医院、妇幼保健机构等非中医类医疗机构设置中医药科室。在乡镇卫生院和社区卫生服务中心建立中医馆、国医堂等中医综合服务区,加强中医药设备配置和中医药人员配备。

(二) 中医医院管理

中医医院包括县及县以上综合中医医院和专科中医医院。中医医院必须以医疗工作为中心,结合医疗搞好教学和科学研究,成为继承发扬中医药学、培养中医药人才的基地。

1. **医疗业务** 中医医院要办成以中医药为主,体现中医药防治疾病为特点的医疗机构。中医医疗机构从事医疗服务活动,应当充分发挥中医药特色和优势,遵循中医药自身发展规律,运用传统理论和方法,结合现代科学技术手段,发挥中医药在防治疾病、保健、康复中的作用,为群众提供价格合理、质量优良的中医药服务。

《"健康中国 2030"规划纲要》提出:提高中医药服务能力;实施中医临床优势培育工程,强化中医药防治优势病种研究,加强中西医结合,提高重大疑难病、危急重症临床疗效;大力发展中医非药物疗法,使其在常见病、多发病和慢性病防治中发挥独特作用;发展中医特色康复服务;健全覆盖城乡的中医医疗保健服务体系;在乡镇卫生院和社区卫生服务中心建立中医馆、国医堂等中医综合服务区,推广适宜技术,所有基层医疗卫生机构都能够提供中医药服务;促进民族医药发展;到 2030 年,中医药在治未病中的主导作用、在重大疾病治疗中的协同作用、在疾病康复中的核心作用用得到充分发挥。

2. **科室设置和编制** 中医医院的业务科室设置和病床分配比例,可根据中医专科的特色和各自的规模、任务、特长及技术发展情况确定,科室设置力求齐全。根据《全国中医医院组织机构及人员编制标准(试行)》,中医医院人员编制按病床与工作人员1∶1.3~1∶1.7计算。病床数与门诊量之比按1∶3计算;不符合1∶3时,按每增减100门诊人次增减6~8人,或比同级西医综合医院的编制高15%~18%。医生和药剂人员要高于西医综合医院的比例,护理人员可低于西医综合医院的比例。在医生和药剂人员中,中医、中药人员要占绝对多数。

3. 药剂管理 根据《中药调剂室工作制度(试行)》和《中药库管理制度(试行)》,药剂管理要求做到:① 中药加工炮制、贮藏保管、调剂煎熬配方必须遵守操作规程和规章制度,保证药品质量。② 在坚持使用中药为主的前提下,应以饮片为主、中成药为辅。③ 重治轻补,严格中成药购销。④ 创造条件,开展重要剂型改革。

4. 评审与鉴定管理 与中医药有关的评审或者鉴定活动,应当体现中医药特色,遵循中医药自身的发展规律。中医药专业技术职务任职资格的评审,中医医疗、教育、科研机构的评审、评估,中医药科研课题的立项和成果鉴定,应当成立专门的中医药评审、鉴定组织或者由中医药专家参加评审、鉴定。

(三)中医专科管理

综合医院的中医专科和专科医院的中医科是中医医疗体系中的一个重要的组成部分,也是继承与发扬中医药学不可忽视的力量。《关于加强综合医院、专科医院中医专科工作的意见》和《关于加强中医专科建设的通知》指出,中医科的地位和作用,在医院内与其他各科同样重要。中医科在诊断、治疗、护理、病历书写、病房管理等各个环节,要保持和发扬中医特色。中医病床一般应占医院病床总数的5%~10%。

(四)中医坐堂医诊所管理

中医坐堂医诊所,是指设置在药品零售药店的中医药服务机构。

1. 申办条件与要求 《中医坐堂医诊所管理办法(试行)》规定,药品零售药店申请设置中医坐堂医诊所,必须同时具备以下条件:① 具有药品经营质量管理规范认证证书、药品经营许可证和营业执照。② 具有独立的中药饮片营业区,饮片区面积不得少于50平方米。③ 中药饮片质量符合国家规定要求,品种齐全,数量不少于400种。

《中医坐堂医诊所基本标准(试行)》规定,中医坐堂医诊所的基本标准是:① 中医坐堂医诊所由中药饮片品种不少于400种的药店设置,只允许提供中药饮片处方服务。② 人员。至少有1名取得医师资格后经注册连续在医疗机构从事5年以上临床工作的中医类别中医执业医师。③ 房屋。设置的诊室必须独立隔开,不超过2个,每个诊室建筑面积不少于10平方米。④ 设备。设有诊察桌、诊察床、诊察凳等与开展诊疗科目相应的设备设施。⑤ 制定各项规章制度、人员岗位责任制,有国家制定或认可的医疗技术操作规程,并成册可用。

2. 设置审批和执业登记 设置中医坐堂医诊所,必须按照医疗机构设置规划,由县级地方人民政府卫生行政部门、中医药管理部门根据《医疗机构管理条例》《医疗机构管理条例实施细则》和《中医坐堂医诊所基本标准》以及有关规定进行设置审批和执业登记。中医坐堂医诊所登记注册的诊疗科目应为《医疗机构诊疗科目名录》"中医科"科目下设的二级科目,所设科目不超过2个,并且与中医坐堂医诊所提供的医疗服务范围相对应。

3. 执业规则 主要是:① 中医坐堂医诊所聘用的医师,应当是取得医师资格后经注册连续在医疗机构从事5年以上临床工作的中医类别中医执业医师。中医坐堂医诊所可以作为中医类别中医执业医师的第二执业地点进行注册,但至少有1名中医类别中医执业医师的第一执业地点为该诊所。② 中医类别中医执业医师可以在中医坐堂医诊所执业,其他类别的执业医师不得在中医坐堂医诊所执业。③ 中医坐堂医诊所只能提供中药饮片处方服务,不得超出执业范围;同一时间坐诊的中医类别中医执业医师不得超过 2 人。④ 中医坐堂医诊所执业,须严格遵守国家有关法律、法规、规章和技术规范,加强对中医从业人员的教育,预防医疗事故,确保医疗安全和服务质量。

4. 规章制度　中医坐堂医诊所必须建立健全规章制度:① 人员职业道德规范与行为准则。② 人员岗位责任制度。③ 人员聘用、培训、管理、考核与奖惩制度。④ 技术规范与工作制度。⑤ 医疗事故防范与报告制度。⑥ 医疗质量管理制度。⑦ 医疗废物管理制度。⑧ 就诊患者登记制度。⑨ 财务、收费、档案、信息管理制度。⑩ 其他有关制度。

中医坐堂医诊所要严格执行国家关于中医病历书写、处方管理的有关规定;严格按照国家规定规范使用有关部门统一印制的收费票据。中医坐堂医诊所应当在显著位置公示诊疗科目、诊疗手段、诊疗时间以及收费标准等。中医坐堂医诊所发生医疗事故,按国家有关规定处理。

(五) 医疗气功管理

医疗气功,是指运用气功方法治疗疾病构成医疗行为的一种活动。

1. 机构和人员　《医疗气功管理暂行规定》规定,开展医疗气功活动必须在医疗机构内进行。除《医疗气功管理暂行规定》发布前,已经县级以上人民政府卫生行政部门或中医药行政管理机构批准开展医疗气功活动的医疗机构,可以按本规定重新申请审批开展医疗气功活动以外,今后新开展医疗气功活动的暂限于县级以上中医医院、中西医结合医院、民族医医院、康复医院、疗养院和综合医院的中医科。"医疗气功"列入医疗机构诊疗科目的"中医科其他"类中。医疗机构申请开展医疗气功活动,应向其登记执业的卫生行政部门或中医药行政管理机构提出申请,经审核合格批准后方可开展医疗气功活动。

从事医疗气功活动的人员,应当具备下列条件:① 具有中医执业医师或中医执业助理医师资格。② 取得医师执业证书。③ 经医疗气功知识与技能考试取得医疗气功技能合格证书。

2. 监督管理　医疗机构和医疗人员开展医疗气功活动,必须严格遵守《执业医师法》《医疗机构管理条例》《医疗气功管理暂行规定》的各项规定。主要有:① 经批准开展医疗气功活动的医疗机构不得使用非医疗气功人员开展医疗气功活动。② 医疗气功人员应当按照其医师执业注册的执业地点开展医疗气功活动。③ 取得中医执业医师资格的医疗气功人员可独立开展医疗气功活动,取得中医执业助理医师资格的医疗气功人员必须在中医执业医师指导下开展医疗气功活动。④ 医疗气功人员开展医疗气功活动,应当严格执行有关操作技术规范,选择合理的医疗气功方法。在临床进行实验性医疗气功活动的,应当经所在医疗机构批准,向患者本人或其家属说明并征得患者本人或者其家属同意。⑤ 医疗机构和医疗气功人员,不得借医疗气功之名,损害公民身心健康、宣扬迷信、骗人敛财。⑥ 医疗机构和医疗气功人员,不得使用、制作、经营或者散发宣称具有医疗气功效力的物品。⑦ 组织开展下列活动之一的,应当经省级以上人民政府中医药行政管理机构审核批准:第一,大型医疗气功讲座;第二,大型现场性医疗气功活动;第三,国家中医药管理局规定必须严格管理的其他医疗气功活动。

(六) 仪器设备管理

《全国中医医院医疗设备标准(试行)》和《中医机构仪器设备管理暂行办法》规定,中医机构应成立由领导、专家和管理人员组成的管理委员会,对本单位大型精密贵重仪器设备进行决策和协调。

中医机构的一般医疗设备仪器,原则上不低于同级西医机构仪器的标准。遵照"充分论证、统筹安排、重点装备、综合平衡"的原则,根据中医机构的任务、规模、技术力量、专业特长和财力,首先装备常规需要的基本设备,然后再考虑高、精、尖设备,做到有计划、有步骤地更新。具体要求是:① 实行统一领导,归口管理,分级负责。② 建立管理档案,保证设备完好运转。③ 对大型精密仪器的使用,按照专管专用的原则,充分发挥仪器设备的社会效益和经济效益。④ 逐步完善管理制度,提高使用率。

(七) 中医医疗广告管理

发布中医医疗广告,医疗机构应当按照规定向所在地省级中医药管理部门申请并报送有关材料。对符合规定要求的,发给中医医疗广告批准文号;未取得该批准文号的,不得发布中医医疗广告。发布的中医医疗广告,其内容应当与审查批准发布的内容一致。

二、中医从业人员管理

中医从业人员,是指具备中医医学专业学历,取得医师资格并经注册,在中医医疗机构、中医院校、中医科研单位、综合医院的中医专科工作的医务人员以及未取得医学专业学历,以师承方式学习传统医学或者经多年实践医术确有专长,并按照卫生行政部门的规定经过注册取得执业证书的人员。

《中医药法》规定,从事中医医疗活动的人员应当依照《执业医师法》的规定,通过中医医师资格考试取得中医医师资格,并进行执业注册。中医医师资格考试的内容应当体现中医药特点。以师承方式学习中医或者经多年实践,医术确有专长的人员,由至少两名中医医师推荐,经省级中医药管理部门组织实践技能和效果考核合格后,即可取得中医医师资格;按照考核内容进行执业注册后,即可在注册的执业范围内,以个人开业的方式或者在医疗机构内从事中医医疗活动。

中医从业人员应当遵守相应的中医诊断治疗原则、医疗技术标准和技术操作规范。全科医师和乡村医师应当具备中医药基本知识以及运用中医诊疗知识、技术,处理常见病和多发病。

《传统医学师承和确有专长人员医师资格考核考试办法》对师承人员和确有专长人员的考核做了以下规定。

1. **师承人员** 应当具有高中以上文化程度或者具有同等学力,并连续跟师学习满 3 年。师承人员应当与指导老师签订由国家中医药管理局统一式样的师承关系合同。该合同应当经县级以上公证机构公证,跟师学习时间自公证之日起计算。师承人员的考核内容包括职业道德和业务水平,重点是传统医学专业基础知识与基本技能,学术经验、技术专长继承情况;方式包括综合笔试和临床实践技能考核。该考核每年进行 1 次,考核合格者由省级中医药管理部门颁发传统医学师承出师证书。

2. **确有专长人员** 申请确有专长考核的,应当同时具备以下条件:① 依法从事传统医学临床实践 5 年以上。② 掌握独具特色、安全有效的传统医学诊疗技术。确有专长考核内容包括职业道德和业务水平,重点是传统医学专业基础知识及掌握的独特诊疗技术和临床基本操作;方式包括综合笔试和临床实际本领考核。该考核每年进行 1 次,考核合格者由负责组织考核的卫生行政部门、中医药管理部门发给传统医学医术确有专长证书,并报省级中医药管理部门备案。

三、中西医结合

(一) 中西医结合的概念

中西医结合,是指把中医中药的知识和西医西药的知识结合起来,创造中国统一的新医学、新药学。国家实行中西医并重的方针,鼓励中西医相互学习、相互补充、共同提高,推动中医、西医两种医学体系的有机结合,全面发展我国中医药事业。

《中医药发展战略规划纲要(2016—2030年)》提出:促进中西医结合;运用现代科学技术,推进中西医资源整合、优势互补、协同创新;加强中西医结合创新研究平台建设,强化中西医临床协作,开展重大疑难疾病中西医联合攻关,形成独具特色的中西医结合诊疗方案,提高重大疑难疾病、急危重症的临床疗效;探索建立和完善国家重大疑难疾病中西医协作工作机制与模式,提升中西医结合服务能力;积极创造条件建设中西医结合医院;完善中西医结合人才培养政策措施,建立更加完善的西医学习中医制度,鼓励西医离职学习中医,加强高层次中西医结合人才培养。

(二) 中西医结合医院管理

《中西医结合医院工作指南(2011年版)》规定,中西医结合医院应认真贯彻执行国家有关法律、法规,始终坚持中西医结合的办院方向,吸收中医、西医两种医学特长,突出中西医结合特点,发挥中西医结合的特色优势,加强医疗、教学、科研、人才建设,不断提高临床疗效、医疗质量和管理绩效,促进中西医结合医院可持续发展。

1. **管理体制** 医院领导成员中中医药、中西医结合人员的比例应不低于60%;其余成员中医药、中西医结合知识培训率达到100%。实行院科两级管理,体现中西医结合特点,建立以中西医结合临床疗效为核心、以服务能力与绩效为基础的考核和激励制度;建立中西医结合医院质量管理体系。

2. **人才培养** 应采取西医学习中医、师承培养、专项人才培养及护理人员中医知识培养等多种措施,加强各类人员中西医结合知识与技能培训。建立中西医结合学科学术带头人(含后备学科学术带头人)选拔、使用机制。医院岗位聘任、工作绩效考核、分配制度要有利于激励中西医结合人才的培养。

3. **临床科室设置与建设** 中西医结合医院的临床科室设置,应以中西医结合科室为主,同时设立针灸、推拿等中医(民族医)特色科室。体现中西医结合特色的临床科室应具备符合要求的人员结构、诊疗技术及服务能力,占医院临床科室总数的比例不低于60%,其床位数占医院总床位数的比例不低于60%。

4. **诊疗技术** 开展中医药特色诊疗,积极使用中药制剂,80%以上病例接受中西医结合诊疗服务。制定中西医结合诊疗技术规范、操作规程,探索中西医结合新技术、新方法。对于科室长期应用、疗效显著的中西医结合技术及时进行总结完善,并加以推广。开展中医临床路径应用推广工作。

5. **临床研究** 以继承传统中医药特色,发挥中医、西医两种医学的优势,探索中西医诊疗的最佳结合点,完善中西医结合诊疗方案,逐步形成中西医结合临床诊疗体系。

6. **专科建设** 开展专科建设,应突出中西医结合手段和方法的运用,体现中西医结合的优势,不断提高临床疗效。

7. **药事管理** 以提供安全洁净、质量可靠、调剂科学的中西药物为核心,以满足临床需要为宗旨。

8. **中医护理** 开展具有中医内涵的护理工作。病房护士长应接受过系统中医知识技能岗位培训,能够指导护士开展辨病辨证施护和运用中、西医护理技术。

(三) 中西医结合人员管理

为了加强中西医结合人才队伍的建设,充分调动西医学习中医人员的积极性和创造性,有利于中西医结合事业的发展,卫生部与国家中医药管理局先后发布《中西医结合高级医师的培养使用和晋升的规定(试行)》(1980 年)、《中医药和中西医结合人员技术职务聘任工作若干问题的意见》(1987 年)等文件,对中西医结合人员的培养、使用和专业技术职务的晋升等做出明确规定。

1. **培养和提高** 包括:① 要继续采取多种形式组织西医学习中医,着重办好 2 至 3 年的西医学习中医研究班。② 对中西医结合高级医师,在实际工作中要不断培养提高其专业技术水平和科研能力。优先给予其参加专业学习、进修或跟有真才实学的名老中医学习的机会。

2. **安排使用** 包括:① 对经过系统学习的中西医结合高级医师要集中使用,主要安排在中西医结合的医疗、科研和教学单位。② 对于安排使用不当,或由于条件所限,在现任工作岗位上不能充分发挥作用,本人自愿从事中西医结合工作的"西学中"人员,应进行必要的调整。③ 对中西医结合高级医师,应建立专业技术考核制度和技术档案,作为培养使用和晋升的重要依据。

3. **技术考核和评定职称** 对中西医结合高级医师,应当全面地考虑他们具有本专业中西医两套技术本领。凡在中西医结合工作中做出成绩者,应优先晋升。

第三节 中药保护与发展

一、中药的概念

中药,是指在中医理论指导下,运用传统的独特方法进行加工炮制并用于疾病的预防、诊断和治疗,有明确适应证和用法、用量的植物、动物和矿物质及其天然加工品等。

二、中药的生产

(一)中药材规范化种植养殖

《中医药法》规定,国家鼓励发展中药材规范化种植养殖,严格管理农药、肥料等农业投入品的使用,禁止在中药材种植过程中使用剧毒、高毒农药,支持中药材良种繁育,提高中药材质量。国家建立道地中药材评价体系,支持道地中药材品种选育,扶持道地中药材生产基地建设,加强道地中药材生产基地生态环境保护,鼓励采取地理标志产品保护等措施保护道地中药材。其中道地中药材,是指经过中医临床长期应用优选出来的,产在特定地域,与其他地区所产同种中药材相比,品质和疗效更好,且质量稳定,具有较高知名度的中药材。《中医药法》还规定,国家保护药用野生动植物资源,对药用野生动植物资源实行动态监测和定期普查,建立药用野生动植物资源种质基因库,鼓励发展人工种植养殖,支持依法开展珍贵、濒危药用野生动植物的保护、繁育及其相关研究。

(二)中药饮片炮制

《中医药法》规定,对市场上没有供应的中药饮片,医疗机构可以根据本医疗机构医师处方的需要,在本医疗机构内炮制、使用。医疗机构应当遵守中药饮片炮制的有关规定,对其炮制的中药饮片的质量负责,保证药品安全。医疗机构炮制中药饮片,应当向所在地设区的市级人民政府药品监督管理部门备案。根据临床用药需要,医疗机构可以凭本医疗机构医师的处方对中药饮片进行再加工。

(三) 中药新药研制

中药新药的研制应当符合中医药理论,注重临床实践基础,具有临床应用价值,保证中药的安全有效和质量稳定均一,保障中药材来源的稳定和资源的可持续利用,并应关注对环境保护等因素的影响。涉及濒危野生动植物的应当符合国家有关规定。

《中药注册管理补充规定》规定,来源于古代经典名方的中药复方制剂,符合以下条件的,可仅提供非临床安全性研究资料,并直接申报生产:① 处方中不含毒性药材或配伍禁忌。② 处方中药味均有法定标准。③ 生产工艺与传统工艺基本一致。④ 给药途径与古代医籍记载一致,日用饮片量与古代医籍记载相当。⑤ 功能主治与古代医籍记载一致。⑥ 适用范围不包括危重症,不涉及孕妇、婴幼儿等特殊用药人群。该类中药复方制剂的药品说明书中须注明处方及功能主治的具体来源,说明本方剂有长期临床应用基础,并经非临床安全性评价。该类中药复方制剂不发给新药证书。《中医药法》规定,古代经典名方,是指至今仍广泛应用、疗效确切、具有明显特色与优势的古代中医典籍所记载的方剂。

(四) 中药制剂配制

《中医药法》规定,国家鼓励医疗机构根据本医疗机构临床用药需要配制和使用中药制剂,支持应用传统工艺配制中药制剂,支持以中药制剂为基础研制中药新药。医疗机构配制中药制剂,应当依照《药品管理法》的规定取得医疗机构制剂许可证,或者委托取得药品生产许可证的药品生产企业、取得医疗机构制剂许可证的其他医疗机构配制中药制剂。委托配制中药制剂,应当向委托方所在地省、自治区、直辖市人民政府药品监督管理部门备案。医疗机构对其配制的中药制剂的质量负责;委托配制中药制剂的,委托方和受托方对所配制的中药制剂的质量分别承担相应责任。

医疗机构配制的中药制剂品种,应当依法取得制剂批准文号。但是,仅应用传统工艺配制的中药制剂品种,向医疗机构所在地省级药品监督管理部门备案后即可配制,不需要取得制剂批准文号。医疗机构应当加强对备案的中药制剂品种的不良反应监测,并按照国家有关规定进行报告。药品监督管理部门应当加强对备案的中药制剂品种配制、使用的监督检查。

三、中药的经营

《药品管理法》规定,药品经营企业销售中药材,必须标明产地。城乡集市贸易市场不得出售中药材以外的药品,但持有药品经营许可证的药品零售企业在规定的范围内可以在城乡集市贸易市场设点出售中药材以外的药品。

(一) 质量管理

《中药商业质量管理规范(试行)》规定,中药经营企业应建立质量管理检验机构或设置专职质量管理检验人员,负责中药购、销、存等各个环节的质量管理、检查和验收工作。

构建现代中药材流通体系。制定中药材流通体系建设规划,建设一批道地药材标准化、集约化、规模化和可追溯的初加工与仓储物流中心,与生产企业供应商管理和质量追溯体系紧密相连。发展中药材电子商务。利用大数据加强中药材生产信息搜集、价格动态监测分析和预测预警。实施中药材质量保障工程,建立中药材生产流通全过程质量管理和质量追溯体系,加强第三方检测平台建设。

(二) 采购管理

1. **中药材、中药饮片** 采购、收购中药材、中药饮片,首先鉴别真伪、优劣。购进的中药材必须符合购进地药材质量标准要求,购进中药饮片必须符合购进地的中药炮制规范的质量标准要求。

2. **中成药** 中成药的采购要求包括:① 须是从取得药品生产许可证和营业执照的药品生产企业或持有药品经营许可证和营业执照的药品经营企业购进。② 须是卫生行政部门批准发给批准文号并注册商标和生产批号的品种。③ 包装和标志应符合有关规定和储运要求。④ 产品质量稳定。

(三) 储存要求

储存要求包括:① 仓库应具备适合所经营商品特性的条件、环境。② 毒剧和贵细中药应分别存放并建立相应的库存养护设施。③ 商品入库时,应按凭证核对品名、规格、数量,并鉴别、检验,确认质量优劣、品种真伪。④ 把好商品出库验发关,变质和过期商品严禁发货。

(四) 批发与零售

中药批发单位应配备中药师以上的技术人员,对用户和患者应正确介绍商品的性能、用途、用法、用量、禁忌和注意事项等,不得夸大宣传。发药时必须有质量核对和验发手续制度。

零售中药,必须做到:① 按剂型、用途分类陈列于货柜。② 陈列是内服药与外用药分开,一般药与消毒、防腐杀虫灭鼠药分开,凭医生处方销售的药品与一般药分开。③ 毒剧、麻醉药品应严格按国家有关规定执行,必须做到专柜存放、专人管理、专账记录。④ 建立清洁卫生制度,坚持定期清药斗,使药品不污染。⑤ 执行验收、验发、核对手续。霉变潮解、虫蛀鼠咬等不合格品,严禁进店和出售。⑥ 调配处方必须经过审核,对处方所列药品不得擅自更改或代用。对有配伍、妊娠禁忌或者某一味药超出一次服用剂量的处方,应拒绝调配,必要时须经处方医生更正或者重新签字,方可调配。

四、中药品种保护

《药品管理法》规定,国家实行中药品种保护制度。《中药保护品种条例》规定,国家鼓励研制开发临床有效的中药品种(包括中成药、天然药物的提取物及其制剂和中药人工制成品,但不包括依照专利法的规定办理申请专利的中药品种),对质量稳定、疗效确切的中药品种实行分级保护制度。

(一) 中药保护品种等级的划分和审批

1. **一级保护品种** 对特定疾病有特殊疗效的,相当于国家一级保护野生药材物种的人工制成品,用于预防和治疗特殊疾病的中药品种,可以申请一级保护。

2. **二级保护品种** 可申请一级保护的品种或者已经解除一级保护的品种,对特定疾病有显著疗效的品种,从天然药物中提取的有效物质及特殊制剂,可以申请二级保护。

(二) 中药保护品种的保护期

1. **中药一级保护品种保护期** 中药一级保护品种分别为 30 年、20 年、10 年 3 种年限。中药一级保护品种因特殊情况需要延长保护期限的,由生产企业在该品种保护期满前 6 个月进行申报。延长的保护期限由国务院卫生行政部门根据国家中药品种保护审评委员会的审评结果确定;但是,每次延长的保护期限不得超过第一次批准的保护期限。

2. **中药二级保护品种保护期**　中药二级保护品种为7年。期满后可以延长7年。

中药一级保护品种的处方组成、工艺制法,在保护期限内由获得中药保护品种证书的生产企业和有关的药品生产经营主管部门、卫生行政部门及有关单位和个人负责保密,不得公开。负有保密责任的有关部门、企业和单位应当按照国家有关规定,建立必要的保密制度。向国外转让中药一级保护品种的处方组成、工艺制法的,应当按照国家有关保密的规定办理。

第四节　中医药人才培养、科学研究和传承传播

一、中医药人才培养

(一) 中医药教育机构

中医药教育应当遵循中医药人才成长规律,以中医药内容为主,体现中医药文化特色,注重中医药经典理论和中医药临床实践、现代教育方式和传统方法相结合。

国家完善中医药学校教育体系,支持专门实施中医药教育的高等学校、中等职业学校和其他教育机构的发展。中医药学校教育的培养目标、修业年限、教学形式、教学内容、教学评价及学术水平评价标准等,应当体现中医药学科特色,符合中医药学科发展规律。国家发展中医药师承教育,鼓励有丰富临床经验和技术专长的中医医师、中药专业技术人员在执业、业务活动中带徒授业,传授中医药理论和技术方法,培养中医药专业技术人员。

《中医药发展战略规划纲要(2016—2030年)》提出:加强中医药人才队伍建设;建立健全院校教育、毕业后教育、继续教育有机衔接以及师承教育贯穿始终的中医药人才培养体系;重点培养中医重点学科、重点专科及中医药临床科研领军人才;加强全科医生人才、基层中医药人才以及民族医药、中西医结合等各类专业技能人才培养;开展临床类别医师和乡村医生中医药知识与技能培训;建立中医药职业技能人员系列,合理设置中医药健康服务技能岗位;深化中医药教育改革,建立中医学专业认证制度,探索适应中医医师执业分类管理的人才培养模式,加强一批中医药重点学科建设,鼓励有条件的民族地区和高等院校开办民族医药专业,开展民族医药研究生教育,打造一批世界一流的中医药名校和学科;健全国医大师评选表彰制度,完善中医药人才评价机制;建立吸引、稳定基层中医药人才的保障和长效激励机制。

(二) 学术经验与技术专长继承

国家鼓励开展中医药专家学术经验和技术专长继承工作,培养高层次的中医临床人才和中药技术人才。

1. **承担中医药专家学术经验和技术专长继承工作指导老师的条件**　包括:① 具有较高学术水平和丰富的实践经验、技术专长和良好的职业品德。② 从事中医药专业工作30年以上并担任高级专业技术职务10年以上。

2. **中医药专家学术经验和技术专长继承工作的继承人的条件**　包括:① 具有大学本科以上

学历和良好的职业品德。② 受聘于医疗卫生机构或者医学教育、科研机构从事中医药工作,并担任中级以上专业技术职务。

二、中医药科学研究

国家发展中医药科学技术,将其纳入科学技术发展规划,加强重点中医药科研机构建设。县级以上地方人民政府应当充分利用中医药资源,重视中医药科学研究和技术开发,采取措施开发、推广、应用中医药技术成果,促进中医药科学技术发展。《中医药发展战略规划纲要(2016—2030年)》提出,着力推进中医药创新,具体体现为以下几个方面。

(一)中医药协同创新体系

健全以国家和省级中医药科研机构为核心,以高等院校、医疗机构和企业为主体,以中医科学研究基地(平台)为支撑,多学科、跨部门共同参与的中医药协同创新体制机制,完善中医药领域科技布局。统筹利用相关科技计划(专项、基金等),支持中医药相关科技创新工作,促进中医药科技创新能力提升,加快形成自主知识产权,促进创新成果的知识产权化、商品化和产业化。

(二)理论研究和临床研究

运用现代科学技术和传统中医药研究方法,深化中医基础理论、辨证论治方法研究,开展经穴特异性及针灸治疗机制、中药药性理论、方剂配伍理论、中药复方药效物质基础和作用机制等研究,建立概念明确、结构合理的理论框架体系。加强对重大疑难疾病、重大传染病防治的联合攻关和对常见病、多发病、慢性病的中医药防治研究,形成一批防治重大疾病和治未病的重大产品和技术成果。综合运用现代科技手段,开发一批基于中医理论的诊疗仪器与设备。探索适合中药特点的新药开发新模式,推动重大新药创制。鼓励基于经典名方、医疗机构中药制剂等的中药新药研发。针对疾病新的药物靶标,在中药资源中寻找新的候选药物。

(三)中医药科研评价体系

建立和完善符合中医药特点的科研评价标准和体系,研究完善有利于中医药创新的激励政策。通过同行评议和引进第三方评估,提高项目管理效率和研究水平。不断提高中医药科研成果转化效率。开展中医临床疗效评价与转化应用研究,建立符合中医药特点的疗效评价体系。

三、中医药传承与文化传播

(一)中医药传承人制度

《中医药法》规定,对具有重要学术价值的中医药理论和技术方法,省级以上中医药主管部门应当组织遴选本行政区域内的中医药学术传承项目和传承人,并为传承活动提供必要的条件。传承人应当开展传承活动,培养后继人才,收集整理并妥善保存相关的学术资料。属于非物质文化遗产代表性项目的,依照《非物质文化遗产法》的有关规定开展传承活动。

(二)中医药文献保护

县级以上各级人民政府应当采取措施加强对中医药文献的收集、整理、研究和保护工作。有关单位和中医医疗机构应当加强重要中医药文献资料的管理、保护和利用。

1. 承担中医古籍文献研究整理任务的机构 《中医古籍文献研究整理出版的管理办法(试

行)》规定,各级中医古籍文献研究所(室)是主要承担中医古籍文献研究整理任务的专业机构。凡有条件的省市、中医学院、中医研究院(所),均应设立中医古籍文献研究整理的专业机构。各级中医主管部门应给古籍文献研究所(室)创造必要的条件,人员要相对稳定并列入科研编制,促使其较快地发展。

2. **奖励** 捐献对中医药科学技术发展有重大意义的中医诊疗方法和中医药文献、秘方、验方的,参照《国家科学技术奖励条例》的规定给予奖励。

(三) 中医药传统知识保护

国家保护中医药传统知识,建立中医药传统知识保护数据库、保护名录,完善保护制度。中医药传统知识持有人对其持有的中医药传统知识可享有传承使用的权利,对他人获取、利用其持有的中医药传统知识享有知情同意和利益分享等权利。国家对依法认定属于国家秘密的传统中药处方组成和生产工艺实行特殊保护。

(四) 中医药文化传播

县级以上人民政府应当加强中医药文化宣传,普及中医药知识,倡导中医药养生,鼓励组织和个人创作中医药文化和科普作品。开展中医药文化宣传和知识普及活动,应当遵守国家有关规定。任何组织或者个人不得对中医药作虚假、夸大宣传,不得冒用中医药名义牟取不正当利益。广播、电视、报刊、互联网等媒体开展中医药养生知识宣传,应当聘请中医药专业技术人员进行。

《中医药发展战略规划纲要(2016—2030年)》提出:大力弘扬中医药文化;繁荣发展中医药文化;大力倡导"大医精诚"理念,强化职业道德建设,形成良好行业风尚;实施中医药健康文化素养提升工程,加强中医药文物设施保护和非物质文化遗产传承,推动更多非药物中医诊疗技术列入联合国教科文组织非物质文化遗产名录和国家级非物质文化遗产目录,使更多古代中医典籍进入世界记忆名录;推动中医药文化国际传播,展示中华文化独特魅力,提升我国文化软实力;发展中医药文化产业;推动中医药与文化产业融合发展,探索将中医药文化纳入文化产业发展规划;创作一批承载中医药文化的创意产品和文化精品;促进中医药与广播影视、新闻出版、数字出版、动漫游戏、旅游餐饮、体育演艺等有效融合,发展新型文化产品和服务;培育一批知名品牌和企业,提升中医药与文化产业融合发展水平。

第五节 法律责任

一、中医药管理部门未依法履行相应职责的法律责任

县级以上人民政府中医药主管部门及其他有关部门未履行《中医药法》规定的职责的,由本级人民政府或者上级人民政府有关部门责令改正;情节严重的,对直接负责的主管人员和其他直接责任人员,依法给予处分。

二、中医诊所超出备案范围开展医疗活动的法律责任

违反《中医药法》规定,中医诊所超出备案范围开展医疗活动的,由所在地县级人民政府中医药主管部门责令改正,没收违法所得,并处1万元以上3万元以下罚款;情节严重的,责令停止执业活动。中医诊所被责令停止执业活动的,其直接负责的主管人员自处罚决定作出之日起5年内不得在医疗机构内从事管理工作。医疗机构聘用上述不得从事管理工作的人员从事管理工作的,由原发证部门吊销执业许可证或者由原备案部门责令停止执业活动。

三、经考核取得医师资格的中医医师超注册执业范围行医的法律责任

违反《中医药法》规定,经考核取得医师资格的中医医师超出注册的执业范围从事医疗活动的,由县级以上人民政府中医药主管部门责令暂停6个月以上1年以下执业活动,并处1万元以上3万元以下罚款;情节严重的,吊销执业证书。

四、违反备案管理的法律责任

违反《中医药法》规定,举办中医诊所、炮制中药饮片、委托配制中药制剂应当备案而未备案,或者备案时提供虚假材料的,由中医药主管部门和药品监督管理部门按照各自职责分工责令改正,没收违法所得,并处3万元以下罚款,向社会公告相关信息;拒不改正的,责令停止执业活动或者责令停止炮制中药饮片、委托配制中药制剂活动,其直接责任人员5年内不得从事中医药相关活动。医疗机构应用传统工艺配制中药制剂未依照《中医药法》规定备案,或者未按照备案材料载明的要求配制中药制剂的,按生产假药给予处罚。

五、违法发布中医医疗广告的法律责任

违反《中医药法》规定,发布的中医医疗广告内容与经审查批准的内容不相符的,由原审查部门撤销该广告的审查批准文件,1年内不受理该医疗机构的广告审查申请。违反《中医药法》规定,发布中医医疗广告有前款规定以外违法行为的,依照《广告法》的规定给予处罚。

六、中药材种植过程中使用剧毒、高毒农药的法律责任

违反《中医药法》规定,在中药材种植过程中使用剧毒、高毒农药的,依照有关法律、法规规定给予处罚;情节严重的,可以由公安机关对其直接负责的主管人员和其他直接责任人员处5日以上15日以下拘留。

七、违反《中医药法》规定而应承担的民事责任、刑事责任

违反《中医药法》规定,造成人身、财产损害的,依法承担民事责任;构成犯罪的,依法追究刑事责任。

(岳远雷)

第十章 职业病防治法律制度

导学

1. 掌握职业病的概念和类型、劳动者职业卫生保护权利、职业病的前期预防制度。
2. 熟悉劳动过程中的防护与管理制度、职业病诊断与职业病患者保障制度。
3. 了解职业病防治的原则、职业病卫生监管体制、职业病的监督检查。

第一节 概　述

一、职业病的概念

职业病,是指企业、事业单位和个体经济组织等用人单位的劳动者在职业活动中,因接触粉尘、放射性物质和其他有毒、有害因素而引起的疾病。

职业病的分类和目录由国务院卫生行政部门会同国务院安全生产监督管理部门、劳动保障行政部门制定、调整并公布。2013年12月23日,国家卫生计生委、人力资源社会保障部、安全监管总局、全国总工会四部门联合印发《职业病分类和目录》,将职业病分为职业性尘肺病及其他呼吸系统疾病、职业性皮肤病、职业性眼病、职业性耳鼻喉口腔疾病、职业性化学中毒、物理因素所致职业病、职业性放射性疾病、职业性传染病、职业性肿瘤、其他职业病10类132种。

二、职业病防治立法

新中国成立后,国家一直非常重视职业病防治立法。1953年政务院制定了《劳动保险条例》。1957年卫生部制定了《职业病范围和职业病患者处理办法》。改革开放后,职业病防治立法迅速发展。1994年第八届全国人大常委会第八次会议通过了《劳动法》。为了预防、控制和消除职业病危害,防治职业病,保护劳动者健康及其相关权益,促进经济社会发展,2001年10月27日,第九届全国人大常委会第二十四次会议通过了《职业病防治法》,自2002年5月1日起施行。2011年和2016年,全国人大常委会对《职业病防治法》进行了修订。这是我国第一部全面规范职业病防治活动的法律,对推进职业病防治工作、维护劳动者健康权益、促进社会和谐发展具有重要意义。此外,国务院1987年颁布了《尘肺病防治条例》、1988年颁布了《女职工劳动保护规定》、1989年颁布了

《放射性同位素与射线装置放射防护条例》、2002年颁布了《使用有毒物品作业场所劳动保护条例》、2005年颁布了《放射性同位素与射线装置放射安全和防护条例》、2012年颁布了《女职工劳动保护特别规定》等行政法规。国家卫生行政部门相继发布了《国家职业卫生标准管理办法》《职业病诊断与鉴定管理办法》《核设施放射卫生防护管理规定》《核事故医学应急管理规定》《放射工作人员职业健康管理办法》《放射事故管理规定》《放射诊疗管理规定》等部门规章。

三、职业病防治工作方针、机制和管理原则

《职业病防治法》规定,职业病防治工作坚持预防为主、防治结合的方针,建立用人单位负责、行政机关监管、行业自律、职工参与和社会监督的机制,实行分类管理、综合治理。

1. **预防为主** 职业病防治工作必须从致病源头抓起,控制职业病危害源头,并在一切职业活动中尽可能控制和消除职业病危害因素的产生,使工作场所职业卫生防护符合国家职业卫生标准和卫生要求。"预防为主"是做好职业病防治工作的基础和前提。

2. **防治结合** 不能把"防"与"治"对立起来或者相互分离,必须将两者结合起来。对已经引起的疾病,应重视治疗,救治患者,减少痛苦。通过对工作场所职业病危害因素的治理,达到控制和消除职业病危害因素的效果。

3. **分类管理** 按职业病危害因素的种类、性质、毒性、危害程度及对人体健康造成的损害后果确定类别,采取不同的管理方法。

4. **综合治理** 在职业病防治活动中采取一切有效的管理和技术措施,如立法、行政、经济、科技、民主管理和社会监督等,并将其纳入到法制化统一监督管理的轨道,对职业病危害所进行的治理。

为贯彻预防为主、防治结合的方针,国家鼓励和支持研制、开发、推广、应用有利于职业病防治和保护劳动者健康的新技术、新工艺、新材料,加强对职业病的机制和发生规律的基础研究,提高职业病防治科学研究水平;积极采用有效的职业病防治技术、工艺、设备、材料;限制使用或者淘汰职业病危害严重的技术、工艺、设备、材料;建设职业病医疗康复机构。

四、职业病防治监督管理体制

《职业病防治法》规定,国家实行职业卫生监督制度。国务院安全生产监督管理部门、卫生行政部门、劳动保障行政部门负责全国职业病防治的监督管理工作。国务院有关部门在各自的职责范围内负责职业病防治的有关监督管理工作。

县级以上地方人民政府安全生产监督管理部门、卫生行政部门、劳动保障行政部门依据各自职责,负责本行政区域内职业病防治的监督管理工作。县级以上地方人民政府有关部门在各自的职责范围内负责职业病防治的有关监督管理工作。

五、劳动者职业卫生保护权利

《职业病防治法》规定,劳动者在职业过程中,享有以下卫生保护权利:① 受教育、培训权。劳动者享有获得职业卫生教育、培训的权利。通过职业卫生教育与培训,劳动者可以增强自我健康保护意识,提高保护健康的能力。② 职业健康权。劳动者享有获得职业健康检查、职业病诊疗、康复等职业病防治服务的权利。劳动者有权享受定期的职业健康检查,以便能够经常性地了解自己的身体状况,及时发现职业病,并得到及时治疗。当劳动者患职业病后,用人单位应当按照国家规

定安排职业病患者进行治疗、康复。③ 职业病危害的知情权。劳动者享有了解工作场所产生或者可能产生的职业病危害因素、危害后果和应当采取的职业病防护措施的权利。用人单位与劳动者签订劳动合同时,应当将工作过程中产生的职业病危害及其后果、职业病防护措施等如实告知劳动者。④ 获得劳动保护的权利。劳动者享有要求用人单位提供符合防治职业病要求的职业病防护设施和个人使用的职业病防护用品的权利,进而改善工作条件。⑤ 检举权、控告权。劳动者享有对违反职业病防治法律、法规以及危及生命健康的行为提出批评、检举和控告的权利。⑥ 拒绝作业权。劳动者享有拒绝违章指挥和强令进行没有职业病防护措施的作业的权利。⑦ 参与民主管理权。劳动者享有参与用人单位职业卫生工作民主管理,对职业病防治工作提出意见和建议的权利。

第二节 职业病防治的主要制度

一、前期预防制度

(一) 用人单位职业病防治责任

用人单位的主要负责人对本单位的职业病防治工作全面负责。用人单位的职业病防治责任主要包括:为劳动者创造符合国家职业卫生标准和卫生要求的工作环境和条件,并采取措施保障劳动者获得职业卫生保护;建立、健全职业病防治责任制,加强对职业病防治的管理,提高职业病防治水平,对本单位产生的职业病危害承担责任;依法参加工伤保险;依照法律、法规要求,严格遵守国家职业卫生标准,落实职业病预防措施,从源头上控制和消除职业病危害等。

(二) 工作场所的职业卫生要求

产生职业病危害的用人单位的设立除应当符合法律、行政法规规定的设立条件外,其工作场所还应当符合下列职业卫生要求:① 职业病危害因素的强度或者浓度符合国家职业卫生标准。② 有与职业病危害防护相适应的设施。③ 生产布局合理,符合有害与无害作业分开的原则。④ 有配套的更衣间、洗浴间、孕妇休息间等卫生设施。⑤ 设备、工具、用具等设施符合保护劳动者生理、心理健康的要求。⑥ 法律、行政法规和国务院卫生行政部门、安全生产监督管理部门关于保护劳动者健康的其他要求。

(三) 职业病危害项目申报制度

职业病危害项目,是指可能产生国家颁布的职业病目录所列职业病的项目。国家建立职业病危害项目申报制度,目的是使职业卫生监管部门可以及时掌握危害项目的情况,有利于加强对职业病危害项目的管理。用人单位工作场所存在职业病目录所列职业病的危害因素的,应当及时、如实向所在地安全生产监督管理部门申报危害项目,接受监督。

(四) 建设项目职业病危害预评价制度

建设项目职业病危害预评价,是在建设项目前期根据建设项目可行性研究报告或者初步设计报告的内容,运用科学的评价方法,依据法律、法规及标准,分析、预测该建设项目存在的有害因素和危害程度,并提出科学、合理和可行的职业病防治技术措施和管理对策。建设项目职业病危害预评价是政府部门对建设项目进行职业病防治管理的主要依据。

新建、扩建、改建建设项目和技术改造、技术引进项目可能产生职业病危害的,建设单位在可行性论证阶段应当进行职业病危害预评价。医疗机构建设项目可能产生放射性职业病危害的,建设单位应当向卫生行政部门提交放射性职业病危害预评价报告。卫生行政部门应当自收到预评价报告之日起 30 日内,作出审核决定并书面通知建设单位。未提交预评价报告或者预评价报告未经卫生行政部门审核同意的,不得开工建设。职业病危害预评价报告应当对建设项目可能产生的职业病危害因素及其对工作场所和劳动者健康的影响作出评价,确定危害类别和职业病防护措施。

(五)职业病危害控制效果评价

建设项目的职业病防护设施所需费用应当纳入建设项目工程预算,并与主体工程同时设计,同时施工,同时投入生产和使用。建设项目的职业病防护设施设计应当符合国家职业卫生标准和卫生要求;其中,医疗机构放射性职业病危害严重的建设项目的防护设施设计,应当经卫生行政部门审查同意后,方可施工。

建设项目在竣工验收前,建设单位应当进行职业病危害控制效果评价。医疗机构可能产生放射性职业病危害的建设项目竣工验收时,其放射性职业病防护设施经卫生行政部门验收合格后,方可投入使用;其他建设项目的职业病防护设施应当由建设单位负责依法组织验收,验收合格后,方可投入生产和使用。安全生产监督管理部门应当加强对建设单位组织的验收活动和验收结果的监督核查。

二、劳动过程中的防护与管理制度

(一)用人单位的职业病防治管理措施

用人单位应当采取下列职业病防治管理措施:① 设置或者指定职业卫生管理机构或者组织,配备专职或者兼职的职业卫生管理人员,负责本单位的职业病防治工作。② 制定职业病防治计划和实施方案。③ 建立、健全职业卫生管理制度和操作规程。④ 建立、健全职业卫生档案和劳动者健康监护档案。⑤ 建立、健全工作场所职业病危害因素监测及评价制度。⑥ 建立、健全职业病危害事故应急救援预案。

(二)职业病防护资金、设施和用品

用人单位应当保障职业病防治所需的资金投入,不得挤占、挪用,并对因资金投入不足导致的后果承担责任。用人单位必须采用有效的职业病防护设施,并为劳动者提供个人使用的职业病防护用品。用人单位为劳动者个人提供的职业病防护用品必须符合防治职业病的要求;不符合要求的,不得使用。用人单位应当优先采用有利于防治职业病和保护劳动者健康的新技术、新工艺、新设备、新材料,逐步替代职业病危害严重的技术、工艺、设备、材料。

任何单位和个人不得生产、经营、进口和使用国家明令禁止使用的可能产生职业病危害的设备或者材料。用人单位对采用的技术、工艺、设备、材料,应当知悉其产生的职业病危害,对有职业病危害的技术、工艺、设备、材料隐瞒其危害而采用的,对所造成的职业病危害后果承担责任。

(三) 职业病危害公告

1. 设置警示标志和警示说明　对可能产生职业病危害的用人单位,应当在醒目位置设置公告栏,公布有关职业病防治的规章制度、操作规程、职业病危害事故应急救援措施和工作场所职业病危害因素检测结果。对产生严重职业病危害的作业岗位,应当在其醒目位置,设置警示标识和中文警示说明。警示说明应当载明产生职业病危害的种类、后果、预防以及应急救治措施等内容。

2. 设置报警装置　对可能发生急性职业损伤的有毒、有害工作场所,用人单位应当设置报警装置,配置现场急救用品、冲洗设备、应急撤离通道和必要的泄险区。对放射工作场所和放射性同位素的运输、贮存,用人单位必须配置防护设备和报警装置,保证接触放射线的工作人员佩戴个人剂量计。

3. 设备说明书　向用人单位提供可能产生职业病危害的设备的,应当提供中文说明书,并在设备的醒目位置设置警示标识和中文警示说明。警示说明应当载明设备性能、可能产生的职业病危害、安全操作和维护注意事项、职业病防护以及应急救治措施等内容。

向用人单位提供可能产生职业病危害的化学品、放射性同位素和含有放射性物质的材料的,应当提供中文说明书。说明书应当载明产品特性、主要成分、存在的有害因素、可能产生的危害后果、安全使用注意事项、职业病防护以及应急救治措施等内容。产品包装应当有醒目的警示标识和中文警示说明。贮存上述材料的场所应当在规定的部位设置危险物品标识或者放射性警示标识。

国内首次使用或者首次进口与职业病危害有关的化学材料,使用单位或者进口单位按照国家规定经国务院有关部门批准后,应当向国务院卫生行政部门、安全生产监督管理部门报送该化学材料的毒性鉴定以及经有关部门登记注册或者批准进口的文件等资料。

4. 劳动合同　用人单位与劳动者订立劳动合同或者聘用合同时,应当将工作过程中可能产生的职业病危害及其后果、职业病防护措施和待遇等如实告知劳动者,并在合同中写明,不得隐瞒或者欺骗。劳动者在已订立合同期间因工作岗位或者工作内容变更,从事与所订立合同中未告知的存在职业病危害的作业时,用人单位应当依照前款规定,向劳动者履行如实告知的义务,并协商变更原合同相关条款。用人单位没有履行告知义务或者协商变更原劳动合同相关条款的,劳动者有权拒绝从事存在职业病危害的作业,用人单位不得因此解除与劳动者所订立的合同。

(四) 职业病危害因素监测

用人单位应当实施由专人负责的职业病危害因素日常监测,并确保监测系统处于正常运行状态。用人单位应当按照国务院安全生产监督管理部门的规定,定期对工作场所进行职业病危害因素检测、评价。检测、评价结果存入用人单位职业卫生档案,定期向所在地安全生产监督管理部门报告并向劳动者公布。发现工作场所职业病危害因素不符合国家职业卫生标准和卫生要求时,用人单位应当立即采取相应治理措施;仍然达不到国家职业卫生标准和卫生要求的,必须停止存在职业病危害因素的作业;职业病危害因素经治理后,符合国家职业卫生标准和卫生要求的,方可重新作业。

(五) 职业卫生培训

用人单位的主要负责人和职业卫生管理人员应当接受职业卫生培训,遵守职业病防治法律、法规,依法组织本单位的职业病防治工作。用人单位应当对劳动者进行上岗前的职业卫生培训和在岗期间的定期职业卫生培训,普及职业卫生知识,督促劳动者遵守职业病防治法律、法规、规章和操作规程,指导劳动者正确使用职业病防护设备和个人使用的职业病防护用品。劳动者应当学习和掌握相关的职业卫生知识,增强职业病防范意识,遵守职业病防治法律、法规、规章和操作规程,正确使用、维护职业病防护设备和个人使用的职业病防护用品,发现职业病危害事故隐患应当及时报告。劳动者不履行前款规定义务的,用人单位应当对其进行教育。

(六)职业健康检查与档案

对从事接触职业病危害的作业的劳动者,用人单位应当按照国务院安全生产监督管理部门、卫生行政部门的规定组织上岗前、在岗期间和离岗时的职业健康检查,并将检查结果书面告知劳动者。职业健康检查费用由用人单位承担。用人单位不得安排未经上岗前职业健康检查的劳动者从事接触职业病危害的作业;不得安排有职业禁忌的劳动者从事其所禁忌的作业;对在职业健康检查中发现有与所从事的职业相关的健康损害的劳动者,应当调离原工作岗位,并妥善安置;对未进行离岗前职业健康检查的劳动者不得解除或者终止与其订立的劳动合同。职业健康检查应当由省级以上人民政府卫生行政部门批准的医疗卫生机构承担。

用人单位应当为劳动者建立职业健康监护档案,并按照规定的期限妥善保存。职业健康监护档案应当包括劳动者的职业史、职业病危害接触史、职业健康检查结果和职业病诊疗等有关个人健康资料。劳动者离开用人单位时,有权索取本人职业健康监护档案复印件,用人单位应当如实、无偿提供,并在所提供的复印件上签章。

(七)急性职业病危害事故救援及控制措施

发生或者可能发生急性职业病危害事故时,用人单位应当立即采取应急救援和控制措施,并及时报告所在地安全生产监督管理部门和有关部门。安全生产监督管理部门接到报告后,应当及时会同有关部门组织调查处理;必要时,可以采取临时控制措施。卫生行政部门应当组织做好医疗救治工作。对遭受或者可能遭受急性职业病危害的劳动者,用人单位应当及时组织救治、进行健康检查和医学观察,所需费用由用人单位承担。

(八)未成年工和女职工劳动保护

用人单位不得安排未成年工从事接触职业病危害的作业;不得安排孕期、哺乳期的女职工从事对本人和胎儿、婴儿有危害的作业。

三、职业病诊断与职业病患者保障制度

(一)职业病诊断机构及人员

医疗卫生机构承担职业病诊断,应当经省、自治区、直辖市人民政府卫生行政部门批准。承担职业病诊断的医疗卫生机构应当具备下列条件:① 持有医疗机构执业许可证。② 具有与开展职业病诊断相适应的医疗卫生技术人员。③ 具有与开展职业病诊断相适应的仪器、设备。④ 具有健全的职业病诊断质量管理制度。

承担职业病诊断的医疗卫生机构在进行职业病诊断时,应当组织3名以上取得职业病诊断资格的执业医师集体诊断。劳动者可以在用人单位所在地、本人户籍所在地或者经常居住地依法承

担职业病诊断的医疗卫生机构进行职业病诊断。

(二) 职业病诊断依据和结果

职业病诊断,应当综合分析下列因素:① 患者的职业史。② 职业病危害接触史和工作场所职业病危害因素情况。③ 临床表现以及辅助检查结果等。

没有证据否定职业病危害因素与患者临床表现之间的必然联系的,应当诊断为职业病。职业病诊断证明书应当由参与诊断的医师共同签署,并经承担职业病诊断的医疗卫生机构审核盖章。

(三) 职业病诊断鉴定

当事人对职业病诊断机构做出的职业病诊断结论有异议的,可以在接到职业病诊断证明之日起 30 日内,向职业病诊断机构所在地设区的市级卫生行政部门申请鉴定。设区的市级卫生行政部门根据当事人的申请,组织职业病诊断鉴定委员会进行鉴定。当事人对设区的市级职业病诊断鉴定委员会的鉴定结论不服的,可以向省、自治区、直辖市人民政府卫生行政部门申请再鉴定。职业病鉴定实行两级鉴定制,省级职业病鉴定结论为最终鉴定。

职业病诊断鉴定委员会应当按照国务院卫生行政部门颁布的职业病诊断标准和职业病诊断、鉴定办法进行职业病诊断鉴定,向当事人出具职业病诊断鉴定书。职业病诊断、鉴定费用由用人单位承担。

(四) 职业病患者权利的保护

用人单位应当履行以下义务:① 按照国家有关规定,安排职业病患者进行治疗、康复和定期检查。用人单位对不适宜继续从事原工作的职业病患者,应当调离原岗位并妥善安置。③ 用人单位对从事接触职业病危害的作业的劳动者,应当给予适当岗位津贴。

职业病患者的诊疗、康复费用,伤残以及丧失劳动能力的职业病患者的社会保障,按照国家有关工伤保险的规定执行。职业病患者除依法享有工伤保险外,依照有关民事法律,尚有获得赔偿权利的,有权向用人单位提出赔偿要求。劳动者被诊断患有职业病,但用人单位没有依法参加工伤保险的,其医疗和生活保障由该用人单位承担。职业病患者变动工作单位,其依法享有的待遇不变。用人单位已经不存在或者无法确认劳动关系的职业病患者,可以向地方人民政府民政部门申请医疗和生活等方面的救助。

四、职业病防治的监督检查制度

(一) 职业病防治的监督机构

县级以上人民政府职业卫生监督管理部门依照职业病防治法律、法规、国家职业卫生标准和卫生要求,依据职责划分,对职业病防治工作进行监督检查。职业卫生监督执法人员依法执行职务时,应当出示监督执法证件。职业卫生监督执法人员应当依法经过资格认定。

(二) 职业病防治的监督措施

发生职业病危害事故或者有证据证明危害状态可能导致职业病危害事故发生时,安全生产监督管理部门可以采取下列临时控制措施:① 责令暂停导致职业病危害事故的作业。② 封存造成职业病危害事故或者可能导致职业病危害事故发生的材料和设备。③ 组织控制职业病危害事故现场。在职业病危害事故或者危害状态得到有效控制后,安全生产监督管理部门应当及时解除控制措施。

第三节　法律责任

一、国家机关及其工作人员的法律责任

县级以上地方人民政府在职业病防治工作中未依照《职业病防治法》履行职责,本行政区域出现重大职业病危害事故、造成严重社会影响的,依法对直接负责的主管人员和其他直接责任人员给予记大过直至开除的处分。

县级以上人民政府职业卫生监督管理部门不履行本法规定的职责,滥用职权、玩忽职守、徇私舞弊,依法对直接负责的主管人员和其他直接责任人员给予记大过或者降级的处分;造成职业病危害事故或者其他严重后果的,依法给予撤职或者开除的处分。

卫生行政部门、安全生产监督管理部门不按照规定报告职业病和职业病危害事故的,由上一级行政部门责令改正,通报批评,给予警告;虚报、瞒报的,对单位负责人、直接负责的主管人员和其他直接责任人员依法给予降级、撤职或者开除的处分。

二、相关部门和组织的法律责任

(1) 未取得职业卫生技术服务资质认可擅自从事职业卫生技术服务的,或者医疗卫生机构未经批准擅自从事职业健康检查、职业病诊断的,由安全生产监督管理部门和卫生行政部门依据职责分工责令立即停止违法行为,没收违法所得;违法所得5000元以上的,并处违法所得2倍以上10倍以下的罚款;没有违法所得或者违法所得不足5000元的,并处5000元以上5万元以下的罚款;情节严重的,对直接负责的主管人员和其他直接责任人员,依法给予降级、撤职或者开除的处分。

(2) 从事职业卫生技术服务的机构和承担职业健康检查、职业病诊断的医疗卫生机构违反本法规定,有下列行为之一的,由安全生产监督管理部门和卫生行政部门依据职责分工责令立即停止违法行为,给予警告,没收违法所得;违法所得5000元以上的,并处违法所得2倍以上5倍以下的罚款;没有违法所得或者违法所得不足5000元的,并处5000元以上2万元以下的罚款;情节严重的,由原认可或者批准机关取消其相应的资格;对直接负责的主管人员和其他直接责任人员,依法给予降级、撤职或者开除的处分;构成犯罪的,依法追究刑事责任。① 超出资质认可或者批准范围从事职业卫生技术服务或者职业健康检查、职业病诊断的。② 不按照本法规定履行法定职责的。③ 出具虚假证明文件的。

(3) 职业病诊断鉴定委员会组成人员收受职业病诊断争议当事人的财物或者其他好处的,给予警告,没收收受的财物,可以并处3000元以上5万元以下的罚款,取消其担任职业病诊断鉴定委员会组成人员的资格,并从省、自治区、直辖市人民政府卫生行政部门设立的专家库中予以除名。

三、建设单位的法律责任

建设单位违反本法规定,有下列行为之一的,由安全生产监督管理部门和卫生行政部门依据职责分工给予警告,责令限期改正;逾期不改正的,处10万元以上50万元以下的罚款;情节严重的,责令停止产生职业病危害的作业,或者提请有关人民政府按照国务院规定的权限责令停建、关

闭。① 未按照规定进行职业病危害预评价的。② 医疗机构可能产生放射性职业病危害的建设项目未按照规定提交放射性职业病危害预评价报告,或者放射性职业病危害预评价报告未经卫生行政部门审核同意,开工建设的。③ 建设项目的职业病防护设施未按照规定与主体工程同时设计、同时施工、同时投入生产和使用的。④ 建设项目的职业病防护设施设计不符合国家职业卫生标准和卫生要求,或者医疗机构放射性职业病危害严重的建设项目的防护设施设计未经卫生行政部门审查同意擅自施工的。⑤ 未按照规定对职业病防护设施进行职业病危害控制效果评价的。⑥ 建设项目竣工投入生产和使用前,职业病防护设施未按照规定验收合格的。

四、用人单位的法律责任

(1) 用人单位违反《职业病防治法》规定,有下列行为之一的,由安全生产监督管理部门责令限期改正,给予警告,可以并处 5 万元以上 10 万元以下的罚款:① 未按照规定及时、如实向安全生产监督管理部门申报产生职业病危害的项目的。② 未实施由专人负责的职业病危害因素日常监测,或者监测系统不能正常监测的。③ 订立或者变更劳动合同时,未告知劳动者职业病危害真实情况的。④ 未按照规定组织职业健康检查、建立职业健康监护档案或者未将检查结果书面告知劳动者的。⑤ 未依照本法规定在劳动者离开用人单位时提供职业健康监护档案复印件的。

(2) 用人单位违反《职业病防治法》规定,有下列行为之一的,由安全生产监督管理部门给予警告,责令限期改正,逾期不改正的,处 5 万元以上 20 万元以下的罚款;情节严重的,责令停止产生职业病危害的作业,或者提请有关人民政府按照国务院规定的权限责令关闭。① 工作场所职业病危害因素的强度或者浓度超过国家职业卫生标准的。② 未提供职业病防护设施和个人使用的职业病防护用品,或者提供的职业病防护设施和个人使用的职业病防护用品不符合国家职业卫生标准和卫生要求的。③ 对职业病防护设备、应急救援设施和个人使用的职业病防护用品未按照规定进行维护、检修、检测,或者不能保持正常运行、使用状态的。④ 未按照规定对工作场所职业病危害因素进行检测、评价的。⑤ 工作场所职业病危害因素经治理仍然达不到国家职业卫生标准和卫生要求时,未停止存在职业病危害因素的作业的。⑥ 未按照规定安排职业病患者、疑似职业病患者进行诊治的。⑦ 发生或者可能发生急性职业病危害事故时,未立即采取应急救援和控制措施或者未按照规定及时报告的。⑧ 未按照规定在产生严重职业病危害的作业岗位醒目位置设置警示标识和中文警示说明的。⑨ 拒绝职业卫生监督管理部门监督检查的。⑩ 隐瞒、伪造、篡改、毁损职业健康监护档案、工作场所职业病危害因素检测评价结果等相关资料,或者拒不提供职业病诊断、鉴定所需资料的。⑪ 未按照规定承担职业病诊断、鉴定费用和职业病患者的医疗、生活保障费用的。

(3) 用人单位和医疗卫生机构未按照规定报告职业病、疑似职业病的,由有关主管部门依据职责分工责令限期改正,给予警告,可以并处 1 万元以下的罚款;弄虚作假的,并处 2 万元以上 5 万元以下的罚款;对直接负责的主管人员和其他直接责任人员,可以依法给予降级或者撤职的处分。

(4) 用人单位违反《职业病防治法》规定,已经对劳动者生命健康造成严重损害的,由安全生产监督管理部门责令停止产生职业病危害的作业,或者提请有关人民政府按照国务院规定的权限责令关闭,并处 10 万元以上 50 万元以下的罚款。

(5) 用人单位违反《职业病防治法》规定,造成重大职业病危害事故或者其他严重后果,构成犯罪的,对直接负责的主管人员和其他直接责任人员,依法追究刑事责任。

(徐继红)

第十一章 精神卫生法律制度

导学

1. 掌握精神卫生的概念、精神障碍患者权益保护、精神障碍的诊断和治疗。
2. 熟悉心理健康促进和精神障碍预防、精神障碍的康复和保障措施。
3. 了解违反精神卫生法应承担的法律责任。

第一节 概 述

一、精神卫生的概念

精神卫生,是指开展精神障碍的预防、治疗和康复,促进公民心理健康的各项活动。

精神障碍是一种精神疾病,是指由各种原因引起的感知、情感和思维等精神活动的紊乱或异常,导致患者明显的心理痛苦或者社会适应等功能损害。精神障碍致病因素种类很多,如遗传因素、个性特征及体质因素、器质因素、社会性环境等因素。根据病情严重程度,可以把精神障碍分为一般精神障碍和严重精神障碍。其中严重精神障碍,是指疾病症状严重,导致患者适应社会等功能严重损害、对自身健康状况或者客观事实不能完整认识,或者不能处理自身事务的精神障碍。主要包括精神分裂症、偏执性精神病、分裂情感障碍、双向情感障碍、癫痫所致精神障碍、精神发育迟滞等6种精神疾病。

二、精神卫生立法

随着经济社会快速发展,生活节奏明显加快,心理应激因素日益增加,焦虑症、抑郁症等常见精神障碍及心理行为问题逐年增多,心理应激事件及精神障碍患者肇事肇祸案(事)件时有发生,老年痴呆症、儿童孤独症等特定人群疾病干预亟须加强。截至2014年底,我国已登记在册的严重精神障碍患者有430万人,我国精神卫生工作仍然面临严峻挑战。

2001年12月28日,上海市出台了《上海市精神卫生条例》,这是我国首部精神卫生的地方性法规。随后各地结合本地状况先后制定了多部地方性精神卫生法规。为了发展精神卫生事业,规范精神卫生服务,维护精神障碍患者的合法权益,2012年10月26日,第十一届全国人大常委会第二十九次会议通过了《精神卫生法》，自 2013 年 5 月 1 日起施行。《精神卫生法》的颁布，对于促进精神卫生事业的发展，做好精神障碍的预防、治疗和康复，加强精神障碍服务体系建设，增进人民群众的身心健康，保障我国经济社会全面、协调和可持续发展具有重要意义。

此外，国家先后颁布了《精神卫生工作规划（2002—2010 年）》《关于进一步加强精神卫生工作的指导意见》《全国精神卫生工作体系发展指导纲要（2008—2015 年）》《全国精神卫生工作规划（2015—2020 年）》。

三、精神卫生工作的方针与原则

《精神卫生法》规定，精神卫生工作实行预防为主的方针，坚持预防、治疗和康复相结合的原则。预防是精神卫生工作的重要方针，采取积极可行针对性强的预防措施，能够有效地减少精神障碍的发生，促进全民的心理健康。坚持预防为主的方针外，对于已经患有精神障碍的患者，及时治疗和有效的康复就显得极为重要。精神障碍康复应当坚持功能训练、全面康复、回归社会 3 项基本原则，运用一切可采取的手段，尽量纠正精神障碍的病态表现，最大限度地恢复适应社会生活的精神功能。

四、精神障碍患者权益保护

《精神卫生法》规定，精神障碍患者的人格尊严、人身和财产安全不受侵犯。精神障碍患者的教育、劳动、医疗以及从国家和社会获得物质帮助等方面的合法权益受法律保护。

1. **不受社会歧视** 全社会应当尊重、理解、关爱精神障碍患者。任何组织或者个人不得歧视、侮辱、虐待精神障碍患者，不得非法限制精神障碍患者的人身自由。新闻报道和文学艺术作品等不得含有歧视、侮辱精神障碍患者的内容。

2. **享有公正的教育和就业权利** 县级以上地方人民政府及其有关部门应当采取有效措施，保证患有精神障碍的适龄儿童、少年接受义务教育，扶持有劳动能力的精神障碍患者从事力所能及的劳动，并为已经康复的人员提供就业服务。国家对安排精神障碍患者就业的用人单位依法给予税收优惠，并在生产、经营、技术、资金、物资、场地等方面给予扶持。

3. **隐私权保护** 有关单位和个人应当对精神障碍患者的姓名、肖像、住址、工作单位、病历资料以及其他可能推断出其身份的信息予以保密；但是，依法履行职责需要公开的除外。

4. **监护人监护职责** 精神障碍患者的监护人应当履行监护职责，维护精神障碍患者的合法权益。禁止对精神障碍患者实施家庭暴力，禁止遗弃精神障碍患者。

五、精神卫生工作的管理机制

精神卫生工作实行政府组织领导、部门各负其责、家庭和单位尽力尽责、全社会共同参与的综合管理机制。

（一）政府组织领导

县级以上人民政府领导精神卫生工作，将其纳入国民经济和社会发展规划，建设和完善精神障碍的预防、治疗和康复服务体系，建立健全精神卫生工作协调机制和工作责任制，对有关部门承担的精神卫生工作进行考核、监督。乡镇人民政府和街道办事处根据本地区的实际情况，组织开展预防精神障碍发生、促进精神障碍患者康复等工作。

各级人民政府和县级以上人民政府有关部门应当采取措施，鼓励和支持组织、个人提供精神卫生志愿服务,捐助精神卫生事业,兴建精神卫生公益设施。对在精神卫生工作中作出突出贡献的组织、个人,按照国家有关规定给予表彰、奖励。

(二) 卫生部门和有关部门职责

国务院卫生行政部门主管全国的精神卫生工作。县级以上地方人民政府卫生行政部门主管本地区、本职责范围精神卫生工作。县级以上各行政机关履行本部门相关的精神卫生工作。

卫生行政部门总体上规划卫生工作,对精神卫生专业机构、精神卫生人员予以管理,对精神卫生的预防检查工作进行监督指导,指导医疗机构和谐有序地开展精神卫生工作;司法行政部门与卫生部门共同制定和完善精神疾病司法鉴定规范性文件,并在当地卫生部门的指导下做好服刑人员、劳教人员精神疾病的预防、治疗与康复工作;民政部门加强对精神障碍患者的救治工作和技能培训;公安部门加强对危害公共安全的精神疾病患者的强制措施;教育部门结合精神障碍患者的具体情况,开展针对性的教育;人力资源与社会保障部门积极为精神障碍患者提供就业机会,同时完善对精神障碍患者的医疗保障制度。

(三) 家庭和单位尽力尽责

家庭成员之间应创造良好、和睦的家庭环境,及早预防精神障碍的发生。发现可能患有精神障碍的家庭成员,应当履行及时送诊义务,做好看护管理。用人单位应当尽到职工身心健康第一责任人的职责,创造有利于职工身心健康的工作环境,有针对性地开展心理健康教育,做好职工的心理健康促进和精神障碍预防工作。

(四) 全社会共同参与

全社会共同参与才能做好精神卫生工作,新闻媒体要开展精神卫生的公益性宣传,普及精神卫生知识,引导公众关注心理健康。村民委员会、居民委员会应当协助所在地人民政府及其有关部门开展社区心理健康指导、精神卫生知识宣传教育活动,创建有益于居民身心健康的社区环境等。此外,其他社会组织及个人也要积极参与精神卫生工作,参与的方式包括提供精神卫生志愿服务,捐助精神卫生事业,开设从事精神障碍诊断、治疗的医疗机构和精神障碍患者康复机构等。

第二节 心理健康促进和精神障碍预防

一、各级政府及相关部门的职责

各级人民政府和县级以上人民政府有关部门应当采取措施,加强心理健康促进和精神障碍预防工作,提高公众心理健康水平。各级人民政府和县级以上人民政府有关部门制定的突发事件应急预案,应当包括心理援助的内容。发生突发事件,履行统一领导职责或者组织处置突发事件的人民政府应当根据突发事件的具体情况,按照应急预案的规定,组织开展心理援助工作。

二、相关单位和人员的精神障碍预防义务

1. **用人单位** 用人单位应当创造有益于职工身心健康的工作环境,关注职工的心理健康;对

处于职业发展特定时期或者在特殊岗位工作的职工,应当有针对性地开展心理健康教育。

2. 学校　各级各类学校应当对学生进行精神卫生知识教育;配备或者聘请心理健康教育教师、辅导人员,并可以设立心理健康辅导室,对学生进行心理健康教育。学前教育机构应当对幼儿开展符合其特点的心理健康教育。发生自然灾害、意外伤害、公共安全事件等可能影响学生心理健康的事件,学校应当及时组织专业人员对学生进行心理援助。教师应当学习和了解相关的精神卫生知识,关注学生心理健康状况,正确引导、激励学生。地方各级人民政府教育行政部门和学校应当重视教师心理健康。学校和教师应当与学生父母或者其他监护人、近亲属沟通学生心理健康情况。

3. 医务人员　医务人员开展疾病诊疗服务,应当按照诊断标准和治疗规范的要求,对就诊者进行心理健康指导;发现就诊者可能患有精神障碍的,应当建议其到符合精神卫生法规定的医疗机构就诊。

4. 监狱、看守所等场所　监狱、看守所、拘留所、强制隔离戒毒所等场所,应当对服刑人员、被依法拘留、逮捕、强制隔离戒毒的人员等,开展精神卫生知识宣传,关注其心理健康状况,必要时提供心理咨询和心理辅导。

5. 村委会、居委会　村委会和居委会应当协助所在地人民政府及其有关部门开展社区心理健康指导、精神卫生知识宣传教育活动,创建有益于居民身心健康的社区环境。

6. 乡镇、社区卫生服务机构　乡镇卫生院或者社区卫生服务机构应当为村民委员会、居民委员会开展社区心理健康指导、精神卫生知识宣传教育活动提供技术指导。

7. 亲属　家庭成员之间应当相互关爱,创造良好、和睦的家庭环境,提高精神障碍预防意识;发现家庭成员可能患有精神障碍的,应当帮助其及时就诊,照顾其生活,做好看护管理。

8. 心理咨询人员　心理咨询人员应当提高业务素质,遵守执业规范,为社会公众提供专业化的心理咨询服务。心理咨询人员不得从事心理治疗或者精神障碍的诊断、治疗。心理咨询人员发现接受咨询的人员可能患有精神障碍的,应当建议其到符合《精神卫生法》规定的医疗机构就诊。心理咨询人员应当尊重接受咨询人员的隐私,并为其保守秘密。

9. 新闻媒介和社会组织　国家鼓励和支持新闻媒体、社会组织开展精神卫生的公益性宣传,普及精神卫生知识,引导公众关注心理健康,预防精神障碍的发生。互联网是人们生活的重要阵地,新闻媒介和社会组织要借助互联网对精神卫生进行宣传教育,同时借助互联网了解人们的心理状态,开展针对性心理健康教育。

第三节　精神障碍的诊断和治疗

一、开展精神障碍诊疗活动的条件

《精神卫生法》规定,开展精神障碍诊断、治疗活动,应当具备下列条件,并依照医疗机构的管理规定办理有关手续：① 有与从事的精神障碍诊断、治疗相适应的精神科执业医师、护士。② 有满足开展精神障碍诊断、治疗需要的设施和设备。③ 有完善的精神障碍诊断、治疗管理制度和质量监控制度。从事精神障碍诊断、治疗的专科医疗机构还应当配备从事心理治疗的人员。

二、精神障碍的诊断

(一) 精神障碍诊断的依据

精神障碍的诊断应当以精神健康状况为依据。除法律另有规定外,不得违背本人意志进行确定其是否患有精神障碍的医学检查。

(二) 精神障碍诊断的对象和条件

1. 一般情形的送诊　除个人自行到医疗机构进行精神障碍诊断外,疑似精神障碍患者的近亲属可以将其送往医疗机构进行精神障碍诊断。对查找不到近亲属的流浪乞讨疑似精神障碍患者,由当地民政等有关部门按照职责分工,帮助送往医疗机构进行精神障碍诊断。

2. 危急情形下的送诊　疑似精神障碍患者发生伤害自身、危害他人安全的行为,或者有伤害自身、危害他人安全的危险的,其近亲属、所在单位、当地公安机关应当立即采取措施予以制止,并将其送往医疗机构进行精神障碍诊断。

3. 医疗机构履行接诊义务　医疗机构接到送诊的疑似精神障碍患者,不得拒绝为其做出诊断。

(三) 精神障碍诊断的主体和程序

《精神卫生法》规定,精神障碍的诊断应当由精神科执业医师作出。医疗机构接到依照规定紧急情况下送诊的发生伤害自身、危害他人安全的行为,或者有伤害自身、危害他人安全的危险的疑似精神障碍患者,应当将其留院,立即指派精神科执业医师进行诊断,并及时出具诊断结论。

三、精神障碍的住院治疗

《精神卫生法》规定,精神障碍的住院治疗实行自愿原则。精神障碍的非自愿住院治疗,必须符合精神卫生法规定的条件,即诊断结论、病情评估表明,就诊者为严重精神障碍患者并有下列情形之一的,应当对其实施住院治疗:① 已经发生伤害自身的行为,或者有伤害自身的危险的。② 已经发生危害他人安全的行为,或者有危害他人安全的危险的。

精神障碍患者已经发生伤害自身的行为,或者有伤害自身的危险情形的,经其监护人同意,医疗机构应当对患者实施住院治疗;监护人不同意的,医疗机构不得对患者实施住院治疗。监护人应当对在家居住的患者做好看护管理。

四、精神障碍患者再次诊断和鉴定

(一) 再次诊断

已经发生危害他人安全的行为,或者有危害他人安全的危险的,患者或者其监护人对需要住院治疗的诊断结论有异议,不同意对患者实施住院治疗的,可以要求再次诊断和鉴定。

要求再次诊断的,应当自收到诊断结论之日起 3 日内向原医疗机构或者其他具有合法资质的医疗机构提出。承担再次诊断的医疗机构应当在接到再次诊断要求后指派 2 名初次诊断医师以外的精神科执业医师进行再次诊断,并及时出具再次诊断结论。承担再次诊断的执业医师应当到收治患者的医疗机构面见、询问患者,该医疗机构应当予以配合。

(二) 精神障碍医学鉴定

精神障碍医学鉴定,是指依法取得精神障碍资质的鉴定机构,对精神障碍患者鉴定并提供鉴定意见的活动。患者和家属对再次诊断结论有异议的,可以自主委托依法取得执业资质的鉴定机构进行精神障碍医学鉴定;医疗机构应当公示经公告的鉴定机构名单和联系方式。接受委托的鉴定机构应当指定本机构具有该鉴定事项执业资格的 2 名以上鉴定人共同进行鉴定,并及时出具鉴定报告。鉴定人应当到收治精神障碍患者的医疗机构面见、询问患者,如与患者或其近亲属有利害关系的应当回避。鉴定机构鉴定人应当遵守有关法律、法规、规章的规定,尊重科学,恪守职业道德,按照精神障碍鉴定的实施程序、技术方法和操作规范,依法独立进行鉴定,出具客观、公正的鉴定报告。

(三)再次诊断结论和鉴定报告

再次诊断结论或者鉴定报告表明,不能确定就诊者为严重精神障碍患者,或者患者不需要住院治疗的,医疗机构不得对其实施住院治疗;再次诊断结论或者鉴定报告表明,精神障碍患者有已经发生危害他人安全的行为,或者有危害他人安全的危险的,其监护人应当同意对患者实施住院治疗。监护人阻碍实施住院治疗或者患者擅自脱离住院治疗的,可以由公安机关协助医疗机构采取措施对患者实施住院治疗。在相关机构出具再次诊断结论、鉴定报告前,收治精神障碍患者的医疗机构应当按照诊疗规范的要求对患者实施住院治疗。

(四)住院治疗手续的办理

诊断结论表明需要住院治疗的精神障碍患者,本人没有能力办理住院手续的,由其监护人办理住院手续;患者属于找不到监护人的流浪乞讨人员的,由送诊的有关部门办理住院手续。患者已经发生危害他人安全的行为,或者有危害他人安全的危险的,其监护人不办理住院手续的,由患者所在单位、村名委员会或者居民委员会办理住院手续,并由医疗机构在患者病例中予以记录。

(五)出院自愿

自愿住院治疗的精神障碍患者可以随时要求出院,医疗机构应当同意。已经发生伤害自身的行为,或者有伤害自身的危险的精神障碍患者实施住院治疗的,监护人可以随时要求患者出院,医疗机构应当同意。医疗机构认为精神障碍患者不宜出院的,应当告知不宜出院的理由;患者或者其监护人仍要求出院的,执业医师应当在病历资料中详细记录告知的过程,同时提出出院后的医学建议,患者或者其监护人应当签字确认。

五、医疗机构及医务人员的义务

《精神卫生法》规定,医疗机构及医务人员应履行以下义务:① 医疗机构及其医务人员应当将精神障碍患者在诊断、治疗过程中享有的权利,告知患者或者其监护人。② 医疗机构及其医务人员应当遵循精神障碍诊断标准和治疗规范,制定治疗方案,并向精神障碍患者或者其监护人告知治疗方案和治疗方法、目的以及可能产生的后果。③ 医疗机构及其医务人员应当在病历资料中如实记录精神障碍患者的病情、治疗措施、用药情况、实施约束、隔离措施等内容,并如实告知患者或者其监护人。患者及其监护人可以查阅、复制病历资料;但是查阅、复制病历资料可能对其治疗产生不利影响的除外。病历资料保存期限不得少于 30 年。

六、心理治疗

心理治疗,是指借助心理学的、非药物的技术和方法改变患者的心理状态来达到治疗精神障碍患者的目的。临床上心理治疗最常见的对象是神经症等轻度精神障碍患者，同时也包括需配合药物治疗进行心理治疗的严重精神障碍患者。《精神卫生法》规定，心理治疗活动应当在医疗机构内开展。专门从事心理治疗的人员不得从事精神障碍的诊断，不得为精神障碍患者开具处方或者提供外科治疗。

七、未住院治疗精神障碍患者的看护

精神障碍患者的监护人应当妥善看护未住院治疗的患者，按照医嘱督促其按时服药、接受随访或者治疗。村民委员会、居民委员会、患者所在单位等应当依患者或者其监护人的请求，对监护人看护患者提供必要的帮助。

八、精神障碍患者违法行为的处理

《精神卫生法》规定，精神障碍患者违反治安管理处罚法或者触犯刑法的，依照有关法律的规定处理。精神病患者在不能辨认或者不能控制自己行为的时候违反治安管理的，不予处罚，但是应当责令其监护人严加看管和治疗。间歇性的精神病患者在精神正常的时候违反治安管理的，应当给予处罚。

九、强制医疗

《刑法》规定，精神病患者在不能辨认或者不能控制自己行为的时候造成危害结果，经法定程序鉴定确认的，不负刑事责任，但是应当责令他的家属或者监护人严加看管和医疗；在必要的时候，由政府强制医疗。《刑法》还规定，实施暴力行为，危害公共安全或者严重危害公民人身安全，经法定程序鉴定依法不负刑事责任的精神病患者，有继续危害社会可能的，可以予以强制治疗。

第四节　精神障碍的康复

一、精神障碍康复的概念

精神障碍康复，是指对患有身心疾病的患者，尽可能利用药物、社会、职业、经济和教育的方式使残疾的风险减少到最低限度。康复是精神障碍患者最终摆脱疾病、走向健康的重要环节。精神障碍的康复工作应当以社区康复为基础，以康复机构为骨干，以家庭为依托。《全国精神卫生工作规划（2015—2020年）》指出，充分发挥基层综合服务管理平台作用，统筹规划，整合资源，切实加强本地区精神卫生服务体系建设。要将精神卫生有关工作作为深化医药卫生体制改革的重点内容，统筹考虑精神障碍患者救治救助、专业人才培养、专业机构运行保障等，推动精神卫生事业持续、健康、稳定发展。

二、相关机构和单位的义务

(一) 社区康复机构的义务

社区康复是促进社区发展的重要措施,残疾人作为社区成员,应与其他人一样具有同等的权利和义务。社区康复机构应当为需要康复的精神障碍患者提供场所和条件,对患者进行生活自理能力和社会适应能力等方面的康复训练。

(二) 医疗机构的义务

医疗机构应当为在家居住的严重精神障碍患者提供精神科基本药物维持治疗,并为社区康复机构提供有关精神障碍康复的技术指导和支持。

社区卫生服务机构、乡镇卫生院、村卫生室应当建立严重精神障碍患者的健康档案,对在家居住的严重精神障碍患者进行定期随访,指导患者服药和开展康复训练,并对患者的监护人进行精神卫生知识和看护知识的培训。县级人民政府卫生行政部门应当为社区卫生服务机构、乡镇卫生院、村卫生室开展上述工作给予指导和培训。

(三) 村民委员会、居民委员会的义务

村民委员会、居民委员会应当为生活困难的精神障碍患者家庭提供帮助,并向所在地乡镇人民政府或者街道办事处以及县级人民政府有关部门反映患者及其家庭的情况和要求,帮助其解决实际困难,为患者融入社会创造条件。

(四) 残疾人组织或者残疾人康复机构的义务

残疾人组织或者残疾人康复机构应当根据精神障碍患者康复的需要,组织患者参加康复活动。

(五) 用人单位的义务

用人单位应当根据精神障碍患者的实际情况,安排患者从事力所能及的工作,保障患者享有同等待遇,安排患者参加必要的职业技能培训,提高患者的就业能力,为患者创造适宜的工作环境,对患者在工作中取得的成绩予以鼓励。

三、精神障碍患者监护人的责任

精神障碍患者的监护人应当协助患者进行生活自理能力和社会适应能力等方面的康复训练。精神障碍患者的监护人在看护患者过程中需要技术指导的,社区卫生服务机构或者乡镇卫生院、村卫生室、社区康复机构应当提供。

第五节 保障措施

一、政府保障

县级以上人民政府卫生行政部门会同有关部门依据国民经济和社会发展规划的要求,制定精

神卫生工作规划并组织实施。精神卫生监测和专题调查结果应当作为制定精神卫生工作规划的依据。建立完善精神卫生工作政府领导和部门协调机制。充分发挥基层综合服务管理平台作用,统筹规划,整合资源,切实加强本地区精神卫生服务体系建设。要将精神卫生有关工作作为深化医药卫生体制改革的重点内容,统筹考虑精神障碍患者救治救助、专业人才培养、专业机构运行保障等,推动精神卫生事业持续、健康、稳定发展。

二、经费保障

各级政府要将精神卫生工作经费列入本级财政预算,根据精神卫生工作需要,加大财政投入力度,保障精神卫生工作所需经费,并加强对任务完成情况和财政资金使用绩效的考核,提高资金使用效益。各地要扎实推进基本公共卫生服务项目和严重精神障碍管理治疗工作,落实政府对精神卫生专业机构的投入政策。要建立多元化资金筹措机制,积极开拓精神卫生公益性事业投融资渠道,鼓励社会资本投入精神卫生服务和社区康复等领域。

三、人才保障

医学院校应当加强精神医学的教学和研究,按照精神卫生工作的实际需要培养精神医学专门人才,为精神卫生工作提供人才保障。各地要建立健全精神卫生专业队伍,合理配置精神科医师、护士、心理治疗师,探索并逐步推广康复师、社会工作师和志愿者参与精神卫生服务的工作模式。

四、医疗保障

县级以上人民政府卫生行政部门应当组织医疗机构为严重精神障碍患者免费提供基本公共卫生服务。

精神障碍患者的医疗费用按照国家有关社会保险的规定由基本医疗保险基金支付。医疗保险经办机构应当按照国家有关规定将精神障碍患者纳入城镇职工基本医疗保险、城镇居民基本医疗保险或者新型农村合作医疗的保障范围。县级人民政府应当按照国家有关规定对家庭经济困难的严重精神障碍患者参加基本医疗保险给予资助。人力资源社会保障、卫生、民政、财政等部门应当加强协调,简化程序,实现属于基本医疗保险基金支付的医疗费用由医疗机构与医疗保险经办机构直接结算。

五、社会救助

精神障碍患者通过基本医疗保险支付医疗费用后仍有困难,或者不能通过基本医疗保险支付医疗费用的,民政部门应当优先给予医疗救助。

对符合城乡最低生活保障条件的严重精神障碍患者,民政部门应当会同有关部门及时将其纳入最低生活保障。对属于农村五保供养对象的严重精神障碍患者,以及城市中无劳动能力、无生活来源且无法定赡养、抚养、扶养义务人,或者其法定赡养、抚养、扶养义务人无赡养、抚养、扶养能力的严重精神障碍患者,民政部门应当按照国家有关规定予以供养、救助。对严重精神障碍患者确有困难的,民政部门可以采取临时救助等措施,帮助其解决生活困难。

第六节 法律责任

一、擅自从事精神障碍诊断、治疗的法律责任

不符合精神卫生法规定条件的医疗机构擅自从事精神障碍诊断、治疗的,由县级以上人民政府卫生行政部门责令停止相关诊疗活动,给予警告,并处 5 000 元以上 1 万元以下罚款,有违法所得的,没收违法所得;对直接负责的主管人员和其他直接责任人员依法给予或者责令给予降低岗位等级或者撤职、开除的处分;对有关医务人员,吊销其执业证书。

二、医疗机构及其工作人员的法律责任

(1) 医疗机构及其工作人员有下列行为之一的,由县级以上人民政府卫生行政部门责令改正,给予警告;情节严重的,对直接负责的主管人员和其他直接责任人员依法给予或者责令给予降低岗位等级或者撤职、开除的处分,并可以责令有关医务人员暂停 1 个月以上 6 个月以下执业活动。① 拒绝对送诊的疑似精神障碍患者作出诊断的。② 对依照规定实施住院治疗的患者未及时进行检查评估或者未根据评估结果作出处理的。

(2) 医疗机构及其工作人员有下列行为之一的,由县级以上人民政府卫生行政部门责令改正,对直接负责的主管人员和其他直接责任人员依法给予或者责令给予降低岗位等级或者撤职的处分;对有关医务人员,暂停 6 个月以上 1 年以下执业活动;情节严重的,给予或者责令给予开除的处分,并吊销有关医务人员的执业证书。① 违反规定实施约束、隔离等保护性医疗措施的。② 违反规定强迫精神障碍患者劳动的。③ 违反规定对精神障碍患者实施外科手术或者实验性临床医疗的。④ 违反规定侵害精神障碍患者的通信和会见探访者等权利的。⑤ 违反精神障碍诊断标准,将非精神障碍患者诊断为精神障碍患者的。

三、心理咨询、心理治疗人员的法律责任

心理咨询人员有下列情形之一的,由县级以上人民政府卫生行政部门、工商行政管理部门依据各自职责责令改正,给予警告,并处 5 000 元以上 1 万元以下罚款,有违法所得的,没收违法所得;造成严重后果的,责令暂停 6 个月以上 1 年以下执业活动,直至吊销执业证书或者营业执照。① 心理咨询人员从事心理治疗或者精神障碍的诊断、治疗的。② 从事心理治疗的人员在医疗机构以外开展心理治疗活动的。③ 专门从事心理治疗的人员从事精神障碍的诊断的。④ 专门从事心理治疗的人员为精神障碍患者开具处方或者提供外科治疗的。

心理咨询人员、专门从事心理治疗的人员在心理咨询、心理治疗活动中造成他人人身、财产或者其他损害的,依法承担民事责任。

四、卫生行政部门和其他有关部门的法律责任

县级以上人民政府卫生行政部门和其他有关部门未依照精神卫生法规定履行精神卫生工作

职责,或者滥用职权、玩忽职守、徇私舞弊的,由本级人民政府或者上一级人民政府有关部门责令改正,通报批评,对直接负责的主管人员和其他直接责任人员依法给予警告、记过或者记大过的处分;造成严重后果的,给予降级、撤职或者开除的处分。

(李奎刚)

第十二章 人口与母婴保健法律制度

导学

1. 掌握人口与计划生育制度以及母婴保健的相关概念、严禁非医学需要的性别鉴定、新生儿疾病筛查的有关规定。
2. 熟悉婚前保健服务、孕产期保健、产前诊断、儿童保健、母婴保健医学技术鉴定。
3. 了解生育调节、流动人口计划生育管理、法律责任。

第一节 人口与计划生育法律制度

一、人口与计划生育的概念

人口,是构成社会生活主体并具有一定数量和质量的人所组成的社会群体,是一切社会生活的基础与出发点。人口问题的本质是发展问题,能否解决好人口问题,直接关系到人民生活改善、全民素质提高和中华民族的兴衰。

计划生育,是指依据人口与经济社会发展的客观要求,在社会范围内,实行人类自身生产的计划。生育权是公民的一项基本权利,公民依法行使生育权应当受到法律保护。同时,任何权利的行使也意味着责任,个人的生殖行为与社会的需要和愿望应该互相协调。

二、人口与计划生育立法

1978年,我国《宪法》规定,国家提倡和推行计划生育,确立了计划生育工作在我国经济和社会发展全局中的重要地位。1982年《宪法》进一步增加了有关计划生育的条款和内容。《宪法》规定:国家推行计划生育,使人口增长同经济和社会发展计划相适应;夫妻双方有实行计划生育的义务。《宪法》还将计划生育工作列为国务院的职责之一和县级以上地方人民政府管理本行政区域内的行政工作之一。

为了实现人口与经济、社会、资源、环境的协调发展,推行计划生育,维护公民的合法权益,促进家庭幸福、民族繁荣与社会进步,2001年12月29日,第九届全国人大常委会第二十五次会议通过了《人口与计划生育法》,自2002年9月1日起施行。《人口与计划生育法》规定了人口发展规划的制定与实施、生育调节、奖励与社会保障、计划生育技术服务等方面的内容,是我国第一部以人口与计划生育工作为主要内容的专门法律,标志着我国人口与计划生育法制进入了一个新阶段。2015年12月27日,第十二届全国人大会常委会第十八次会议通过了关于修改《人口与计划生育法》的决定,我国全面实行二孩生育政策,提倡一对夫妇生育两个子女。

为了实施《人口与计划生育法》,国务院颁布了《计划生育技术服务管理条例》《社会抚养费征收管理办法》《流动人口计划生育工作条例》;国务院人口与计生行政管理部门制定了《计划生育技术服务管理条例实施细则》《计划生育技术服务机构执业管理办法》《流动人口计划生育管理和服务工作若干规定》《计划生育药具工作管理办法(试行)》《女性节育手术并发症诊断标准》《男性节育手术并发症诊断标准》等规范性文件。

三、生育调节

生育调节,是指以经济、行政、法律、医学手段调整人类的生育行为。现行《人口与计划生育法》规定,国家提倡一对夫妻生育两个子女;符合法律、法规规定条件的,可以要求安排再生育子女。具体办法由省、自治区、直辖市人民代表大会或者其常务委员会规定;少数民族也要实行计划生育,具体办法由省、自治区、直辖市人民代表大会或者其常务委员会规定;夫妻双方户籍所在地的省、自治区、直辖市之间关于再生育子女的规定不一致的,按照有利于当事人的原则适用。

《人口与计划生育法》规定,公民有生育的权利,也有依法实行计划生育的义务,夫妻双方在实行计划生育中负有共同的责任。

1. **生育权利** 《人口与计划生育法》规定,公民享有以下生育权利:① 男女享有平等的生育权。② 有依法生育的权利,也有不生育的权利。③ 有依法决定生育子女数量和选择生育时间的权利。④ 公民有知情选择安全、有效、适宜的避孕节育措施的权利。⑤ 育龄夫妻有自主选择计划生育避孕节育措施的权利,实行计划生育的育龄夫妻有免费享受国家规定的基本项目的计划生育技术服务的权利。

禁止歧视、虐待生育女婴的妇女和不育的妇女。禁止歧视、虐待、遗弃女婴。

2. **计划生育义务** 《人口与计划生育法》规定,公民应履行以下生育义务:① 公民有计划生育的义务。② 育龄夫妻有预防和减少非意愿妊娠的义务。③ 违反计划生育政策的,应当依法缴纳社会抚养费。

3. **夫妻双方在实行计划生育中负有共同的责任** 包括:① 夫妻双方地位平等,双方都有要求实行计划生育的权利,也有实行计划生育的义务。② 夫妻有同等的参与权、决定权,尤其要强调的是妻子不仅仅是处于支配地位。③ 夫妻要共同支持,平等协调,自觉执行计划生育法律法规。④ 生育控制的责任不仅在女性,男性不仅应积极支持女性采取避孕措施,自身也应当积极地承担起采取避孕节育措施的责任。

四、计划生育技术服务机构

从事计划生育技术服务的机构包括计划生育技术服务机构和从事计划生育技术服务的医疗、保健机构。《计划生育技术服务管理条例》规定:① 从事计划生育技术服务的机构,必须符合国务院计划生育行政部门规定的设置标准。② 计划生育技术服务机构从事产前诊断和使用辅助生育技术治疗不育症的,必须经过审查核准。上述机构在各自的职责范围内,针对育龄人群开展人口与计划生育基础知识宣传教育,对已婚育龄妇女开展孕情检查。随访服务工作,承担计划生育、生殖健康的咨询、指导和技术服务。

五、流动人口计划生育管理

流动人口,是指离开户籍所在地的县、市或者市辖区,以工作、生活为目的异地居住的成年育龄人员。但是,下列人员除外:① 因出差、就医、上学、旅游、探亲、访友等事由异地居住、预期将返回户籍所在地居住的人员。② 在直辖市、设区的市行政区域内区与区之间异地居住的人员。

《流动人口计划生育工作条例》规定,县级以上地方人民政府领导本行政区域内流动人口计划生育工作,将流动人口计划生育工作纳入本地经济社会发展规划,并提供必要的保障;建立健全流动人口计划生育工作协调机制,组织协调有关部门对流动人口计划生育工作实行综合管理;实行目标管理责任制,对有关部门承担的流动人口计划生育工作进行考核、监督。

1. **流动人口计划生育权利**　《流动人口计划生育工作条例》规定,流动人口在现居住地享受下列计划生育服务和奖励、优待:① 免费参加有关人口与计划生育法律知识和生殖健康知识普及活动。② 依法免费获得避孕药具,免费享受国家规定的其他基本项目的计划生育技术服务。③ 晚婚晚育或者在现居住地施行计划生育手术的,按照现居住地省、自治区、直辖市或者较大的市的规定,享受休假等。④ 实行计划生育的,按照流动人口现居住地省、自治区、直辖市或者较大的市的规定,在生产经营等方面获得支持、优惠,在社会救济等方面享受优先照顾。用人单位应当依法落实法律、法规和规章规定的流动人口计划生育服务和奖励优待。

《流动人口计划生育工作条例》还规定,流动人口户籍所在地的县级人民政府人口和计划生育部门、乡(镇)人民政府或者街道办事处不得要求已婚育龄妇女返回户籍所在地进行避孕节育情况检查;各级地方人民政府和政府有关部门以及协助查验婚育证明的村民委员会、居民委员会及其工作人员,应当对涉及公民隐私的流动人口信息予以保密。

2. **流动人口计划生育义务**　《流动人口计划生育工作条例》规定:① 流动人口中的成年育龄妇女在离开户籍所在地前,应当凭本人居民身份证到户籍所在地的乡(镇)人民政府或者街道办事处办理婚育证明;成年育龄妇女应当自到达现居住地之日起 30 日内提交婚育证明。② 育龄夫妻生育第一个子女的,可以在现居住地的乡(镇)人民政府或者街道办事处办理生育服务登记。

六、法律责任

(一) 违法实施与计划生育相关手术的法律责任

违反《人口与计划生育法》规定,有下列行为之一的,由卫生计生行政部门依据职权责令改正,给予警告,没收违法所得;违法所得 1 万元以上的,处违法所得 2 倍以上 6 倍以下的罚款;没有违法所得或者违法所得不足 1 万元的,处 1 万元以上 3 万元以下的罚款;情节严重的,由原发证机关吊销执业证书;构成犯罪的,依法追究刑事责任。① 非法为他人施行计划生育手术的。② 利用超声技术和其他技术手段为他人进行非医学需要的胎儿性别鉴定或者选择性别的人工终止妊娠的。③ 实施假节育手术、进行假医学鉴定、出具假计划生育证明的。

《刑法》第三百三十六条规定,未取得医生执业资格的人擅自为他人进行节育复通手术、假节育手术、终止妊娠手术或者摘取宫内节育器,情节严重的,处 3 年以下有期徒刑、拘役或者管制,并处或者单处罚金;严重损害就诊人身体健康的,处 3 年以上 10 年以下有期徒刑,并处罚金;造成就诊人死亡的,处 10 年以上有期徒刑,并处罚金。

(二)伪造、变造、买卖计划生育证明的法律责任

伪造、变造、买卖计划生育证明的,由卫生计生行政部门没收违法所得,违法所得 5 000 元以上的,处违法所得 2 倍以上 10 倍以下的罚款;没有违法所得或者违法所得不足 5 000 元的,处 5 000 元以上 2 万元以下的罚款;构成犯罪的,依法追究刑事责任。

以不正当手段取得计划生育证明的,由卫生计生行政部门取消其计划生育证明;出具证明的单位有过错的,对直接负责的主管人员和其他直接责任人员依法给予行政处分。

(三)不履行协助计划生育管理义务的法律责任

相关部门和组织违反人口与计划生育法律法规,不履行协助计划生育管理义务的,由有关地方人民政府责令改正,并给予通报批评;对直接负责的主管人员和其他直接责任人员依法给予行政处分。

(四)不符合人口与计划生育法规定生育子女的法律责任

不符合人口与计划生育法规定生育子女的公民,应当依法缴纳社会抚养费。未在规定的期限内足额缴纳应当缴纳的社会抚养费的,自欠缴之日起,按照国家有关规定加收滞纳金;仍不缴纳的,由作出征收决定的卫生计生行政部门依法向人民法院申请强制执行。按照规定缴纳社会抚养费的人员,是国家工作人员的,还应当依法给予行政处分;其他人员还应当由其所在单位或者组织给予纪律处分。

第二节 母婴保健法律制度

一、母婴保健的概念

母婴保健,是为母亲和婴儿提供医疗保健服务,以保障母亲和婴儿健康、提高出生人口素质的一种活动。

控制人口数量,提高人口素质,是我国的一项基本国策。提高人口素质是涉及经济、科技、教育、文化、卫生、体育诸多领域的庞大的社会系统工程。新中国成立以来,国家在母婴保健方面作了大量的科研、服务和宣传教育工作,并倡导性地推行了一些保健措施,人口质量不断提高。但是由于我国人口基数大,增长速度快,加之经济还不发达和某些旧的传统观念的影响,劣生现象仍很严重,特别是在农村和边远贫困地区尤为突出。因此,控制人口数量和优生,控制、减少劣生,提高出生人口质量仍然是一项十分必要而艰巨的工作。

二、母婴保健立法

在我国,保障妇女和儿童的健康权利,一直受到党和政府的重视。1949 年发表的《共同纲领》明确规定"保护母亲、婴儿和儿童的健康"。我国《宪法》明确了保护母亲和儿童的规定。为了贯彻《宪法》的规定,《婚姻法》《妇女权益保障法》《未成年人保护法》等对保护妇女和儿童的健康均作了规定。

为了保障母亲和婴儿健康、提高出生人口素质,1994年10月27日,第八届全国人大常委会第十次会议通过了《母婴保健法》,自1995年6月1日起施行。这是我国第一部专门保护妇女儿童健康的法律,是宪法对人民的健康和对妇女、儿童保护原则规定的具体化。2001年6月20日,国务院发布了《母婴保健法实施办法》。卫生部陆续发布了《产前诊断技术管理办法》《新生儿疾病筛查管理办法》《婚前保健工作规范》《孕前保健服务工作规范(试行)》《孕产期保健工作管理办法》《孕产期保健工作规范》《母婴保健医学技术鉴定管理办法》《关于禁止非医学需要的胎儿性别鉴定和选择性别的人工终止妊娠的规定》等规范性文件。

三、婚前保健服务

(一) 婚前保健服务内容

婚前保健服务,是指对准备结婚的男女双方在结婚登记前所进行的婚前卫生指导、婚前卫生咨询和婚前医学检查服务。医疗保健机构应当为公民提供婚前保健服务,对准备结婚的男女双方提供与结婚和生育有关的生殖健康知识,并根据需要提出医学指导意见。

婚前保健服务包括下列内容:① 婚前卫生指导,关于性卫生知识、生育知识和遗传病知识的教育。② 婚前卫生咨询,对有关婚配、生育保健等问题提供医学意见。③ 婚前医学检查,对准备结婚的男女双方可能影响结婚和生育的疾病进行医学检查。

(二) 婚前医学检查意见

经婚前医学检查,对患指定传染病在传染期内或者有关精神病在发病期内的,医师应当提出医学意见,准备结婚的男女双方应当暂缓结婚,医疗保健机构应当为其治疗提供医学咨询和医疗服务;对诊断患医学上认为不宜生育的严重遗传疾病的,医师应当向男女双方说明情况,提出医学意见,经男女双方同意,采取长效避孕措施或者施行结扎手术后不生育的,可以结婚,但《婚姻法》规定禁止结婚的除外。

婚前医学检查由县级以上妇幼保健院或经设区的市级以上卫生行政部门指定的医疗机构承担,不宜生育的严重遗传性疾病的诊断由省级卫生行政部门指定的医疗保健机构负责。医疗保健机构不能确诊的,应当转到设区的市级以上人民政府卫生行政部门指定的医疗保健机构确诊。接受婚前医学检查人员对检查结果持有异议的,可以申请医学技术鉴定,取得医学鉴定证明。

四、孕产期保健

孕产期保健,是指各级各类医疗保健机构为准备妊娠至产后42日的妇女及胎婴儿提供全程系列的医疗保健服务。

《母婴保健法》及其实施办法规定,医疗保健机构应当为育龄妇女和孕产妇提供孕产期保健服务。孕产期保健服务包括下列内容:① 母婴保健指导,对孕育健康后代,以及严重遗传性疾病和碘缺乏病等地方病的发病原因、治疗和预防方法提供医学意见。② 孕妇、产妇保健,为孕妇、产妇提供卫生、营养、心理等方面的咨询和指导以及产前定期检查等医疗保健服务。③ 胎儿保健,为胎儿生长发育进行监护,提供咨询和医学指导。④ 新生儿保健,为新生儿生长发育、哺乳和护理提供医疗保健服务。

根据2011年卫生部发布的《孕产期保健工作管理办法》及《孕产期保健工作规范》,孕产期保健应当以保障母婴安全为目的,遵循保健与临床相结合的工作方针。

(一) 孕前保健

孕前保健,是指为准备妊娠的夫妇提供以健康教育与咨询、孕前医学检查、健康状况评估和健康指导为主要内容的系列保健服务。孕前保健是婚前保健的延续,是孕产期保健的前移。孕前保健服务的内容主要有以下方面。

1. **健康教育与咨询** 包括:① 生理和心理保健知识。② 有关生育的基本知识(如生命的孕育过程等)。③ 生活方式、孕前及孕期运动方式、饮食营养和环境因素等对生育的影响。④ 出生缺陷及遗传性疾病的防治等。

2. **健康状况检查** 通过咨询和孕前医学检查,对准备怀孕夫妇的健康状况作出初步评估。针对存在的可能影响生育的健康问题,提出建议。孕前医学检查(包括体格检查、实验室和影像学等辅助检查)应在知情选择的基础上进行,同时应保护服务对象的隐私。

3. **健康指导** 根据一般情况了解和孕前医学检查结果对孕前保健对象的健康状况进行综合评估。遵循普遍性指导和个性化指导相结合的原则,对计划怀孕的夫妇进行怀孕前、孕早期及预防出生缺陷的指导等。

(二) 孕期保健

孕期保健,是指从确定妊娠之日开始至临产前,为孕妇及胎儿提供的系列保健服务。孕期保健服务包括健康教育与咨询指导、全身体格检查、产科检查及辅助检查。在整个妊娠期间至少提供5次产前检查,发现异常者应当酌情增加检查次数。根据妊娠不同时期可能发生的危险因素、合并症、并发症及胎儿发育等情况,确定孕期各阶段保健重点。对高危孕妇进行专案管理,密切观察并及时处理危险因素。

(三) 分娩期保健

分娩期保健,是指由医疗机构提供的包括对孕产妇与胎儿的全产程监护、安全助产及对新生儿进行评估及处理的系列保健服务。

分娩期保健服务的内容主要包括:① 对产妇的健康状况及产科情况进行全面了解和动态评估。② 严密观察产程进展,正确绘制产程图,尽早发现产程异常,及时诊治或转诊。③ 鼓励阴道分娩,在具备医学指征的情况下实施剖宫产。④ 规范应用助产技术,正确使用缩宫素。⑤ 加强分娩室的规范管理,严格无菌操作,预防和控制医源性感染。⑥ 分娩后产妇需在分娩室内观察2小时,预防产后出血。⑦ 预防新生儿窒息,对窒息新生儿及时进行复苏。⑧ 对新生儿进行全面体检和评估,做好出生缺陷诊断与报告。⑨ 按照规定对新生儿进行预防接种。

国家提倡住院分娩。对因地理环境等因素不能住院分娩的,有条件的地区应当由医疗保健机构派出具有执业资质的医务人员进行家庭接生;无条件的地区,应当由依法取得家庭接生员技术合格证书的接生员实施家庭接生;发现异常情况的应当及时与当地医疗保健机构联系并进行转诊。

(四) 产褥期保健

医疗保健机构应当对产妇及新生儿提供产褥期保健。包括为产妇及新生儿进行健康评估,开展母乳喂养、产后营养、心理、卫生及避孕指导,为新生儿进行预防接种和新生儿疾病筛查等。

新生儿保健的内容主要包括:① 新生儿出生后1小时内,实行早接触、早吸吮、早开奶。② 对新生儿进行全面体检和胎龄、生长发育评估,及时发现异常,及时处理。做好出生缺陷的诊断与报告。③ 加强对高危新生儿的监护,必要时应当转入有条件的医疗保健机构进行监护及治疗。

④ 进行新生儿疾病筛查及预防接种。⑤ 出院时对新生儿进行全面健康评估。对有高危因素者，应当转交当地医疗保健机构实施高危新生儿管理。

(五) 医学指导和医学意见

医疗保健机构发现孕妇患有下列严重疾病或者接触物理、化学、生物等有毒有害因素，可能危及孕妇生命安全或者可能严重影响孕妇健康和胎儿正常发育的，应当对孕妇进行医学指导：① 严重的妊娠合并症或者并发症。② 严重的精神性疾病。③ 国务院卫生行政部门规定的严重影响生育的其他疾病。医师发现或者怀疑患严重遗传性疾病的育龄夫妻，应当提出医学意见。限于现有医疗技术水平难以确诊的，应当向当事人说明情况。育龄夫妻可以选择避孕、节育、不孕等相应的医学措施。

(六) 新生儿出生医学证明

医疗保健机构和从事家庭接生的人员按照国务院卫生行政部门的规定，出具统一制发的新生儿出生医学证明；有产妇和婴儿死亡以及新生儿出生缺陷情况的，应当向卫生行政部门报告。《出生医学证明》是新生儿申报户口的证明。

五、产前诊断

(一) 产前诊断的概念

产前诊断，是指对胎儿进行先天性缺陷和遗传性疾病的诊断，包括相应筛查。产前诊断技术项目包括遗传咨询、医学影像、生化免疫、细胞遗传和分子遗传等。

产前诊断技术的应用应当以医疗为目的，符合国家有关法律规定和伦理原则，由经资格认定的医务人员在经许可的医疗保健机构中进行。医疗保健机构和医务人员不得实施任何非医疗目的的产前诊断技术。

(二) 产前诊断机构的条件

《产前诊断技术管理办法》规定，申请开展产前诊断技术的医疗保健机构，必须明确提出拟开展的产前诊断具体技术项目，并符合下列所有条件：① 设有妇产科诊疗科目。② 具有与所开展技术相适应的卫生专业技术人员。③ 具有与所开展技术相适应的技术条件和设备。④ 设有医学伦理委员会。⑤ 符合《开展产前诊断技术医疗保健机构的基本条件》及相关技术规范。

(三) 产前诊断技术人员的条件

从事产前诊断的卫生专业技术人员应符合以下所有条件：① 从事临床工作的，应取得执业医师资格。② 从事医技和辅助工作的，应取得相应卫生专业技术职称。③ 符合《从事产前诊断卫生专业技术人员的基本条件》。④ 经省级卫生行政部门批准，取得从事产前诊断的母婴保健技术考核合格证书。从事产前诊断的人员不得在未许可开展产前诊断技术的医疗保健机构中从事相关工作。

(四) 产前诊断的实施

1. **产前诊断的告知** 孕妇有下列情形之一的，经治医师应当建议其进行产前诊断：① 羊水过多或者过少的。② 胎儿发育异常或者胎儿有可疑畸形的。③ 孕早期时接触过可能导致胎儿先天缺陷的物质的。④ 有遗传病家族史或者曾经分娩过先天性严重缺陷婴儿的。⑤ 年龄超过35周岁的。既往生育过严重遗传性疾病或者严重缺陷患儿的,再次妊娠前,夫妻双方应当到医疗保健机构进行遗传咨询。医务人员应当对当事人介绍有关知识,给予咨询和指导。经治医师根据咨询的结果,对当事人提出医学建议。

2. 确定产前诊断重点疾病的条件　《产前诊断技术管理办法》规定,确定产前诊断重点疾病,应当符合下列条件：① 疾病发生率较高。② 疾病危害严重,社会、家庭和个人疾病负担大。③ 疾病缺乏有效的临床治疗方法。④ 诊断技术成熟、可靠、安全和有效。

六、严禁非医学需要的胎儿性别鉴定和选择性别人工终止妊娠

非医学需要的胎儿性别鉴定和选择性别人工终止妊娠,是指除经医学诊断胎儿可能为伴性遗传病等需要进行胎儿性别鉴定和选择性别人工终止妊娠以外,所进行的胎儿性别鉴定和选择性别人工终止妊娠。《母婴保健法》规定,严禁采用技术手段对胎儿进行性别鉴定,但医学上确有需要的除外。对怀疑胎儿可能为伴性遗传病,需要进行性别鉴定的,由省级卫生行政部门指定的医疗保健机构按照国务院卫生行政部门的规定进行鉴定。《产前诊断技术管理办法》规定,开展产前诊断技术的医疗保健机构不得擅自进行胎儿的性别鉴定。

根据 2016 年 3 月 28 日国家卫生计生委发布的《禁止非医学需要的胎儿性别鉴定和选择性别人工终止妊娠的规定》,禁止任何单位或者个人实施非医学需要的胎儿性别鉴定和选择性别人工终止妊娠。禁止任何单位或者个人介绍、组织孕妇实施非医学需要的胎儿性别鉴定和选择性别人工终止妊娠。

七、母婴保健医学技术鉴定

母婴保健医学技术鉴定,是指接受母婴保健服务的公民或者提供母婴保健服务的医疗保健机构,对婚前医学检查、遗传病诊断、产前诊断的结果或医学技术鉴定结论持有异议所进行的医学技术鉴定。母婴保健医学技术鉴定工作必须坚持实事求是、尊重科学、公正鉴定、保守秘密的原则。

(一) 医学技术鉴定组织

根据《母婴保健医学技术鉴定管理办法》的规定,县级以上地方人民政府可以设立母婴保健医学技术鉴定委员会,负责对本行政区域内有异议的婚前医学检查、遗传病诊断、产前诊断结果和有异议的下一级医学技术鉴定结论进行医学技术鉴定。母婴保健医学技术鉴定委员会分为省、市、县 3 级。

医学技术鉴定委员会应当由妇产科、儿科、妇女保健、儿童保健、生殖保健、医学遗传、神经病学、精神病学、传染病学等医学专家组成。从事医学技术鉴定的人员,必须由具有以下条件的人员担任：① 具有认真负责的精神和良好的医德风尚。② 具有丰富的医疗保健实践经验和相关学科理论知识。③ 县级应具有主治医师以上的专业技术职务;市级应具有副主任以上的专业技术职务;省级应具有主任或教授技术职务。医学技术鉴定委员会的组成人员,由卫生行政部门提名,同级人民政府聘任,组成人员任期 4 年,可以连任。

(二) 医学技术鉴定的程序

公民对许可的医疗保健机构出具的婚前医学检查、遗传病诊断、产前诊断结果持有异议的,可在接到诊断结果证明之日起 15 日内,向当地医学技术鉴定委员会办事机构提出书面申请,同时填写母婴保健医学技术鉴定申请表,提供与鉴定有关的材料。医学技术鉴定委员会应当在接到母婴

保健医学技术鉴定申请表之日起30日内作出医学技术鉴定结论,如有特殊情况,最长不得超过90日。如鉴定有困难,可向上一级医学技术鉴定委员会提出鉴定申请,上级鉴定委员会在接到鉴定申请后30日内作出鉴定结论。如省级技术鉴定有困难,可转至有条件的医疗保健机构进行检查确诊,出具检测报告,由省级医学技术鉴定委员会作出鉴定结论。

医学技术鉴定委员会进行医学技术鉴定时必须有5个以上相关专业医学技术鉴定委员会成员参加。参加鉴定人员中与当事人有利害关系的,应当回避。医学技术鉴定委员会成员在发表鉴定意见前,可以要求当事人及有关人员到会陈述理由和事实经过,当事人应当如实回答提出的询问。当事人无正当理由不到会的,鉴定仍可照常进行。医学技术鉴定委员会成员发表医学技术鉴定意见时,当事人应当回避。鉴定委员会成员应当在鉴定结论上署名;不同意见应当如实记录。鉴定委员会根据鉴定结论向当事人出具鉴定意见书。

当事人对鉴定结论有异议的,可在接到母婴保健医学技术鉴定证明之日起15日内向上一级医学技术鉴定委员会申请重新鉴定。省级医学技术鉴定委员会的医学技术鉴定结论,为最终鉴定结论。

八、新生儿疾病筛查

新生儿疾病筛查,是指在新生儿期对严重危害新生儿健康的先天性、遗传性疾病施行专项检查,提供早期诊断和治疗的母婴保健技术。

新生儿疾病筛查是提高出生人口素质、减少出生缺陷的预防措施之一。各级各类医疗机构和医务人员应当在工作中开展新生儿疾病筛查的宣传教育工作。

(一)新生儿疾病筛查的病种

根据2009年卫生部《新生儿疾病筛查管理办法》,全国新生儿疾病筛查病种包括先天性甲状腺功能减低症、苯丙酮尿症等新生儿遗传代谢病和听力障碍。

国务院卫生行政部门根据需要对全国新生儿疾病筛查病种进行调整。省、自治区、直辖市人民政府卫生行政部门可以根据本行政区域的医疗资源、群众需求、疾病发生率等实际情况,增加本行政区域内新生儿疾病筛查病种,并报国务院卫生行政部门备案。

(二)新生儿疾病筛查的原则和程序

新生儿疾病筛查遵循自愿和知情选择的原则。医疗机构在实施新生儿疾病筛查前,应当将新生儿疾病筛查的项目、条件、方式、灵敏度和费用等情况如实告知新生儿的监护人,并取得签字同意。

新生儿遗传代谢病筛查程序包括血片采集、送检、实验室检测、阳性病例确诊和治疗。新生儿听力筛查程序包括初筛、复筛、阳性病例确诊和治疗。

九、儿童保健

儿童保健,是指以0~6岁儿童为对象的保健服务。儿童保健管理包括散居儿童保健管理和学龄前集体儿童卫生保健管理。儿童保健内容主要包括以下3个方面。

1. **胎儿保健** 动态监测胎儿发育状况,为孕妇提供合理膳食、良好生活环境和心理状态的指导,避免或减少孕期有害因素对胎儿的影响,开展产前筛查和诊断。

2. **新生儿保健** 主要包括:① 新生儿出院前,由助产单位医务人员进行预防接种和健康评估,根据结果提出相应的指导意见。② 开展新生儿访视,访视次数不少于2次,首次访视应在出院7日之内进行,对高危新生儿酌情增加访视次数。访视内容包括全面健康检查、母乳喂养和科学育儿指导,发现异常,应指导及时就诊。③ 按照《新生儿疾病筛查管理办法》和技术规范,开展新生儿疾病筛查工作。

3. **婴幼儿及学龄前期儿童保健** 主要包括:① 建立儿童保健册(表、卡),提供定期健康体检或生长监测服务,做到正确评估和指导。② 为儿童提供健康检查,1岁以内婴儿每年4次、1~2岁儿童每年2次、3岁以上儿童每年1次。开展体格发育及健康状况评价,提供婴幼儿喂养咨询和口腔卫生行为指导。按照国家免疫规划进行预防接种。③ 对早产儿、低出生体重儿、中重度营养不良、单纯性肥胖、中重度贫血、活动期佝偻病、先心病等高危儿童进行专案管理。④ 根据不同年龄儿童的心理发育特点,提供心理行为发育咨询指导。⑤ 开展高危儿童筛查、监测、干预及转诊工作,对残障儿童进行康复训练与指导。⑥ 开展儿童五官保健服务,重点对龋齿、听力障碍、弱视、屈光不正等疾病进行筛查和防治。⑦ 采取综合措施预防儿童意外伤害的发生。

十、母婴保健机构和母婴保健工作人员

(一) 母婴保健机构

母婴保健机构,是指依据《母婴保健法》开展母婴保健业务的各级妇幼保健机构以及其他开展母婴保健技术服务的机构。母婴保健机构依法开展婚前医学检查、遗传病诊断、产前诊断以及施行结扎手术和终止妊娠手术的,必须符合国务院卫生行政部门规定的条件和技术标准,并经县级以上地方人民政府卫生行政部门许可。

(二) 母婴保健工作人员

《母婴保健法》规定,从事遗传病诊断、产前诊断的人员,必须经过省、自治区、直辖市人民政府卫生行政部门的考核,并取得相应的合格证书。从事婚前医学检查、施行结扎手术和终止妊娠手术的人员以及从事家庭接生的人员,必须经过县级以上地方人民政府卫生行政部门的考核,并取得相应的合格证书。从事母婴保健工作的人员应当严格遵守职业道德,为当事人保守秘密。

十一、法律责任

(一) 违反规定从事胎儿性别鉴定的法律责任

违反《母婴保健法》及其实施办法规定进行胎儿性别鉴定的,由卫生行政部门给予警告,责令停止违法行为;对母婴保健机构直接负责的主管人员和其他直接责任人员,依法给予行政处分。进行胎儿性别鉴定2次以上的或者以营利为目的进行胎儿性别鉴定的,并由原发证机关撤销相应的母婴保健技术执业资格或者医师执业证书。

(二) 擅自从事母婴保健工作的责任

未取得国家颁发的有关合格证书,有下列行为之一的,县级以上地方人民政府卫生行政部门应当予以制止,并可根据情节给予警告或者处以罚款:① 从事婚前医学检查、遗传病诊断或者医学技术鉴定的。② 施行终止妊娠手术的。③ 出具法律规定的有关医学证明的。同时,违法出具的医学证明视为无效。

母婴保健机构或者人员未取得母婴保健技术许可,擅自从事婚前医学检查、遗传病诊断、产前诊断、终止妊娠手术和医学技术鉴定或者出具有关医学证明的,由卫生行政部门给予警告,责令停

止违法行为,没收违法所得;违法所得5 000元以上的,并处违法所得3倍以上5倍以下的罚款;没有违法所得或者违法所得不足5 000元的,并处5 000元以上2万元以下的罚款。

未取得国家颁发的有关合格证书,施行终止妊娠手术或者采取其他方法中止妊娠,致人死亡、残疾、丧失或者基本丧失劳动能力的,依照刑法有关规定追究刑事责任。《刑法》第三百三十六条规定,未取得医生执业资格的人擅自为他人进行节育复通手术、假节育手术、终止妊娠手术或者摘取宫内节育器,情节严重的,处3年以下有期徒刑、拘役或者管制,并处或者单处罚金;严重损害就诊人身体健康的,处3年以上10年以下有期徒刑,并处罚金;造成就诊人死亡的,处10年以上有期徒刑,并处罚金。

(三)造成医疗损害的法律责任

母婴保健机构及其工作人员在母婴保健工作中,违反医疗卫生管理法律、行政法规、部门规章和诊疗护理规范、常规,过失造成患者人身损害的,应根据《医疗事故处理条例》的有关规定,承担相应的民事责任。

根据《母婴保健法》的规定,取得相应合格证书的从事母婴保健的工作人员由于严重不负责任,造成就诊人员死亡或者严重损害就诊人身体健康的,依照《刑法》第三百三十五条医疗事故罪追究刑事责任。

(梁静姮)

第十三章 食品安全法律制度

导学

1. 掌握食品安全的概念、食品生产经营的一般规定和过程控制。
2. 熟悉食品安全风险监测和评估、食品标签、说明书和广告、特殊食品、食品安全标准与食品检验、食品安全事故处置。
3. 了解食品安全监督管理、法律责任。

第一节 概述

一、食品安全的概念

食品,是指各种供人食用或者饮用的成品和原料以及按照传统既是食品又是中药材的物品,但是不包括以治疗为目的的物品。

食品安全,是指食品无毒、无害,符合应当有的营养要求,对人体健康不造成任何急性、亚急性或者慢性危害。

二、食品安全立法

食品是人类赖以生存和发展的物质基础,我国自新中国成立以来就一直非常重视食品安全问题。1953年7月17日,卫生部颁布了《清凉饮食物管理暂行办法》,这是我国第一部食品卫生规章。1982年11月19日,第五届全国人大常委会第二十五次会议通过了我国第一部食品卫生法律《食品卫生法(试行)》。1995年10月30日,第八届全国人大常委会第十六次会议通过了经修订的《食品卫生法》,成为我国食品卫生法律体系的核心。卫生部、国家食品药品监督管理局相继发布了《保健食品管理办法》《转基因食品卫生管理办法》《食品添加剂卫生管理办法》《食品卫生监督程序》《食品卫生行政处罚办法》等规章,制定了《食品企业 HACCP 实施指南》。

随着市场经济的快速发展和生活水平的提高,特别是中国加入 WTO 以后,消费者对食品安全更加关注,食品安全与食品贸易的关系更为密切,提高我国食品安全水平的要求越来越迫切。为了切实控制食品污染,减少食源性疾病,保障消费者健康,促进经济发展,2003年8月14日,卫生部制定并实施了《食品安全行动计划》;2004年9月1日,国务院发布《关于进一步加强食品安全工作的决定》;2007年7月26日,国务院发布《关于加强食品等产品安全监督管理的特别规定》。为了保证食品安全,保障公众身体健康和生命安全,2009年2月28日,第十一届全国人大常委会第七次会议通过了《食品安全法》,自2009年6月1日起施行。《食品安全法》是为了适应我国食品工业新形势、新发展的需求,完善我国食品安全监管机制而制定的。该法对涉及食品安全的相关问题做出了全面规定,对我国建立科学、严格的食品安全监督管理制度,保证食品安全,保障公众身体健康和生命安全具有重大的意义。2009年7月20日,国务院颁布了《食品安全法实施条例》。2015年4月24日,第十二届全国人大常委会第十四次会议对《食品安全法》进行了修订。

三、《食品安全法》的适用范围

在中华人民共和国境内从事下列活动,应当遵守《食品安全法》：① 食品生产和加工(以下称食品生产),食品销售和餐饮服务(以下称食品经营)。② 食品添加剂的生产经营。③ 用于食品的包装材料、容器、洗涤剂、消毒剂和用于食品生产经营的工具、设备(以下称食品相关产品)的生产经营。④ 食品生产经营者使用食品添加剂、食品相关产品。⑤ 食品的贮存和运输。⑥ 对食品、食品添加剂、食品相关产品的安全管理。

供食用的源于农业的初级产品(以下称食用农产品)的质量安全管理,遵守《农产品质量安全法》的规定。但是,食用农产品的市场销售、有关质量安全标准的制定、有关安全信息的公布和《食品安全法》对农业投入品做出规定的,应当遵守《食品安全法》的规定。

第二节 食品安全风险监测和评估

一、食品安全风险监测

食品安全风险监测,是通过系统和持续地收集食源性疾病、食品污染以及食品中有害因素的监测数据及相关信息,并进行综合分析和及时通报的活动。

《食品安全法》规定,国家建立食品安全风险监测制度,对食源性疾病、食品污染以及食品中的有害因素进行监测。食源性疾病,是指食品中致病因素进入人体引起的感染性、中毒性等疾病,包括常见的食物中毒、肠道传染病、人畜共患传染病等。食品污染,是指根据国际食品安全管理的一般规则,在食品生产、加工或流通等过程中因非故意原因进入食品的外来污染物。食品中有害因素,是指在食品生产、流通、餐饮服务等环节,除了食品污染以外的其他可能途径进入食品的有害因素。

二、食品安全风险评估

食品安全风险评估,是指对食品、食品添加剂、食品相关产品中生物性、化学性和物理性危害对人体健康可能造成的不良影响所进行的科学评估。

《食品安全法》规定,国家建立食品安全风险评估制度,运用科学方法,根据食品安全风险监测信息、科学数据以及有关信息,对食品、食品添加剂、食品相关产品中生物性、化学性和物理性危害因素进行风险评估。食品安全风险评估结果是制定、修订食品安全标准和实施食品安全监督管理的科学依据。

国家食品安全风险评估专家委员会按照风险评估实施方案,遵循下列模块的结构化程序开展风险评估:① 危害识别,是根据流行病学、动物试验、体外试验、结构—活性关系等科学数据和文献信息确定人体暴露于某种危害后是否会对健康造成不良影响、造成不良影响的可能性,以及可能处于风险之中的人群和范围。② 危害特征描述,是对与危害相关的不良健康作用进行定性或定量描述。③ 暴露评估,是描述危害进入人体的途径,估算不同人群摄入危害的水平。④ 风险特征描述,是在危害识别、危害特征描述和暴露评估的基础上,综合分析危害对人群健康产生不良作用的风险及其程度,同时应当描述和解释风险评估过程中的不确定性。

第三节 食品生产经营

一、食品生产经营的卫生规定

(一)食品生产经营中的卫生要求

食品生产经营应当符合食品安全标准,同时应当符合以下要求。

(1) 具有与生产经营的食品品种、数量相适应的食品原料处理和食品加工、包装、贮存等场所,保持该场所环境整洁,并与有毒、有害场所以及其他污染源保持规定的距离。

(2) 具有与生产经营的食品品种、数量相适应的生产经营设备或者设施,有相应的消毒、更衣、盥洗、采光、照明、通风、防腐、防尘、防蝇、防鼠、防虫、洗涤以及处理废水、存放垃圾和废弃物的设备或者设施。

(3) 有专职或者兼职的食品安全专业技术人员、食品安全管理人员和保证食品安全的规章制度。

(4) 具有合理的设备布局和工艺流程,防止待加工食品与直接入口食品、原料与成品交叉污染,避免食品接触有毒物、不洁物。

(5) 餐具、饮具和盛放直接入口食品的容器,使用前应当洗净、消毒,炊具、用具用后应当洗净,保持清洁。

(6) 贮存、运输和装卸食品的容器、工具和设备应当安全、无害,保持清洁,防止食品污染,并符合保证食品安全所需的温度、湿度等特殊要求,不得将食品与有毒、有害物品一同贮存、运输。

(7) 直接入口的食品应当使用无毒、清洁的包装材料、餐具、饮具和容器。

(8) 食品生产经营人员应当保持个人卫生;生产经营食品时,应当将手洗净,穿戴清洁的工作衣、帽等;销售无包装的直接入口食品时,应当使用无毒、清洁的容器、售货工具和设备。

(9) 用水应当符合国家规定的生活饮用水卫生标准。

(10) 使用的洗涤剂、消毒剂应当对人体安全、无害。

(11) 法律、法规规定的其他要求。

非食品生产经营者从事食品贮存、运输和装卸的,应当符合上述第六项的规定。

(二) 禁止生产经营的食品

《食品安全法》规定,禁止生产经营下列食品、食品添加剂、食品相关产品。

(1) 用非食品原料生产的食品或者添加食品添加剂以外的化学物质和其他可能危害人体健康物质的食品,或者用回收食品作为原料生产的食品。

(2) 致病性微生物,农药残留、兽药残留、生物毒素、重金属等污染物质以及其他危害人体健康的物质含量超过食品安全标准限量的食品、食品添加剂、食品相关产品。

(3) 用超过保质期的食品原料、食品添加剂生产的食品、食品添加剂。

(4) 超范围、超限量使用食品添加剂的食品。

(5) 营养成分不符合食品安全标准的专供婴幼儿和其他特定人群的主辅食品。

(6) 腐败变质、油脂酸败、霉变生虫、污秽不洁、混有异物、掺假掺杂或者感官性状异常的食品、食品添加剂。

(7) 病死、毒死或者死因不明的禽、畜、兽、水产动物肉类及其制品。

(8) 未按规定进行检疫或者检疫不合格的肉类,或者未经检验或者检验不合格的肉类制品。

(9) 被包装材料、容器、运输工具等污染的食品、食品添加剂。

(10) 标注虚假生产日期、保质期或者超过保质期的食品、食品添加剂。

(11) 无标签的预包装食品、食品添加剂。

(12) 国家为防病等特殊需要明令禁止生产经营的食品。

(13) 其他不符合法律、法规或者食品安全标准的食品、食品添加剂、食品相关产品。

二、食品生产经营管理

(一) 食品生产经营许可制度

1. 食品生产经营许可 国家对食品生产经营实行许可制度。在我国境内从事食品生产、食品销售、餐饮服务,应当依法取得许可。但是,销售食用农产品,不需要取得许可。

2. 食品添加剂生产许可 国家对食品添加剂生产实行许可制度。在我国境内从事食品添加剂生产,应当具有与所生产食品添加剂品种相适应的场所、生产设备或者设施、专业技术人员和管理制度,并依法取得食品添加剂生产许可。

(二) 食品生产经营企业的管理制度

国家鼓励食品生产经营企业符合良好生产规范要求,实施危害分析与关键控制点体系,提高食品安全管理水平。食品生产经营企业应当建立健全食品安全管理制度和食品安全自查制度,对职工进行食品安全知识培训,加强食品检验工作,依法从事生产经营活动,对原料、生产关键环节、检验、运输和交付等事项制定并实施控制要求,定期对食品安全状况进行检查评价,保证所生产的食品符合食品安全标准。

(三) 食品、食品添加剂生产经营记录制度

1. 进货查验记录 食品生产经营企业、食品添加剂经营者采购食品、食品原料、食品添加剂、食品相关产品,应当查验供货者的许可证和其他合格证明,并建立进货查验记录制度,如实记录货品的名称、规格、数量、生产日期或者生产批号、保质期、进货日期以及供货者名称、地址、联系方式等内容,并保存相关凭证。记录和凭证保存期限不得少于产品保质期满后6个月;没有明确保质期的,保存期限不得少于2年。

2. **出厂检验记录** 食品生产企业、食品添加剂生产者应当建立出厂检验记录制度,查验出厂产品的检验合格证和安全状况,如实记录食品、食品添加剂的名称、规格、数量、生产日期或者生产批号、保质期、检验合格证号、销售日期以及购货者名称、地址、联系方式等内容,并保存相关凭证。记录和凭证保存期限同上。

(四) 食品添加药品的规定

生产经营的食品中不得添加药品,但是可以添加按照传统既是食品又是中药材的物质。按照传统既是食品又是中药材的物质的目录由国务院卫生行政部门制定、公布。

(五) 食品生产经营人员健康管理制度

食品生产经营者应当建立并执行从业人员健康管理制度。患有国务院卫生行政部门规定的有碍食品安全疾病的人员,不得从事接触直接入口食品的工作。从事接触直接入口食品工作的食品生产经营人员应当每年进行健康检查,取得健康证明后方可上岗工作。

(六) 餐饮服务提供者的管理制度

餐饮服务提供者应当定期维护食品加工、贮存、陈列等设施、设备;定期清洗、校验保温设施及冷藏、冷冻设施;应当按照要求对餐具、饮具进行清洗消毒,不得使用未经清洗消毒的餐具、饮具。

(七) 食品交易组织者的管理制度

集中交易市场的开办者、柜台出租者和展销会举办者,应当依法审查入场食品经营者的许可证,明确其食品安全管理责任,定期对其经营环境和条件进行检查,发现其有违法行为的,应当及时制止并立即报告所在地县级人民政府食品药品监督管理部门。

网络食品交易第三方平台提供者应当对入网食品经营者进行实名登记,明确其食品安全管理责任;依法应当取得许可证的,还应当审查其许可证;发现入网食品经营者有违法行为的,应当及时制止并立即报告所在地县级人民政府食品药品监督管理部门;发现严重违法行为的,应当立即停止提供网络交易平台服务。

(八) 食品安全全程追溯制度

国家建立食品安全全程追溯制度。食品生产经营者应当依照本法的规定,建立食品安全追溯体系,保证食品可追溯。国家鼓励食品生产经营者采用信息化手段采集、留存生产经营信息,建立食品安全追溯体系。国务院食品药品监督管理部门会同国务院农业行政等有关部门建立食品安全全程追溯协作机制。

(九) 食品召回制度

食品召回,是指食品生产者按照规定程序,对由其生产原因造成的某一批次或类别的不安全食品,通过换货、退货、补充或修正消费说明等方式,及时消除或减少食品安全危害的活动。

国家建立食品召回制度。食品生产者发现其生产的食品不符合食品安全标准或者有证据证明可能危害人体健康的,应当立即停止生产,召回已经上市销售的食品,通知相关生产经营者和消费者,并记录召回和通知情况。食品经营者发现其经营的食品有上述情形的,应当立即停止经营,通知相关生产经营者和消费者,并记录停止经营和通知情况。食品生产者认为应当召回的,应当立即召回。由食品经营者的原因造成上述情形的,食品经营者应当召回。

食品生产经营者应当对召回的食品采取无害化处理、销毁等措施,防止其再次流入市场。但是,对因标签、标志或者说明书不符合食品安全标准而被召回的食品,食品生产者在采取补救措施且能保证食品安全的情况下可以继续销售;销售时应当向消费者明示补救措施。食品生产经营者应当将食品召回和处理情况向所在地县级人民政府食品药品监督管理部门报告;需要对召回的食品进行无害化处理、销毁的,应当提前报告时间、地点。食品药品监督管理部门认为必要的,可以实施现场监督。食品生产经营者未依法召回或者停止经营的,县级以上人民政府食品药品监督管理部门可以责令其召回或者停止经营。

三、食品标签、说明书和广告管理

食品和食品添加剂的标签、说明书应当清楚、明显,生产日期、保质期等事项应当显著标注,容易辨识。食品和食品添加剂标签、说明书不得含有虚假内容,不得涉及疾病预防、治疗功能。生产经营者对其提供的标签、说明书的内容负责。

食品广告的内容应当真实合法,不得含有虚假内容,不得涉及疾病预防、治疗功能。食品生产经营者对食品广告内容的真实性、合法性负责。县级以上人民政府食品药品监督管理部门和其他有关部门以及食品检验机构、食品行业协会不得以广告或者其他形式向消费者推荐食品。消费者组织不得以收取费用或者其他牟取利益的方式向消费者推荐食品。

(一)食品标签、说明书和广告的规定

1. **预包装食品** 预包装食品的包装上应当有标签,标签应当标明:① 名称、规格、净含量、生产日期。② 成分或者配料表。③ 生产者的名称、地址、联系方式。④ 保质期。⑤ 产品标准代号。⑥ 贮存条件。⑦ 所使用的食品添加剂在国家标准中的通用名称。⑧ 生产许可证编号。⑨ 法律、法规或者食品安全标准规定应当标明的其他事项。专供婴幼儿和其他特定人群的主辅食品,其标签还应当标明主要营养成分及其含量。

2. **散装食品** 食品经营者销售散装食品,应当在散装食品的容器、外包装上标明食品的名称、生产日期或者生产批号、保质期以及生产经营者名称、地址、联系方式等内容。

3. **转基因食品** 生产经营转基因食品应当按照规定显著标示。

(二)食品添加剂标签、说明书的规定

食品添加剂应当有标签、说明书和包装。标签、说明书应载明除所使用的食品添加剂在国家标准中的通用名称之外的其他预包装食品标签应标明事项,以及食品添加剂的使用范围、用量、使用方法,并在标签上载明"食品添加剂"字样。

四、特殊食品管理

国家对保健食品、特殊医学用途配方食品和婴幼儿配方食品等特殊食品实行严格监督管理。

(一)保健食品管理

保健食品,是指声称具有特定保健功能或者以补充维生素、矿物质为目的的食品。保健食品的标签、说明书不得涉及疾病预防、治疗功能,内容应当真实,与注册或者备案的内容相一致,载明适宜人群、不适宜人群、功效成分或者标志性成分及其含量等,并声明"本品不能代替药物"。保健食品广告除应当符合食品广告的一般规定外,还应当声明"本品不能代替药物"。

(二)特殊医学用途配方食品的管理

特殊医学用途配方食品,是指为了满足进食受限、消化吸收障碍、代谢紊乱或特定疾病状态人群对营养素或膳食的特殊需要,专门加工配制而成的配方食品,包括适用于 0 月龄至 12 月龄的特殊医学用途婴儿配方食品和适用于 1 岁以上人群的特殊医学用途配方食品。特殊医学用途配方食品应当经国务院食品药品监督管理部门注册。注册时,应当提交产品配方、生产工艺、标签、说明书以及表明产品安全性、营养充足性和特殊医学用途临床效果的材料。

(三)婴幼儿配方食品的管理

婴幼儿配方食品,是指符合相关法律法规和食品安全国家标准要求,以乳类及乳蛋白制品为主要原料,加入适量的维生素、矿物质和(或)其他成分,仅用物理方法生产加工制成的粉状产品,适用于正常婴幼儿食用。

婴幼儿配方食品生产企业应当实施从原料进厂到成品出厂的全过程质量控制,对出厂的婴幼儿配方食品实施逐批检验,保证食品安全。生产婴幼儿配方食品使用的生鲜乳、辅料等食品原料、食品添加剂等,应当符合法律、行政法规的规定和食品安全国家标准,保证婴幼儿生长发育所需的营养成分。婴幼儿配方食品生产企业应当将食品原料、食品添加剂、产品配方及标签等事项向省、自治区、直辖市人民政府食品药品监督管理部门备案。婴幼儿配方乳粉的产品配方应当经国务院食品药品监督管理部门注册。注册时,应当提交配方研发报告和其他表明配方科学性、安全性的材料。不得以分装方式生产婴幼儿配方乳粉,同一企业不得用同一配方生产不同品牌的婴幼儿配方乳粉。

五、食品进出口管理

国家出入境检验检疫部门对进出口食品安全实施监督管理。进口的食品、食品添加剂、食品相关产品应当符合我国食品安全国家标准。出口食品生产企业应当保证其出口食品符合进口国(地区)的标准或者合同要求。境外发生的食品安全事件可能对我国境内造成影响,或者在进口食品、食品添加剂、食品相关产品中发现严重食品安全问题的,国家出入境检验检疫部门应当及时采取风险预警或者控制措施,并向国务院食品药品监督管理、卫生行政、农业行政部门通报。接到通报的部门应当及时采取相应措施。

(一)进口尚无食品安全国家标准食品的规定

进口尚无食品安全国家标准的食品,由境外出口商、境外生产企业或者其委托的进口商向国务院卫生行政部门提交所执行的相关国家(地区)标准或者国际标准。国务院卫生行政部门对相关标准进行审查,认为符合食品安全要求的,决定暂予适用,并及时制定相应的食品安全国家标准。

进口利用新的食品原料生产的食品或者进口食品添加剂新品种、食品相关产品新品种,应当向国务院卫生行政部门提交相关产品的安全性评估材料。

(二)进口预包装食品的标签要求

进口的预包装食品、食品添加剂应当有中文标签;依法应当有说明书的,还应当有中文说明书。标签、说明书应当符合本法以及我国其他有关法律、行政法规的规定和食品安全国家标准的要求,并载明食品的原产地以及境内代理商的名称、地址、联系方式。预包装食品没有中文标签、中文说明书或者标签、说明书不符合本条规定的,不得进口。

(三) 进口食品购销记录

进口商应当建立食品、食品添加剂进口和销售记录制度,如实记录食品、食品添加剂的名称、规格、数量、生产日期、生产或者进口批号、保质期、境外出口商和购货者名称、地址及联系方式、交货日期等内容,并保存相关凭证。

(四) 食品进出口信用管理

国家出入境检验检疫部门应当对进出口食品的进口商、出口商和出口食品生产企业实施信用管理,建立信用记录,并依法向社会公布。对有不良记录的进口商、出口商和出口食品生产企业,应当加强对其进出口食品的检验检疫。

第四节　食品安全标准与食品检验

一、食品安全标准的概念

食品安全标准,是指为了保证食品安全,对食品生产经营过程中影响食品安全的各种要素以及各关键环节所规定的统一技术要求。制定食品安全标准,应当以保障公众身体健康为宗旨,做到科学合理、安全可靠。

二、食品安全标准的内容

食品安全标准应当包括下列内容:① 食品、食品添加剂、食品相关产品中的致病性微生物,农药残留、兽药残留、生物毒素、重金属等污染物质以及其他危害人体健康物质的限量规定。② 食品添加剂的品种、使用范围、用量。③ 专供婴幼儿和其他特定人群的主辅食品的营养成分要求。④ 对与卫生、营养等食品安全要求有关的标签、标志、说明书的要求。⑤ 食品生产经营过程的卫生要求。⑥ 与食品安全有关的质量要求。⑦ 与食品安全有关的食品检验方法与规程。⑧ 其他需要制定为食品安全标准的内容。

三、食品安全标准的制定

1. **国家标准**　食品安全国家标准由国务院卫生行政部门会同国务院食品药品监督管理部门制定、公布。制定食品安全国家标准,应当依据食品安全风险评估结果并充分考虑食用农产品安全风险评估结果,参照相关的国际标准和国际食品安全风险评估结果,并将食品安全国家标准草案向社会公布,广泛听取食品生产经营者、消费者、有关部门等方面的意见。

2. **地方标准**　对地方特色食品,没有食品安全国家标准的,省、自治区、直辖市人民政府卫生行政部门可以制定并公布食品安全地方标准,报国务院卫生行政部门备案。食品安全国家标准制定后,该地方标准即行废止。

3. **企业标准**　国家鼓励食品生产企业制定严于食品安全国家标准或者地方标准的企业标准,在本企业适用,并报省、自治区、直辖市人民政府卫生行政部门备案。

四、食品检验

食品检验机构的资质认定条件和检验规范,由国务院食品药品监督管理部门规定。食品检验机构按照国家有关认证认可的规定取得资质认定后,方可从事食品检验活动。

县级以上人民政府食品药品监督管理部门应当对食品进行定期或者不定期的抽样检验,并依据有关规定公布检验结果,不得免检。

食品检验由食品检验机构指定的检验人独立进行,实行食品检验机构与检验人负责制,食品检验机构和检验人对出具的食品检验报告负责。

第五节　食品安全事故处置

一、食品安全事故与应急预案的概念

食品安全事故,是指食源性疾病、食品污染等源于食品,对人体健康有危害或者可能有危害的事故。食品安全事故分特别重大、重大、较大和一般4级。

食品安全事故应急预案,是指经过一定程序制定的开展食品安全事故应急处理工作的事先指导方案。国务院组织制定国家食品安全事故应急预案。县级以上地方人民政府制定本行政区域的食品安全事故应急预案,并报上一级人民政府备案。

二、食品安全事故的应急处理

(一) 食品安全事故的报告与通报

发生食品安全事故的单位应当立即采取措施,防止事故扩大。事故单位和接收患者进行治疗的单位应当及时向事故发生地县级人民政府食品药品监督管理、卫生行政部门报告。县级以上人民政府质量监督、农业行政等部门在日常监督管理中发现食品安全事故或者接到事故举报,应当立即向同级食品药品监督管理部门通报。发生食品安全事故,接到报告的县级人民政府食品药品监督管理部门应当按照应急预案的规定向本级人民政府和上级人民政府食品药品监督管理部门报告。县级人民政府和上级人民政府食品药品监督管理部门应当按照应急预案的规定上报。

医疗机构发现其接收的患者属于食源性疾病患者或者疑似患者的,应当按照规定及时将相关信息向所在地县级人民政府卫生行政部门报告。县级人民政府卫生行政部门认为与食品安全有关的,应当及时通报同级食品药品监督管理部门。县级以上人民政府卫生行政部门在调查处理传染病或者其他突发公共卫生事件中发现与食品安全相关的信息,应当及时通报同级食品药品监督管理部门。

(二) 食品安全事故的应急措施

县级以上人民政府食品药品监督管理部门接到食品安全事故的报告后,应当立即会同有关部门进行调查处理,并采取下列措施,防止或者减轻社会危害:① 开展应急救援工作,组织救治因食品安全事故导致人身伤害的人员。② 封存可能导致食品安全事故的食品及其原料,并立即进行检验;对确认属于被污染的食品及其原料,责令食品生产经营者依法召回或者停止经营。③ 封存被污染的食品相关产品,并责令进行清洗消毒。④ 做好信息发布工作,依法对食品安全事故及其处理情况进行发布,并对可能产生的危害加以解释、说明。

三、食品安全事故的调查

发生食品安全事故,设区的市级以上人民政府食品药品监督管理部门应当立即会同有关部门进行事故责任调查,督促有关部门履行职责,向本级人民政府和上一级人民政府食品药品监督管理部门提出事故责任调查处理报告。

调查食品安全事故,应当坚持实事求是、尊重科学的原则,及时、准确查清事故性质和原因,认定事故责任,提出整改措施;除查明事故单位的责任外,还应当查明有关监督管理部门、食品检验机构、认证机构及其工作人员的责任。

第六节 食品安全监督管理

一、食品安全监督管理体制

国务院设立食品安全委员会,主要负责分析食品安全形势,研究部署、统筹指导食品安全工作;提出食品安全监管的重大政策措施;督促落实食品安全监管责任。

国务院食品药品监督管理部门对食品生产、流通、消费环节的食品安全实施统一监督管理。

国务院卫生行政部门,组织开展食品安全风险监测和风险评估,会同国务院食品药品监督管理部门制定并公布食品安全国家标准。

县级以上地方人民政府对本行政区域的食品安全监督管理工作负责,统一领导、组织、协调本行政区域的食品安全监督管理工作以及食品安全突发事件应对工作,建立健全食品安全全程监督管理工作机制和信息共享机制。县级人民政府食品药品监督管理部门可以在乡镇或者特定区域设立派出机构。

二、食品安全监督管理内容

(一)食品安全监督管理措施

县级以上人民政府食品药品监督管理、质量监督部门履行各自食品安全监督管理职责,有权采取下列措施对生产经营者进行监督检查:① 进入生产经营场所实施现场检查。② 对生产经营的食品、食品添加剂、食品相关产品进行抽样检验。③ 查阅、复制有关合同、票据、账簿以及其他有关资料。④ 查封、扣押有证据证明不符合食品安全标准或者有证据证明存在安全隐患以及用于违法生产经营的食品、食品添加剂、食品相关产品。⑤ 查封违法从事生产经营活动的场所。

（二）食品安全信用档案

县级以上人民政府食品药品监督管理部门应当建立食品生产经营者食品安全信用档案，记录许可颁发、日常监督检查结果、违法行为查处等情况，依法向社会公布并实时更新；对有不良信用记录的食品生产经营者增加监督检查频次，对违法行为情节严重的食品生产经营者，可以通报投资主管部门、证券监督管理机构和有关的金融机构。

（三）咨询、投诉和举报

县级以上人民政府食品药品监督管理、质量监督等部门应当公布本部门的电子邮件地址或电话，接受咨询、投诉、举报。接到咨询、投诉、举报，对属于本部门职责的，应当受理并在法定期限内及时答复、核实、处理；对不属于本部门职责的，应当移交有权处理的部门并书面通知咨询、投诉、举报人。有权处理的部门应在法定期限内及时处理，不得推诿。对查证属实的举报，给予举报人奖励。

（四）食品安全信息平台

国家建立统一的食品安全信息平台，实行食品安全信息统一公布制度。公布食品安全信息，应当做到准确、及时，并进行必要的解释说明，避免误导消费者和社会舆论。

（五）涉嫌犯罪案件的移送

县级以上人民政府食品药品监督管理、质量监督等部门发现涉嫌食品安全犯罪的，应当按照有关规定及时将案件移送公安机关。公安机关移送至食品药品监督管理、质量监督等部门和监察机关的行政案件，有关部门应当依法处理。

第七节　法律责任

一、违法从事食品生产经营活动的法律责任

（1）违反《食品安全法》规定，有下列情形之一的，由有关主管部门按照各自职责分工，没收违法所得、违法生产经营的食品和用于违法生产经营的工具、设备、原料等物品；违法生产经营的食品货值金额不足1万元的，并处10万元以上15万元以下罚款；货值金额1万元以上的，并处货值金额15倍以上30倍以下罚款；情节严重的，吊销许可证，并可以由公安机关对其直接负责的主管人员和其他直接责任人员处5日以上15日以下拘留。① 用非食品原料生产食品、在食品中添加食品添加剂以外的化学物质和其他可能危害人体健康的物质，或者用回收食品作为原料生产食品，或者经营上述食品。② 生产经营营养成分不符合食品安全标准的专供婴幼儿和其他特定人群的主辅食品。③ 经营病死、毒死或者死因不明的禽、畜、兽、水产动物肉类，或者生产经营其制品。④ 经营未按规定进行检疫或者检疫不合格的肉类，或者生产经营未经检验或者检验不合格的肉类制品。⑤ 生产经营国家为防病等特殊需要明令禁止生产经营的食品。⑥ 生产经营添加药品的食品。

《刑法》规定，生产、销售不符合卫生标准的食品，足以造成严重食物中毒事故或者其他严重食源性疾患的，处3年以下有期徒刑或者拘役，并处罚金；对人体健康造成严重危害或者有其他严重

情节的,处 3 年以上 7 年以下有期徒刑,并处罚金;后果特别严重的,处 7 年以上有期徒刑或者无期徒刑,并处罚金或者没收财产。

《刑法》规定,在生产、销售的食品中掺入有毒、有害的非食品原料的,或者销售明知掺有有毒、有害的非食品原料的食品的,处 5 年以下有期徒刑,并处罚金;对人体健康造成严重危害或者有其他严重情节的,处 5 年以上 10 年以下有期徒刑,并处罚金;致人死亡或者有其他特别严重情节的,处 10 年以上有期徒刑、无期徒刑或者死刑,并处罚金或者没收财产。

(2) 食品生产经营有下列情形之一的,由县级以上人民政府食品药品监督管理部门没收违法所得和违法生产经营的食品、食品添加剂,并可以没收用于违法生产经营的工具、设备、原料等物品;违法生产经营的食品、食品添加剂货值金额不足 1 万元的,并处 5 000 元以上 5 万元以下罚款;货值金额 1 万元以上的,并处货值金额 5 倍以上 10 倍以下罚款;情节严重的,责令停产停业,直至吊销许可证。① 生产经营被包装材料、容器、运输工具等污染的食品、食品添加剂。② 生产经营无标签的预包装食品、食品添加剂或者标签、说明书不符合本法规定的食品、食品添加剂。③ 生产经营转基因食品未按规定进行标示。④ 食品生产经营者采购或者使用不符合食品安全标准的食品原料、食品添加剂、食品相关产品。

二、食品检验机构、食品检验人员的法律责任

(1) 食品检验机构、食品检验人员出具虚假检验报告的,由授予其资质的主管部门或者机构撤销该食品检验机构的检验资质,没收所收取的检验费用,并处检验费用 5 倍以上 10 倍以下罚款,检验费用不足 1 万元的,并处 5 万元以上 10 万元以下罚款;依法对食品检验机构直接负责的主管人员和食品检验人员给予撤职或者开除处分;导致发生重大食品安全事故的,对直接负责的主管人员和食品检验人员给予开除处分。

违反《食品安全法》规定,受到开除处分的食品检验机构人员,自处分决定作出之日起 10 年内不得从事食品检验工作;因食品安全违法行为受到刑事处罚或者因出具虚假检验报告导致发生重大食品安全事故受到开除处分的食品检验机构人员,终身不得从事食品检验工作。食品检验机构聘用不得从事食品检验工作的人员的,由授予其资质的主管部门或者机构撤销该食品检验机构的检验资质。

(2) 食品药品监督管理等部门、食品检验机构、食品行业协会以广告或者其他形式向消费者推荐食品,消费者组织以收取费用或者其他牟取利益的方式向消费者推荐食品的,由有关主管部门没收违法所得,依法对直接负责的主管人员和其他直接责任人员给予记大过、降级或者撤职处分;情节严重的,给予开除处分。

三、造成人身、财产或者其他损害的法律责任

违反《食品安全法》规定,造成人身、财产或者其他损害的,依法承担赔偿责任。食品生产经营者,违反《食品安全法》的规定,生产不符合食品安全标准的食品或者销售明知是不符合食品安全标准的食品,消费者除要求赔偿损失外,还可以向生产者或者经营者要求支付价款 10 倍或者损失 3 倍的赔偿金;增加赔偿的金额不足 1 000 元的,为 1 000 元。违反《食品安全法》规定,应当承担民事赔偿责任和缴纳罚款、罚金,其财产不足以同时支付时,先承担民事赔偿责任。

(石小迪)

第十四章 药品管理法律制度

导学

1. 掌握药品的概念、处方药和非处方药分类管理、假药和劣药的定义。
2. 熟悉麻醉药品和精神药品购进与使用管理规定、医疗用毒性药品和放射性药品的定义、医疗用毒性药品使用管理规定、单采血浆站和原料血浆的概念。
3. 了解开办药品生产经营企业具备的条件、药品进出口管理规定、血液制品生产和经营活动管理规定、疫苗流通管理规定、相关法律责任。

第一节 概　述

一、药品的概念

药品,是指用于预防、治疗、诊断人的疾病,有目的地调节人的生理机能并规定有适应证或者功能主治、用法和用量的物质,包括中药材、中药饮片、中成药、化学原料药及其制剂、抗生素、生化药品、放射性药品、血清、疫苗、血液制品和诊断药品等。

在我国,药品的定义有以下基本特点：① 我国的药品概念仅指人用药品,非用于人类疾病的药品如农药和兽药不属于药品的范畴。② 药品的使用目的、使用方法等均有严格的限定。药品使用必须遵照医嘱和说明书,按照一定方法和数量使用才能达到预防、诊断或治疗人的疾病的目的,从而使药品与食品、保健品相区别。③ 药品既包括传统药与现代药,也包括药品制剂及原料药。虽然原料药并不是直接使用的药品,但也作为药品管理。

药品作为一种商品,具有一般商品的共同属性。但是由于药品直接关系着人的生命健康和社会公共利益,它又是一种特殊的商品。

1. **生命关联性**　药品与其他商品相比,使用价值的不同之处在于其与人的生命健康密切相关,人们使用药品的目的就在于防治疾病,恢复健康。
2. **质量严格性**　药品必须符合质量标准要求。对于药品而言,只有合格药品和不合格药品之分,不存在低于质量标准的残次品和等外品。
3. **作用双重性**　药品既可以防病治病,又存在不同程度的毒副作用。如果药品使用合理、管理得当,就能达到治病救人、保护健康的目的;反之,则可能影响人体健康甚至危及生命。

4. **专业技术性** 药品质量是否合格必须由专门的技术人员和专门机构,依据法定的标准,运用专门的检验方法和检验仪器进行判断。药品能否正确合理地使用,一般也必须依靠具有专门医学、药学专业知识的执业医师、执业药师指导。

5. **缺乏需求价格弹性** 对于患病人群来说,药品属于必需品,为了治疗疾病、恢复健康、维持生命,患者不会因为药品价格的上涨而减少、停止购买或使用药品。

6. **公共福利性** 在发生灾情、疫情、战争等紧急需要药品的特殊情况下,药品具有非商品提供的公共福利性。国家推行基本药物政策、对基本医疗保险中的药品实行政府定价、对药品广告进行审查管理等,也是药品公共福利性的体现。

二、药品管理立法

新中国成立后,卫生部先后发布了《关于管理麻醉药品暂行条例的公布令》《关于麻醉药品临时登记处理办法的通令》《关于综合医院药剂科工作制度和各级人员职责》《关于加强药政管理的若干规定》等一系列关于药品生产、经营、使用管理的规章,奠定了我国药品管理的法律基础。1978年国务院颁布了《药政管理条例(试行)》。卫生部和其他有关部门也颁布了一系列配套的行政法规和部门规章,包括《麻醉药品管理条例》《新药管理办法(试行)》《卫生部关于医疗用毒药、限制性剧药管理规定》等。

为加强药品监督管理,保证药品质量,保障人体用药安全,维护人体健康和公众用药的合法权益,1984年9月20日,第六届全国人大常委会第七次会议审议通过了《药品管理法》,自1985年7月1日起施行。这是我国第一部全面的、综合性的药品管理法律,标志着我国药品管理进入法制化管理阶段。其后,2001年2月、2013年12月、2015年4月,全国人大常委会相继对《药品管理法》进行了修订。另外,2002年8月14日,国务院颁布了《药品管理法实施条例》,于2002年9月15日起施行。

为保证《药品管理法》的有效实施,国务院先后发布了《医疗用毒性药品管理办法》《放射性药品管理办法》《麻醉药品和精神药品管理条例》等行政法规,卫生部和国家药品监督管理部门先后发布了《药品生产质量管理规范》(GMP)、《药品经营质量管理规范》(GSP)、《药品注册管理办法》等部门规章。各省、自治区、直辖市也相应制定了一系列有关药品管理的地方性法规和规章,使我国药品管理在不断发展过程中逐渐形成了较为系统的法律体系。

三、药品监督管理体制

国务院药品监督管理部门主管全国药品监督管理工作。国务院有关部门在各自的职责范围内负责与药品有关的监督管理工作。国务院药品监督管理部门应当配合国务院经济综合主管部门,执行国家制定的药品行业发展规划和产业政策。

省、自治区、直辖市人民政府药品监督管理部门负责本行政区域内的药品监督管理工作。省、自治区、直辖市人民政府有关部门在各自的职责范围内负责与药品有关的监督管理工作。

药品监督管理部门设置或者确定的药品检验机构,承担依法实施药品审批和药品质量监督检查所需的药品检验工作。

第二节　药品生产、经营和使用

一、药品的生产

(一) 开办药品生产企业的条件

药品生产企业,是指生产药品的专营企业或者兼营企业。

《药品管理法》规定,开办药品生产企业应当符合国家制定的药品行业发展规划和产业政策,防止重复建设,并同时具备以下条件:① 具有依法经过资格认定的药学技术人员、工程技术人员及相应的技术工人。② 具有与其药品生产相适应的厂房、设施和卫生环境。③ 具有能对所生产药品进行质量管理和质量检验的机构、人员以及必要的仪器设备。④ 具有保证药品质量的规章制度。

(二) 开办药品生产企业的审批

开办药品生产企业,必须经企业所在地省、自治区、直辖市人民政府药品监督管理部门批准并发给药品生产许可证。无药品生产许可证的,不得生产药品。

(三) 药品生产质量管理

药品生产企业必须按照国务院药品监督管理部门制定的《药品生产质量管理规范》生产药品。药品监督管理部门按照规定对药品生产企业是否符合《药品生产质量管理规范》的要求进行认证;对认证合格的,发给认证证书。

1. **按批准的生产工艺进行生产**　除中药饮片的炮制外,药品必须按照国家药品标准和国务院药品监督管理部门批准的生产工艺进行生产,生产记录必须完整准确。药品生产企业改变影响药品质量的生产工艺的,必须报原批准部门审核批准。

2. **中药饮片炮制**　中药饮片必须按照国家药品标准炮制;国家药品标准没有规定的,必须按照省、自治区、直辖市人民政府药品监督管理部门制定的炮制规范炮制。

3. **生产药品所需原料与辅料要求**　药品原料,是指形成药品的主要有效成分和制剂处方中包含的包括辅料在内的各种初始物料。辅料,是指生产药品和调配处方时所用的赋形剂和附加剂。生产药品所需的原料、辅料,必须符合药用要求。

4. **药品质量检验**　药品生产企业必须对其生产的药品进行质量检验;不符合国家药品标准或者不按照省、自治区、直辖市人民政府药品监督管理部门制定的中药饮片炮制规范炮制的,不得出厂。

5. **委托生产药品**　经省、自治区、直辖市人民政府药品监督管理部门批准,药品生产企业可以接受委托生产药品。

二、药品的经营

(一) 开办药品经营企业的条件

药品经营企业,是指经营药品的专营企业或者兼营企业。《药品经营许可证管理办法》对开办药品批发企业和药品零售企业的条件作了具体规定。

1. 开办药品批发企业的条件 开办药品批发企业,应符合省、自治区、直辖市药品批发企业的合理布局要求,并符合以下设置标准:① 具有保证所经营药品质量的规章制度。② 企业、企业法定代表人或企业负责人、质量管理负责人符合《药品管理法》规定的情形。③ 具有与经营规模相适应的一定数量的执业药师。质量管理负责人具有大学以上学历,且必须是执业药师。④ 具有能够保证药品储存质量要求的、与其经营品种和规模相适应的常温库、阴凉库、冷库。仓库中具有适合药品储存的专用货架和实现药品入库、传送、分检、上架、出库现代物流系统的装置和设备。⑤ 具有独立的计算机管理信息系统,能覆盖企业内药品的购进、储存、销售以及经营和质量控制的全过程;能全面记录企业经营管理及实施《药品经营质量管理规范》方面的信息;符合《药品经营质量管理规范》对药品经营各环节的要求,并具有可以实现接受当地药品监督管理部门监管的条件。⑥ 具有符合《药品经营质量管理规范》规定的药品营业场所及辅助、办公用房以及仓库管理、仓库内药品质量安全保障和进出库、在库储存与养护方面的条件。

2. 开办药品零售企业的条件 开办药品零售企业,应符合当地常住人口数量、地域、交通状况和实际需要的要求,符合方便群众购药的原则,并符合以下设置规定:① 具有保证所经营药品质量的规章制度。② 具有依法经过资格认定的药学技术人员,经营处方药、甲类非处方药的药品零售企业,必须配有执业药师或者其他依法经过资格认定的药学技术人员,质量负责人应有 1 年以上(含 1 年)药品经营质量管理工作经验。经营乙类非处方药的药品零售企业,以及农村乡镇以下地区设立药品零售企业的,应当按照《药品管理法实施条例》的规定配备业务人员,有条件的应当配备执业药师,企业营业时间以上人员应当在岗。③ 企业、企业法定代表人、企业负责人、质量负责人符合《药品管理法》规定的情形。④ 具有与所经营药品相适应的营业场所、设备、仓储设施以及卫生环境,在超市等其他商业企业内设立零售药店的,必须具有独立的区域。⑤ 具有能够配备满足当地消费者所需药品的能力,并能保证 24 小时供应。药品零售企业应备有的国家基本药物品种、数量由各省、自治区、直辖市药品监督管理部门结合当地具体情况确定。

(二)开办药品经营企业的审批

开办药品批发企业,须经企业所在地省、自治区、直辖市人民政府药品监督管理部门批准并发给药品经营许可证;开办药品零售企业,须经企业所在地县级以上地方药品监督管理部门批准并发给药品经营许可证。无药品经营许可证的,不得经营药品。

(三)药品经营的质量管理

药品经营企业必须按照国务院药品监督管理部门制定的《药品经营质量管理规范》经营药品。药品监督管理部门按照规定对药品经营企业是否符合《药品经营质量管理规范》的要求进行认证;对认证合格的,发给认证证书。

1. 建立进货检查验收制度 药品经营企业购进药品,必须建立并执行进货检查验收制度,验明药品合格证明和其他标识;不符合规定要求的,不得购进。

2. 建立真实完整的购销记录 药品经营企业购销药品,必须有真实完整的购销记录。购销记录必须注明药品的通用名称、剂型、规格、批号、有效期、生产厂商、购(销)货单位、购(销)货数量、购销价格、购(销)货日期及国务院药品监督管理部门规定的其他内容。

3. 药品销售和处方调配准确无误 药品经营企业销售药品必须准确无误,并正确说明用法、用量和注意事项;调配处方必须经过核对,对处方所列药品不得擅自更改或者代用。对有配伍禁忌或者超剂量的处方,应当拒绝调配;必要时,经处方医师更正或者重新签字,方可调配。药品经营企业销售中药材,必须标明产地。

4. 制定和执行药品保管制度　药品经营企业必须制定和执行药品保管制度,采取必要的冷藏、防冻、防潮、防虫、防鼠等措施,保证药品质量。药品入库和出库必须执行检查制度。

三、医疗机构药剂(事)管理

(一)医疗机构药学技术人员配备

医疗机构必须配备依法经过资格认定的药学技术人员。非药学技术人员不得直接从事药剂技术工作。

(二)医疗机构制剂管理

医疗机构制剂,是指医疗机构根据本单位临床需要经批准而配制、自用的固定处方制剂。

1. **医疗机构配制制剂的条件**　医疗机构配制制剂,必须具有能够保证制剂质量的设施、管理制度、检验仪器和卫生条件。

2. **医疗机构配制制剂的审批**　医疗机构配制制剂,须经所在地省、自治区、直辖市人民政府卫生行政部门审核同意,由省、自治区、直辖市人民政府药品监督管理部门批准,发给医疗机构制剂许可证。无医疗机构制剂许可证的,不得配制制剂。

3. **医疗机构配制制剂的品种限制**　医疗机构配制的制剂,应当是本单位临床需要而市场上没有供应的品种,并须经所在地省、自治区、直辖市人民政府药品监督管理部门批准后方可配制。

4. **医疗机构配制制剂的使用**　医疗机构配制的制剂必须按照规定进行质量检验;合格的,凭医师处方在本医疗机构使用。医疗机构制剂一般不得调剂使用。发生灾情、疫情、突发事件或者临床急需而市场没有供应时,经国务院或者省、自治区、直辖市人民政府的药品监督管理部门批准,医疗机构配制的制剂可以在指定的医疗机构之间调剂使用。医疗机构制剂的调剂使用,不得超出规定的期限、数量和范围。医疗机构配制的制剂,不得在市场销售。

(三)医疗机构处方调配

医疗机构的药剂人员调配处方,必须经过核对,对处方所列药品不得擅自更改或者代用。对有配伍禁忌或者超剂量的处方,应当拒绝调配;必要时,经处方医师更正或者重新签字,方可调配。

(四)医疗机构药品购进、保管

医疗机构购进药品,必须建立并执行进货检查验收制度,验明药品合格证明和其他标识;不符合规定要求的,不得购进和使用。医疗机构必须制定和执行药品保管制度,采取必要的冷藏、防冻、防潮、防虫、防鼠等措施,保证药品质量。

第三节　药品管理

一、药品标准

药品标准,是国家对药品质量规格及检验方法所做的技术性规定,由一系列反映药品特征的参数和技术指标组成,是药品生产、经营、供应、使用、检验和管理部门必须共同遵循的法定依据。

《药品管理法》规定,药品必须符合国家药品标准。国务院药品监督管理部门颁布的药典和药品标准为国家药品标准。国务院药品监督管理部门组织药典委员会,负责国家药品标准的制定和修订。

药品必须符合国家药品标准。中药饮片必须按照国家药品标准炮制;国家药品标准没有规定的,必须按照省、自治区、直辖市人民政府药品监督管理部门制定的炮制规范炮制。

二、药品注册管理

药品注册,是指国务院药品监督管理部门根据药品注册申请人的申请,依照法定程序,对拟上市销售的药品的安全性、有效性、质量可控性等进行审查,并决定是否同意其申请的审批过程。

药品注册申请包括新药申请、仿制药申请、进口药品申请、补充申请和再注册申请。境内申请人申请药品注册按照新药申请、仿制药申请的程序和要求办理,境外申请人申请药品注册按照进口药品申请程序和要求办理。

1. **新药申请** 是指未曾在中国境内上市销售的药品的注册申请。已上市药品改变剂型、改变给药途径、增加新适应证的药品按照新药申请程序申报。

2. **仿制药申请** 是指生产国务院药品监督管理部门已批准上市的已有国家标准的药品的注册申请;但是生物制品按照新药申请的程序申报。

3. **进口药品申请** 是指在境外生产的药品在中国境内上市销售的注册申请。

4. **补充申请** 是指新药申请、仿制药申请或者进口药品申请经批准后,改变、增加或取消原批准事项或内容的注册申请。

5. **再注册申请** 是指药品批准证明文件有效期满后,申请人拟继续生产或进口该药品的注册申请。

申请药品注册必须进行临床前研究和临床研究:① 药物的临床前研究,应当执行有关规定,其中安全性评价研究必须执行《药物非临床研究质量管理规范》。② 药物的临床研究,包括临床试验和生物等效性试验必须执行《药物临床试验质量管理规范》。

三、药品进出口管理

《药品管理法》规定,禁止进口疗效不确、不良反应大或者其他原因危害人体健康的药品。

药品进口,须经国务院药品监督管理部门组织审查。经审查确认符合质量标准、安全有效的,方可批准进口,并发给进口药品注册证书。医疗单位临床急需或者个人自用进口的少量药品,按照国家有关规定办理进口手续。

药品必须从允许药品进口的口岸进口,并由进口药品的企业向口岸所在地药品监督管理部门登记备案。海关凭药品监督管理部门出具的进口药品通关单放行。无进口药品通关单的,海关不得放行。口岸所在地药品监督管理部门应当通知药品检验机构按照国务院药品监督管理部门的规定对进口药品进行抽查检验,并依照规定收取检验费。

国务院药品监督管理部门对下列药品在销售前或者进口时,指定药品检验机构进行检验;检验不合格的,不得销售或者进口。① 国务院药品监督管理部门规定的生物制品。② 首次在中国销售的药品。③ 国务院规定的其他药品。

《药品管理法》规定,对国内供应不足的药品,国务院有权限制或者禁止出口。进口、出口麻醉药品和国家规定范围内的精神药品,必须持有国务院药品监督管理部门发给的进口准许证、出口准许证。

四、禁止生产和销售假药、劣药

《药品管理法》规定,禁止生产(包括配制)、销售假药。有下列情形之一的,为假药:① 药品所含成分与国家药品标准规定的成分不符的。② 以非药品冒充药品或者以他种药品冒充此种药品的。有下列情形之一的药品,按假药论处:① 国务院药品监督管理部门规定禁止使用的。② 依照本法必须批准而未经批准生产、进口,或者依照本法必须检验而未经检验即销售的。③ 变质的。④ 被污染的。⑤ 使用依照本法必须取得批准文号而未取得批准文号的原料药生产的。⑥ 所标明的适应证或者功能主治超出规定范围的。

《药品管理法》规定,禁止生产、销售劣药。药品成分的含量不符合国家药品标准的,为劣药。有下列情形之一的药品,按劣药论处:① 未标明有效期或者更改有效期的。② 不注明或者更改生产批号的。③ 超过有效期的。④ 直接接触药品的包装材料和容器未经批准的。⑤ 擅自添加着色剂、防腐剂、香料、矫味剂及辅料的。⑥ 其他不符合药品标准规定的。

五、处方药和非处方药分类管理

《药品管理法》规定,国家对药品实行处方药和非处方药分类管理制度。处方药,是指必须凭执业医师或执业助理医师处方才可购买、调配和使用的药品;非处方药(OTC),是指由国务院药品监督管理部门公布,不需要凭执业医师或执业助理医师处方,消费者可以自行判断、购买和使用的药品。根据非处方药的安全性又分为甲、乙两类。

经营处方药、非处方药的批发企业和经营处方药、甲类非处方药的零售企业,必须具有药品经营许可证;经省级药品监督管理部门或其授权的药品监督管理部门批准的其他商业企业,可以零售乙类非处方药。

六、药品广告管理

药品广告须经企业所在地省、自治区、直辖市人民政府药品监督管理部门批准,并发给药品广告批准文号;未取得药品广告批准文号的,不得发布。处方药可以在国务院卫生行政部门和国务院药品监督管理部门共同指定的医学、药学专业刊物上介绍,但不得在大众传播媒介发布广告或者以其他方式进行以公众为对象的广告宣传。非处方药经审批后可以在大众传播媒介进行广告宣传。非处方药标签和说明书用语应当科学、易懂,便于消费者自行判断、选择和使用药品;非处方药的包装必须印有国家指定的非处方药专有标识。

药品广告的内容必须真实、合法,以国务院药品监督管理部门批准的说明书为准,不得含有虚假的内容;不得含有不科学的表示功效的断言或者保证;不得利用国家机关、医药科研单位、学术机构或者专家、学者、医师、患者的名义和形象作证明。非药品广告不得有涉及药品的宣传。

七、药品不良反应

药品不良反应,是指合格药品在正常用法用量下出现的与用药目的无关的或意外的有害反应。

《药品管理法》规定,药品生产企业、药品经营企业和医疗机构,必须经常考察本单位所生产、经营、使用的药品的质量、疗效和反应。发现可能与用药有关的严重不良反应,必须及时向当地省、自治区、直辖市人民政府药品监督管理部门和卫生行政部门报告。

八、药品再评价

《药品管理法》规定,国务院药品监督管理部门组织药学、医学和其他技术人员,对新药进行审评,对已经批准生产的药品进行再评价。对已经批准生产或者进口的药品,应当组织调查。对疗效不确、不良反应大或其他原因危害人体健康的药品,应当撤销批准文号或者进口药品注册证书。已被撤销批准文号或者进口药品注册证书的药品,不得生产或者进口、销售和使用;已经生产或者进口的,由当地药品监督管理部门监督销毁或者处理。

九、药品召回

药品召回,是指药品生产企业(包括进口药品的境外制药厂商)按照规定的程序收回已上市销售的存在安全隐患的药品。安全隐患,是指由于研发、生产等原因可能使药品具有的危及人体健康和生命安全的不合理危险。

根据药品安全隐患的严重程度,药品召回分为:① 一级召回:使用该药品可能引起严重健康危害的。② 二级召回:使用该药品可能引起暂时的或者可逆的健康危害的。③ 三级召回:使用该药品一般不会引起健康危害,但由于其他原因需要收回的。

根据召回主体不同,药品召回分为:① 主动召回:药品生产企业对收集的信息进行分析,对可能存在安全隐患的药品按照《药品召回管理办法》的要求进行调查评估,发现药品存在安全隐患的,进行召回。② 责令召回:药品监督管理部门经过调查评估,认为存在《药品召回管理办法》所称的安全隐患,药品生产企业应当召回药品而未主动召回的,责令药品生产企业召回药品。

第四节 特殊管理药品

一、麻醉药品和精神药品的管理

(一) 麻醉药品和精神药品的概念

麻醉药品和精神药品,是指列入麻醉药品目录、精神药品目录的药品和其他物质。精神药品分为第一类精神药品和第二类精神药品。麻醉药品目录、精神药品目录由国务院药品监督管理部门会同国务院公安部门、国务院卫生主管部门制定、调整并公布。

为加强麻醉药品和精神药品的管理,保证麻醉药品和精神药品的合法、安全、合理使用,防止流入非法渠道,2005年8月3日,国务院发布了《麻醉药品和精神药品管理条例》,自2005年11月1日起施行,并经2013年12月修订。

(二) 麻醉药品药用原植物的种植管理

国家根据麻醉药品和精神药品的医疗、国家储备和企业生产所需要原料的需要确定需求总量,对麻醉药品药用原植物的种植以及麻醉药品、精神药品的生产实行总量控制。国务院药品监督管理部门根据麻醉药品和精神药品的需求总量制定年度生产计划。国务院药品监督管理部门和国务院农业主管部门根据麻醉药品年度生产计划,制定麻醉药品药用原植物年度种植计划。麻醉药品药用原植物种植企业由国务院药品监督管理部门和国务院农业主管部门共同确定,其他单位和个人不得种植麻醉药品药用原植物。

(三)麻醉药品和精神药品的生产管理

国家对麻醉药品和精神药品实行定点生产制度。国务院药品监督管理部门应当根据麻醉药品和精神药品的需求总量,确定麻醉药品和精神药品定点生产企业的数量和布局,并根据年度需求总量对数量和布局进行调整、公布。

1. **定点生产企业的生产管理** 定点生产企业生产麻醉药品和精神药品,应当依照药品管理法的规定取得药品批准文号。对申请首次上市的麻醉药品和精神药品,由国务院药品监督管理部门组织医学、药学、社会学、伦理学和禁毒等方面专家成立专家组,对其社会危害性和被滥用的可能性进行评价,并提出是否批准的建议。定点生产企业应当严格按照麻醉药品和精神药品年度生产计划安排生产,并依照规定向所在地省级药品监督管理部门报告生产情况。

2. **定点生产企业的销售管理** 定点生产企业应当依照《麻醉药品和精神药品管理条例》的规定,将麻醉药品和精神药品销售给具有麻醉药品和精神药品经营资格的企业或者依照《麻醉药品和精神药品管理条例》规定批准的其他单位。麻醉药品和精神药品的标签应当印有国务院药品监督管理部门规定的标志。

(四)麻醉药品和精神药品的经营管理

国家对麻醉药品和精神药品实行定点经营制度。未经批准的任何单位和个人不得从事麻醉药品和精神药品经营活动。国务院药品监督管理部门应当根据麻醉药品和第一类精神药品的需求总量,确定麻醉药品和第一类精神药品的定点批发企业布局,并根据年度需求总量对布局进行调整、公布。

1. **麻醉药品和第一类精神药品的购销** 跨省、自治区、直辖市从事麻醉药品和第一类精神药品批发业务的企业(以下简称全国性批发企业)应当从定点生产企业购进麻醉药品和第一类精神药品。在本省、自治区、直辖市行政区域内从事麻醉药品和第一类精神药品批发业务的企业(以下简称区域性批发企业)可以从全国性批发企业购进麻醉药品和第一类精神药品;经所在地省级药品监督管理部门批准,也可以从定点生产企业购进麻醉药品和第一类精神药品。

全国性批发企业可以向区域性批发企业,或者经省级药品监督管理部门批准可以向取得麻醉药品和第一类精神药品使用资格的医疗机构以及经批准的其他单位销售麻醉药品和第一类精神药品。区域性批发企业可以向本省、自治区、直辖市行政区域内取得麻醉药品和第一类精神药品使用资格的医疗机构销售麻醉药品和第一类精神药品。

2. **第二类精神药品的购销** 从事第二类精神药品批发业务的企业可以从第二类精神药品定点生产企业、全国性批发企业、区域性批发企业、其他专门从事第二类精神药品批发业务的企业购进第二类精神药品。

从事第二类精神药品批发业务的企业可以将第二类精神药品销售给定点生产企业、全国性批发企业、区域性批发企业、其他专门从事第二类精神药品批发业务的企业、医疗机构和从事第二类精神药品零售的药品零售连锁企业。

(五)麻醉药品和精神药品的购进管理

1. **药品生产企业购进管理** 药品生产企业需要以麻醉药品和第一类精神药品为原料生产普通药品的,应当向所在地省级药品监督管理部门报送年度需求计划,由省级药品监督管理部门汇总报国家药品监督管理部门批准后,向定点生产企业购买。药品生产企业需要以第二类精神药品为原料生产普通药品的,应当将年度需求计划报所在地省级药品监督管理部门,并向定点批发企业或者定点生产企业购买。

2. **科研教学单位购进管理** 科学研究、教学单位需要使用麻醉药品和精神药品开展实验、教学活动的,应当经所在地省级药品监督管理部门批准,向定点批发企业或者定点生产企业购买。需要使用麻醉药品和精神药品的标准品、对照品的,应当经所在地省级药品监督管理部门批准,向国家药品监督管理部门批准的单位购买。

3. **医疗机构购进管理** 医疗机构需要使用麻醉药品和第一类精神药品的,应当经所在地设区的市级人民政府卫生主管部门批准,取得麻醉药品、第一类精神药品购用印鉴卡。医疗机构应当凭印鉴卡向本省、自治区、直辖市行政区域内的定点批发企业购买麻醉药品和第一类精神药品。

(六)麻醉药品和精神药品的使用管理

1. **医疗机构对于麻醉药品和精神药品的使用管理** 具有处方权的医师在为患者首次开具麻醉药品、第一类精神药品处方时,应当亲自诊查患者,为其建立相应的病历,留存患者身份证明复印件,要求其签署知情同意书。病历由医疗机构保管。麻醉药品注射剂仅限于医疗机构内使用,或者由医疗机构派医务人员出诊至患者家中使用。

医疗机构抢救患者急需麻醉药品和第一类精神药品而本医疗机构无法提供时,可以从其他医疗机构或者定点批发企业紧急借用;抢救工作结束后,应当及时将借用情况报所在地设区的市级药品监督管理部门和卫生主管部门备案。

2. **处方权管理** 医疗机构对本单位执业医师进行有关麻醉药品和精神药品使用知识的培训、考核,经考核合格的,授予麻醉药品和第一类精神药品处方资格。执业医师取得麻醉药品和第一类精神药品的处方资格后,方可在本医疗机构开具麻醉药品和第一类精神药品处方,但不得为自己开具该种处方。具有麻醉药品和第一类精神药品处方资格的执业医师,根据临床应用指导原则,对确需使用麻醉药品或者第一类精神药品的患者,应当满足其合理用药需求。

3. **处方管理** 开具麻醉药品、精神药品要使用专用处方,并对处方进行专册登记。麻醉药品和第一类精神药品处方的印刷用纸为淡红色,处方右上角分别标注"麻""精一";第二类精神药品处方的印刷用纸为白色,处方右上角标注"精二"。

为门(急)诊患者开具的麻醉药品注射剂,每张处方为一次常用量;控缓释制剂,每张处方不得超过7日常用量;其他剂型,每张处方不得超过3日常用量。

第一类精神药品注射剂,每张处方为一次常用量;控缓释制剂,每张处方不得超过7日常用量;其他剂型,每张处方不得超过3日常用量。哌醋甲酯用于治疗儿童多动症时,每张处方不得超过15日常用量。第二类精神药品一般每张处方不得超过7日常用量;对于慢性病或某些特殊情况的患者,处方用量可以适当延长,医师应当注明理由。

为门(急)诊癌症疼痛患者和中、重度慢性疼痛患者开具的麻醉药品、第一类精神药品注射剂,每张处方不得超过3日常用量;控缓释制剂,每张处方不得超过15日常用量;其他剂型,每张处方不得超过7日常用量。为住院患者开具的麻醉药品和第一类精神药品处方应当逐日开具,每张处方为 1 日常用量。

二、医疗用毒性药品的管理

(一) 医疗用毒性药品的概念

医疗用毒性药品(以下简称毒性药品),是指毒性剧烈、治疗剂量与中毒剂量相近,使用不当会致人中毒或死亡的药品。毒性药品分为毒性中药和毒性西药两大类。

为加强毒性药品管理,防止中毒或者死亡事故的发生,1988 年 12 月 27 日,国务院发布了《医疗用毒性药品管理办法》,对毒性药品的生产、供应、使用等作了明确规定。

(二) 医疗用毒性药品的生产管理

毒性药品年度生产、收购、供应和配制计划,由省级药品监督管理部门根据医疗需要制定并下达给指定的毒性药品生产、收购、供应单位,生产毒性药品及其制剂的企业不得擅自改变生产计划,不得自行销售。

毒性药品生产企业必须由医药专业人员负责生产、配制和质量检验,并建立严格的管理制度,严防与其他药品混杂。每次配料,必须经 2 人以上复核无误,并详细记录每次生产所用原料和成品数,经手人要签字备查。必须严格执行生产工艺操作规程,在本单位药品检验人员的监督下准确投料,并建立完整的生产记录,保存 5 年备查。生产企业所有工具、容器要处理干净,以防污染其他药品。标示量要准确无误,包装容器要有毒药标志。生产毒性药品过程中产生的废弃物,必须妥善处理,不得污染环境。

(三) 医疗用毒性药品的经营管理

毒性药品的收购、经营,由各级医药管理部门指定的药品经营单位负责,其他任何单位或者个人均不得从事毒性药品的收购、经营和配方业务。

收购、经营、加工、使用毒性药品的单位必须建立健全保管、验收、领发、核对等制度;严防收假、发错,严禁与其他药品混杂,做到划定仓间或仓位,专柜加锁并由专人保管。

毒性药品的包装容器上必须印有毒药标志,在运输毒性药品的过程中,应当采取有效措施,防止发生事故。

(四) 医疗用毒性药品的使用管理

医疗单位供应和调配毒性药品须凭医生签名的正式处方。每次处方剂量不得超过 2 日极量。调配处方时必须认真负责,计量准准,按医嘱注明要求,并由配方人员及具有药师以上技术职称的复核人员签名盖章后方可发出。对处方未注明"生用"的毒性中药,应当付炮制品。如发现处方有疑问时,须经原处方医生重新审定后再行调配。处方一次有效,取药后处方保存 2 年备查。

三、放射性药品的管理

(一) 放射性药品的概念

放射性药品,是指用于临床诊断或者治疗的放射性核素制剂或者其标记药物。包括裂变制品、堆照制品、加速器制品、放射性同位素发生器及其配套药盒、放射免疫分析药盒等。

为了加强放射性药品的管理,1989 年 1 月 13 日,国务院发布了《放射性药品管理办法》,并经 2011 年 1 月修订。

（二）放射性药品的生产和经营管理

放射性药品生产、经营企业，必须向能源局报送年度生产、经营计划，并抄报国家卫生计生委。国家根据需要，对放射性药品实行合理布局，定点生产。

放射性药品生产企业生产已有国家标准的放射性药品，必须经国务院卫生行政部门征求能源局意见后审核批准，并发给批准文号。凡是改变卫生行政部门已批准的生产工艺路线和药品标准的，生产单位必须按原报批程序经卫生行政部门批准后方能生产。

放射性药品生产、经营企业，必须配备与生产、经营放射性药品相适应的专业技术人员，具有安全、防护和废气、废物、废水处理等设施，并建立严格的质量管理制度。

放射性药品的生产、供销业务由能源局统一管理。放射性药品的生产、经营单位和医疗单位凭省级卫生行政部门发给的放射性药品生产许可证、放射性药品经营许可证，医疗单位凭省级公安、环保和卫生行政部门联合发给的放射性药品使用许可证，申请办理订货。

（三）放射性药品的使用

医疗单位设置核医学科、室（同位素室），必须配备与其医疗任务相适应的并经核医学技术培训的技术人员。

医疗单位所在地的省、自治区、直辖市的公安、环保和卫生行政部门，应当根据医疗单位核医疗技术人员的水平、设备条件，核发相应等级的放射性药品使用许可证，无许可证的医疗单位不得临床使用放射性药品。放射性药品使用后的废物（包括患者排出物），必须按国家有关规定妥善处置。

（四）放射性药品的包装和运输

放射性药品的包装必须安全实用，符合放射性药品质量要求，具有与放射性剂量相适应的防护装置，包装必须分内包装和外包装两部分，外包装必须贴有商标、标签、说明书和放射性药品标志，内包装必须贴有标签。严禁任何单位和个人随身携带放射性药品乘坐公共交通运输工具。

第五节　血液制品

一、血液制品的概念

血液制品，是指各种人血浆蛋白制品。

为了加强血液制品管理，预防和控制经血液途径传播的疾病，保证血液制品的质量，1996年12月30日，国务院发布了《血液制品管理条例》，对原料血浆的采集、供应以及血液制品的生产、经营活动作出了规定。

二、原料血浆的管理

原料血浆，是指由单采血浆站采集的专用于血液制品生产原料的血浆。血液制品生产用原料血浆的供应是有偿的，这是其与临床用血的不同之处。

(一)单采血浆站的设置与审批

单采血浆站,是指根据地区血源资源,按照有关标准和要求并经严格审批设立,采集供应血液制品生产用原料血浆的单位。原料血浆的采集由单采血浆站专门从事。

1. **单采血浆站的设置规划** 国家实行单采血浆站统一规划、设置的制度。国务院卫生行政部门根据核准的全国生产用原料血浆的需求,对单采血浆站的布局、数量和规模制定总体规划。省级卫生行政部门根据总体规划制定本行政区域内单采血浆站设置规划和采集血浆的区域规划,并报国务院卫生行政部门备案。

2. **单采血浆站的设置条件** 单采血浆站由血液制品生产单位设置或者由县级人民政府卫生行政部门设置,专门从事单采血浆活动,具有独立法人资格。其他任何单位和个人不得从事单采血浆活动。

单采血浆站应当设置在县(旗)及县级市,不得与一般血站设置在同一县行政区划内。有地方病或经血液传播的传染病流行、高发的地区不得规划设置单采血浆站。

设置单采血浆站,必须具备下列条件:① 符合单采血浆站布局、规模的规划。② 具有与所采集原料血浆相适应的卫生专业技术人员。③ 具有与所采集原料血浆相适应的场所与卫生环境。④ 具有识别供血浆者的身份识别系统。⑤ 具有与所采集原料血浆相适应的单采血浆机械及其他设施。⑥ 具有对所采集原料血浆进行质量检验的技术人员及其必要的仪器设备。⑦ 符合国家生物安全管理相关规定。在一个采血浆区域内,只能设置一个单采血浆站。

3. **单采血浆站的审批** 申请设置单采血浆站的,由县级人民政府卫生行政部门初审,经设区的市、自治州人民政府卫生行政部门或者省级人民政府设立的派出机关的卫生行政机构审查同意,报省级卫生行政部门审批;经审查符合条件的,由省级卫生行政部门核发单采血浆许可证,并报国务院卫生行政部门备案。

(二)供血浆者的管理

单采血浆站必须对供血浆者进行健康检查;检查合格的,由县级人民政府卫生行政部门核发供血浆证。单采血浆站在采集血浆前,必须对供血浆者进行身份识别并核实其供血浆证,确认无误的,方可按照规定程序进行健康检查和血液化验。对检查、化验合格的,按照有关技术操作标准及程序采集血浆,并建立供血浆者健康检查及供血浆记录档案;对检查、化验不合格的,由单采血浆站收缴供血浆证,并由所在地县级人民政府卫生行政部门监督销毁。严禁采集无供血浆证者的血浆。

(三)原料血浆的采集与供应

1. **采血浆区域和对象** 单采血浆站只能采集划定区域的供血浆者的血浆,严禁采集非划定区域内的供血浆者和其他人员的血浆。

2. **血浆采集** 单采血浆站采集原料血浆应当遵循自愿和知情同意的原则,并对供血浆者履行规定的告知义务。单采血浆站开展血浆采集业务应当实行全面质量管理,严格遵守《药典》血液制品原料血浆规程、《单采血浆站质量管理规范》等技术规范和标准。单采血浆站必须使用单采血浆机械采集血浆,严禁手工采集血浆。每次采集供血浆者的血浆量不得超过580 mL(重量约600 g,含抗凝剂溶液)。两次供血浆时间间隔不得少于14日。严禁超量、频繁采集血浆。

采集的血浆必须按单人份冰冻保存,不得混浆。单采血浆站必须使用有产品批准文号并经国家药品生物制品检定机构逐批检定合格的体外诊断试剂以及合格的一次性采血浆器材。采血浆器材等一次性消耗品使用后,必须按照国家有关规定予以销毁,并做记录。

3. **血浆供应** 单采血浆站只能向一个与其签订质量责任书的血液制品生产单位供应原料血

浆,严禁向其他任何单位供应原料血浆。严禁单采血浆站采集血液或者将所采集的原料血浆用于临床。国家禁止出口原料血浆。

4. **报告与应急预案** 单采血浆站必须依照《传染病防治法》及其实施办法等有关规定,严格执行消毒管理及疫情上报制度。单采血浆站应当制定紧急灾害应急预案,并从血源、管理制度、技术能力和设备条件等方面保证预案的实施。在紧急灾害发生时服从县级以上人民政府卫生行政部门的调遣。

三、血液制品生产经营单位管理

(一)血液制品生产经营单位的设置审批

新建、改建或者扩建血液制品生产单位,经国务院卫生行政部门根据总体规划进行立项审查同意后,由省、自治区、直辖市人民政府卫生行政部门依照《药品管理法》的规定审核批准。血液制品生产单位必须具备药品生产企业许可证并达到国务院卫生行政部门制定的《药品生产质量管理规范》规定的标准,经国务院卫生行政部门审查合格,并依法向工商行政管理部门申领营业执照后,方可从事血液制品的生产活动。

开办血液制品经营单位,由省、自治区、直辖市人民政府卫生行政部门审核批准。血液制品经营单位应当具备与所经营的产品相适应的冷藏条件和熟悉所经营品种的业务人员。

(二)血液制品生产和经营活动管理

血液制品生产单位应当积极开发新品种,提高血浆综合利用率。血液制品生产单位生产国内已经生产的品种,必须依法向国务院卫生行政部门申请产品批准文号;国内尚未生产的品种,必须按照国家有关新药审批的程序和要求申报。

严禁血液制品生产单位出让、出租、出借以及与他人共用药品生产企业许可证和药品批准文号。

血液制品生产单位不得向无单采血浆许可证的单采血浆站或者未与其签订质量责任书的单采血浆站及其他任何单位收集原料血浆。血液制品生产单位不得向其他任何单位供应原料血浆。

血液制品生产单位在原料血浆投料生产前,必须使用有产品批准文号并经国家药品生物制品检定机构逐批检定合格的体外诊断试剂,对每一人份血浆进行全面复检,并做检测记录。原料血浆经复检不合格的,不得投料生产,并必须在省级药品监督员监督下按照规定程序和方法予以销毁,并做记录。

原料血浆经复检发现有经血液途径传播的疾病的,必须通知供应血浆的单采血浆站,并及时上报所在地省、自治区、直辖市人民政府卫生行政部门。

血液制品出厂前,必须经过质量检验;经检验不符合国家标准的,严禁出厂。

血液制品生产经营单位生产、包装、储存、运输、经营血液制品,应当符合国家规定的卫生标准和要求。

第六节 法律责任

一、非法生产、经营药品的法律责任

未取得药品生产许可证、药品经营许可证或者医疗机构制剂许可证生产药品、经营药品的,依

法予以取缔,没收违法生产、销售的药品和违法所得,并处违法生产、销售的药品(包括已售出的和未售出的药品,下同)货值金额2倍以上5倍以下的罚款;构成犯罪的,依法追究刑事责任。

二、生产、销售假药、劣药的法律责任

生产、销售假药的,没收违法生产、销售的药品和违法所得,并处违法生产、销售药品货值金额2倍以上5倍以下的罚款;有药品批准证明文件的予以撤销,并责令停产、停业整顿;情节严重的,吊销药品生产许可证、药品经营许可证或者医疗机构制剂许可证;构成犯罪的,依法追究刑事责任。

生产、销售劣药的,没收违法生产、销售的药品和违法所得,并处违法生产、销售药品货值金额1倍以上3倍以下的罚款;情节严重的,责令停产、停业整顿或者撤销药品批准证明文件、吊销药品生产许可证、药品经营许可证或者医疗机构制剂许可证;构成犯罪的,依法追究刑事责任。

从事生产、销售假药及生产、销售劣药情节严重的企业或者其他单位,其直接负责的主管人员和其他直接责任人员10年内不得从事药品生产、经营活动。

三、违法购进药品的法律责任

药品的生产企业、经营企业或者医疗机构从无药品生产许可证、药品经营许可证的企业购进药品的,责令改正,没收违法购进的药品,并处违法购进药品货值金额2倍以上5倍以下的罚款;有违法所得的,没收违法所得;情节严重的,吊销药品生产许可证、药品经营许可证或者医疗机构执业许可证书。

四、药品购销中收受非法利益的法律责任

药品的生产企业、经营企业、医疗机构在药品购销中暗中给予、收受回扣或者其他利益的,药品的生产企业、经营企业或者其代理人给予使用其药品的医疗机构的负责人、药品采购人员、医师等有关人员以财物或者其他利益的,由工商行政管理部门处2万元以上20万元以下的罚款,有违法所得的,予以没收;情节严重的,由工商行政管理部门吊销药品生产企业、药品经营企业的营业执照,并通知药品监督管理部门,由药品监督管理部门吊销其药品生产许可证、药品经营许可证;构成犯罪的,依法追究刑事责任。

药品的生产企业、经营企业的负责人、采购人员等有关人员在药品购销中收受其他生产企业、经营企业或者其代理人给予的财物或者其他利益的,依法给予处分,没收违法所得;构成犯罪的,依法追究刑事责任。

医疗机构的负责人、药品采购人员、医师等有关人员收受药品生产企业、药品经营企业或者其代理人给予的财物或者其他利益的,由卫生行政部门或者本单位给予处分,没收违法所得;对违法行为情节严重的执业医师,由卫生行政部门吊销其执业证书;构成犯罪的,依法追究刑事责任。

五、违法发布药品广告的法律责任

违反药品广告管理规定,依照《广告法》的规定处罚,并由发给广告批准文号的药品监督管理部门撤销广告批准文号,一年内不受理该品种的广告审批申请;构成犯罪的,依法追究刑事责任。

六、出具虚假检验报告的法律责任

药品检验机构出具虚假检验报告,构成犯罪的,依法追究刑事责任;不构成犯罪的,责令改正,

给予警告,对单位并处3万元以上5万元以下的罚款;对直接负责的主管人员和其他直接责任人员依法给予降级、撤职、开除的处分,并处3万元以下的罚款;有违法所得的,没收违法所得;情节严重的,撤销其检验资格。药品检验机构出具的检验结果不实,造成损失的,应当承担相应的赔偿责任。

七、违法发放证书的法律责任

药品监督管理部门违反规定,有下列行为之一的,由其上级主管机关或者监察机关责令收回违法发给的证书、撤销药品批准证明文件,对直接负责的主管人员和其他直接责任人员依法给予行政处分;构成犯罪的,依法追究刑事责任。① 对不符合《药品生产质量管理规范》《药品经营质量管理规范》的企业发给符合有关规范的认证证书的,或者对取得认证证书的企业未按照规定履行跟踪检查的职责,对不符合认证条件的企业未依法责令其改正或者撤销其认证证书的。② 对不符合法定条件的单位发给药品生产许可证、药品经营许可证或者医疗机构制剂许可证的。③ 对不符合进口条件的药品发给进口药品注册证书的。④ 对不具备临床试验条件或者生产条件而批准进行临床试验、发给新药证书、发给药品批准文号的。

八、药品监督管理部门参与药品生产经营活动的法律责任

药品监督管理部门或者其设置的药品检验机构或者其确定的专业从事药品检验的机构参与药品生产经营活动的,由其上级机关或者监察机关责令改正,有违法收入的予以没收;情节严重的,对直接负责的主管人员和其他直接责任人员依法给予行政处分。药品监督管理部门或者其设置的药品检验机构或者其确定的专业从事药品检验的机构的工作人员参与药品生产经营活动的,依法给予行政处分。

(何 宁)

第十五章 医疗器械管理法律制度

导学

1. 掌握医疗器械的概念和分类、医疗器械产品备案与注册的申请与审批、医疗器械临床试验的要求。
2. 熟悉医疗器械生产管理、医疗器械经营管理和医疗器械使用管理。
3. 了解医疗器械的召回、法律责任。

第一节 概述

一、医疗器械的概念

医疗器械,是指直接或者间接用于人体的仪器、设备、器具、体外诊断试剂及校准物、材料以及其他类似或者相关的物品,包括所需要的计算机软件;其效用主要通过物理等方式获得,不是通过药理学、免疫学或者代谢的方式获得,或者虽然有这些方式参与但是只起辅助作用。其目的是:① 疾病的诊断、预防、监护、治疗或者缓解。② 损伤的诊断、监护、治疗、缓解或者功能补偿。③ 生理结构或者生理过程的检验、替代、调节或者支持。④ 生命的支持或者维持。⑤ 妊娠控制。⑥ 通过对来自人体的样本进行检查,为医疗或者诊断目的提供信息。

国家对医疗器械按照风险程度实行分类管理。在我国,医疗器械分为3类:① 第一类是风险程度低,实行常规管理可以保证其安全、有效的医疗器械。② 第二类是具有中度风险,需要严格控制管理以保证其安全、有效的医疗器械。③ 第三类是具有较高风险,需要采取特别措施严格控制管理以保证其安全、有效的医疗器械。评价医疗器械风险程度,应当考虑医疗器械的预期目的、结构特征、使用方法等因素。

二、医疗器械监督管理立法

新中国成立初期,医疗器械主要由地方卫生、商业部门或医药公司负责医疗器械的管理。从1953年开始全国统一归口管理,曾经先后由轻工业部、化学工业部、一机部、卫生部、国家医药管理局管理。上述各部、局在主管期间对医疗器械管理工作都很重视,制订了一系列医疗器械管理的规范性文件和标准。1998年国务院机构改革后,医疗器械由国家药品监督管理部门管理。

为了加强对医疗器械的监督管理,保证医疗器械的安全、有效,保障人体健康和生命安全,国务院于2000年1月4日发布了《医疗器械监督管理条例》,同年4月1日起施行。这是我国第一部关于医疗器械监督管理的行政法规,适用于在我国境内从事医疗器械的研制、生产、经营、使用、监督管理的单位或个人,标志着我国医疗器械进入了依法监督管理的新阶段。国务院药品监督管理部门根据《医疗器械监督管理条例》发布了《医疗器械分类规则》《一次性使用无菌医疗器械监督管理办法(暂行)》《医疗器械标准管理办法(试行)》《医疗器械临床试验规定》《医疗器械说明书、标签和包装标识管理规定》《医疗器械生产监督管理办法》《医疗器械经营企业许可管理办法》《医疗器械注册管理办法》等规章,形成了涵盖医疗器械研制、生产、流通、使用等各环节的完备法律体系。2014年3月7日,国务院发布了修订后的《医疗器械监督管理条例》。

第二节 医疗器械产品注册与备案

一、医疗器械产品备案与注册的申请与审批

(一) 医疗器械注册申请

医疗器械注册,是指食品药品监督管理部门根据医疗器械注册申请人的申请,依照法定程序,对其拟上市医疗器械的安全性、有效性研究及其结果进行系统评价,以决定是否同意其申请的过程。医疗器械备案,是指医疗器械备案人向食品药品监督管理部门提交备案资料,食品药品监督管理部门对提交的备案资料存档备查。

第一类医疗器械实行产品备案管理,第二类、第三类医疗器械实行产品注册管理。第一类医疗器械产品备案和申请第二类、第三类医疗器械产品注册,应当提交下列资料:① 产品风险分析资料。② 产品技术要求。③ 产品检验报告。④ 临床评价资料。⑤ 产品说明书及标签样稿。⑥ 与产品研制、生产有关的质量管理体系文件。⑦ 证明产品安全、有效所需的其他资料。医疗器械注册申请人、备案人应当对所提交资料的真实性负责。

第一类医疗器械产品备案,由备案人向所在地设区的市级人民政府食品药品监督管理部门提交备案资料。其中,产品检验报告可以是备案人的自检报告;临床评价资料不包括临床试验报告,可以是通过文献、同类产品临床使用获得的数据证明该医疗器械安全、有效的资料。向我国境内出口第一类医疗器械的境外生产企业,由其在我国境内设立的代表机构或者指定我国境内的企业法人作为代理人,向国务院食品药品监督管理部门提交备案资料和备案人所在国(地区)主管部门准许该医疗器械上市销售的证明文件。备案资料载明的事项发生变化的,应当向原备案部门变更备案。

申请第二类医疗器械产品注册,注册申请人应当向所在地省、自治区、直辖市人民政府食品药品监督管理部门提交注册申请资料。申请第三类医疗器械产品注册,注册申请人应当向国务院食品药品监督管理部门提交注册申请资料。向我国境内出口第二类、第三类医疗器械的境外生产企业,应当由其在我国境内设立的代表机构或者指定我国境内的企业法人作为代理人,向国务院食品药品监督管理部门提交注册申请资料和注册申请人所在国(地区)主管部门准许该医疗器械上

市销售的证明文件。第二类、第三类医疗器械产品注册申请资料中的产品检验报告应当是医疗器械检验机构出具的检验报告;临床评价资料应当包括临床试验报告,但按规定免于进行临床试验的医疗器械除外。

(二)医疗器械注册审批

1. **注册审批决定**　受理注册申请的食品药品监督管理部门应当自受理之日起3个工作日内将注册申报资料转交技术审评机构。技术审评机构应当在60个工作日内完成第二类医疗器械注册的技术审评工作,在90个工作日内完成第三类医疗器械注册的技术审评工作。需要外聘专家审评、药械组合产品需与药品审评机构联合审评的,所需时间不计算在内。技术审评机构应当将所需时间书面告知申请人。食品药品监督管理部门在组织产品技术审评时可以调阅原始研究资料,并组织对申请人进行与产品研制、生产有关的质量管理体系核查。

受理注册申请的食品药品监督管理部门应当在技术审评结束后20个工作日内做出决定。对符合安全、有效要求的,准予注册,自做出审批决定之日起10个工作日内发给医疗器械注册证,经过核准的产品技术要求以附件形式发给申请人。对不予注册的,应当书面说明理由,并同时告知申请人享有申请复审和依法申请行政复议或者提起行政诉讼的权利。

2. **不予注册**　对于已受理的注册申请,有下列情形之一的,食品药品监督管理部门做出不予注册的决定,并告知申请人:① 申请人对拟上市销售医疗器械的安全性、有效性进行的研究及其结果无法证明产品安全、有效的。② 注册申报资料虚假的。③ 注册申报资料内容混乱、矛盾的。④ 注册申报资料的内容与申报项目明显不符的。⑤ 不予注册的其他情形。

3. **变更注册**　已注册的第二类、第三类医疗器械,医疗器械注册证及其附件载明的内容发生变化,注册人应当向原注册部门申请注册变更,并按照相关要求提交申报资料。产品名称、型号、规格、结构及组成、适用范围、产品技术要求、进口医疗器械生产地址等发生变化的,注册人应当向原注册部门申请许可事项变更。注册人名称和住所、代理人名称和住所发生变化的,注册人应当向原注册部门申请登记事项变更;境内医疗器械生产地址变更的,注册人应当在相应的生产许可变更后办理注册登记事项变更。

4. **延续注册**　医疗器械注册证有效期为5年。有效期届满需要延续注册的,应当在有效期届满6个月前向原注册部门提出延续注册的申请。有下列情形之一的,不予延续注册:① 注册人未在规定期限内提出延续注册申请的。② 医疗器械强制性标准已经修订,该医疗器械不能达到新要求的。③ 对用于治疗罕见疾病以及应对突发公共卫生事件急需的医疗器械,批准注册部门在批准上市时提出要求,注册人未在规定期限内完成医疗器械注册证载明事项的。除以上情形外,接到延续注册申请的食品药品监督管理部门应当在医疗器械注册证有效期届满前作出准予延续的决定。逾期未作决定的,视为准予延续。

二、医疗器械临床试验

(一)医疗器械临床试验的概念

医疗器械临床试验,是指在经资质认定的医疗器械临床试验机构中,对拟申请注册的医疗器械在正常使用条件下的安全性和有效性进行确认或者验证的过程。

《医疗器械监督管理条例》规定,第二类、第三类医疗器械新产品,应当按规定经批准后进行临床试用;生产第二类、第三类医疗器械,应当通过临床验证。省、自治区、直辖市食品药品监督管理部门负责审批本行政区域内的第二类医疗器械的临床试用或者临床验证;国务院食品药品监督管理部门负责审批第三类医疗器械临床试用和临床验证。

为了加强对医疗器械临床试验的管理,维护医疗器械临床试验过程中受试者权益,保证医疗器械临床试验过程规范,结果真实、科学、可靠和可追溯,2016年3月1日,国家食品药品监督管理总局和国家卫生计生委发布了《医疗器械临床试验质量管理规范》。

1. **医疗器械临床试验的原则**　医疗器械临床试验应当遵循依法原则、伦理原则和科学原则。

2. **医疗器械临床试验的范围**　包括临床试验的方案设计、实施、监查、核查、检查,以及数据的采集、记录,分析总结和报告等。

3. **医疗器械临床试验的前提条件**　临床试验前,申办者应当做好如下几点:① 完成试验用医疗器械的临床前研究,包括产品设计(结构组成、工作原理和作用机理、预期用途以及适用范围、适用的技术要求)和质量检验、动物试验以及风险分析等,且结果应当能够支持该项临床试验。质量检验结果包括自检报告和具有资质的检验机构出具的一年内的产品注册检验合格报告。② 准备充足的试验用医疗器械。试验用医疗器械的研制应当符合适用的医疗器械质量管理体系相关要求。③ 与临床试验机构和研究者应当就试验设计、试验质量控制、试验中的职责分工、申办者承担的临床试验相关费用以及试验中可能发生的伤害处理原则等达成书面协议。④ 应当向所在地省、自治区、直辖市食品药品监督管理部门备案。

(二) 医疗器械临床试验机构

医疗器械临床试验机构,是指经国家食品药品监督管理总局会同国家卫生计生委认定的承担医疗器械临床试验的医疗机构。

医疗器械临床试验应当在两个或者两个以上医疗器械临床试验机构中进行。所选择的试验机构应当是经资质认定的医疗器械临床试验机构,且设施和条件应当满足安全有效地进行临床试验的需要。研究者应当具备承担该项临床试验的专业特长、资格和能力,并经过培训。

负责临床试验的研究者应当具备下列条件:① 在该临床试验机构中具有副主任医师、副教授、副研究员等副高级以上相关专业技术职称和资质。② 具有试验用医疗器械所要求的专业知识和经验,必要时应当经过有关培训。③ 熟悉申办者要求和其所提供的与临床试验有关的资料、文献。④ 有能力协调、支配和使用进行该项试验的人员和设备,且有能力处理试验用医疗器械发生的不良事件和其他关联事件。⑤ 熟悉国家有关法律、法规以及《医疗器械临床试验质量管理规范》。

(三) 医疗器械临床试验受试者权益保障

医疗器械临床试验应当遵循《世界医学大会赫尔辛基宣言》确定的伦理准则。伦理审查与知情同意是保障受试者权益的主要措施。参与临床试验的各方应当按照试验中各自的职责承担相应的伦理责任。

1. **伦理审查**　临床试验前,申办者应当通过研究者和临床试验机构的医疗器械临床试验管理部门向伦理委员会提交下列文件:① 临床试验方案。② 研究者手册。③ 知情同意书文本和其他任何提供给受试者的书面材料。④ 招募受试者和向其宣传的程序性文件。⑤ 病例报告表文本。⑥ 自检报告和产品注册检验报告。⑦ 研究者简历、专业特长、能力、接受培训和其他能够证明其资格的文件。⑧ 临床试验机构的设施和条件能够满足试验的综述。⑨ 试验用医疗器械的研制符合适用的医疗器械质量管理体系相关要求的声明。⑩ 与伦理审查相关的其他文件。伦理委员会应当秉承伦理和科学的原则,审查和监督临床试验的实施。

在临床试验过程中发生下列情况之一的,研究者应当及时向临床试验机构的医疗器械临床试验管理部门报告,并经其及时通报申办者、报告伦理委员会:① 严重不良事件。② 进度报告,包括安全性总结和偏离报告。③ 对伦理委员会已批准文件的任何修订,不影响受试者权益、安全和健康,或者与临床试验目的或终点不相关的非实质性改变无须事前报告,但事后应当书面告知。④ 暂停、终止或者暂停后请求恢复临床试验。⑤ 影响受试者权益、安全和健康或者临床试验科学性的临床试验方案偏离,包括请求偏离和报告偏离。

2. **知情同意** 在受试者参与临床试验前,研究者应当充分向受试者或者无民事行为能力人、限制民事行为能力人的监护人说明临床试验的详细情况,包括已知的、可以预见的风险和可能发生的不良事件等。经充分和详细解释后由受试者或者其监护人在知情同意书上签署姓名和日期,研究者也需在知情同意书上签署姓名和日期。

知情同意书一般应当包括下列内容以及对事项的说明:① 研究者的姓名以及相关信息。② 临床试验机构的名称。③ 试验名称、目的、方法、内容。④ 试验过程、期限。⑤ 试验的资金来源、可能的利益冲突。⑥ 预期受试者可能的受益和已知的、可以预见的风险以及可能发生的不良事件。⑦ 受试者可以获得的替代诊疗方法以及其潜在受益和风险的信息。⑧ 需要时,说明受试者可能被分配到试验的不同组别。⑨ 受试者参加试验应当是自愿的,且在试验的任何阶段有权退出而不会受到歧视或者报复,其医疗待遇与权益不受影响。⑩ 告知受试者参加试验的个人资料属于保密,但伦理委员会、食品药品监督管理部门、卫生计生主管部门或者申办者在工作需要时按照规定程序可以查阅受试者参加试验的个人资料。⑪ 如发生与试验相关的伤害,受试者可以获得治疗和经济补偿。⑫ 受试者在试验期间可以随时了解与其有关的信息资料。⑬ 受试者在试验期间可能获得的免费诊疗项目和其他相关补助。

知情同意书应当采用受试者或者监护人能够理解的语言和文字。知情同意书不应当含有会引起受试者放弃合法权益以及免除临床试验机构和研究者、申办者或者其代理人应当负责任的内容。

第三节 医疗器械生产、经营与使用

一、医疗器械生产管理

(一)从事医疗器械生产活动的条件与审批

1. **从事医疗器械生产活动的条件** 从事医疗器械生产,应当具备以下条件:① 有与生产的医疗器械相适应的生产场地、环境条件、生产设备以及专业技术人员。② 有对生产的医疗器械进行质量检验的机构或者专职检验人员以及检验设备。③ 有保证医疗器械质量的管理制度。④ 有与生产的医疗器械相适应的售后服务能力。⑤ 符合产品研制、生产工艺文件规定的要求。

2. **从事医疗器械生产活动的审批** 省、自治区、直辖市食品药品监督管理部门收到申请后,应当根据下列情况分别做出处理:① 申请事项属于其职权范围,申请资料齐全、符合法定形式的,应当受理申请。② 申请资料不齐全或者不符合法定形式的,应当当场或者在 5 个工作日内一次告知申请人需要补正的全部内容;逾期不告知的,自收到申请资料之日起即为受理。③ 申请资料存在可以当场更正的错误的,应当允许申请人当场更正。④ 申请事项不属于本部门职权范围的,应当即时做出不予受理的决定,并告知申请人向有关行政部门申请。

省、自治区、直辖市食品药品监督管理部门应当自受理之日起30个工作日内对申请资料进行审核,并按照医疗器械生产质量管理规范的要求开展现场核查。现场核查应当根据情况,避免重复核查。需要整改的,整改时间不计入审核时限。符合规定条件的,依法做出准予许可的书面决定,并于10个工作日内发给医疗器械生产许可证;不符合规定条件的,做出不予许可的书面决定,并说明理由。

开办第一类医疗器械生产企业的,应当向所在地设区的市级食品药品监督管理部门办理第一类医疗器械生产备案,提交备案企业持有的所生产医疗器械的备案凭证复印件和相关资料。食品药品监督管理部门应当当场对企业提交资料的完整性进行核对,符合规定条件的予以备案,发给第一类医疗器械生产备案凭证。

医疗器械生产许可申请直接涉及申请人与他人之间重大利益关系的,食品药品监督管理部门应当告知申请人、利害关系人依照法律、法规以及国家食品药品监督管理总局的有关规定享有申请听证的权利;在对医疗器械生产许可进行审查时,食品药品监督管理部门认为涉及公共利益的重大许可事项,应当向社会公告,并举行听证。

医疗器械生产许可证有效期为5年,载明许可证编号、企业名称、法定代表人、企业负责人、住所、生产地址、生产范围、发证部门、发证日期和有效期限等事项。

(二) 医疗器械使用说明书和标签管理

医疗器械说明书,是指由医疗器械注册人或者备案人制作,随产品提供给用户,涵盖该产品安全有效的基本信息,用以指导正确安装、调试、操作、使用、维护、保养的技术文件。医疗器械标签,是指在医疗器械或者其包装上附有的用于识别产品特征和标明安全警示等信息的文字说明及图形、符号。

医疗器械说明书、标签必须符合下列规定:① 内容应当科学、真实、完整、准确,并与产品特性相一致。② 内容应当与经注册或者备案的相关内容一致。③ 标签的内容应当与说明书有关内容相符合。④ 医疗器械最小销售单元应当附有说明书;符合国家标准或者行业标准有关要求。⑤ 文字内容必须使用中文,可以附加其他文种,但应当以中文表述为准。

医疗器械说明书、标签和包装标识不得有下列内容:① 含有"疗效最佳""保证治愈""包治""根治""即刻见效""完全无毒副作用"等表示功效的断言或者保证的。② 含有"最高技术""最科学""最先进""最佳"等绝对化语言和表示的。③ 说明治愈率或者有效率的。④ 与其他企业产品的功效和安全性相比较的。⑤ 含有"保险公司保险""无效退款"等承诺性语言的。⑥ 利用任何单位或者个人的名义、形象作证明或者推荐的。⑦ 含有误导性说明,含有使人感到已经患某种疾病,或者使人误解不使用该医疗器械会患某种疾病或加重病情的表述的。⑧ 法律、法规规定禁止的其他内容。

(三) 医疗器械生产监督管理

医疗器械生产监督管理,是指食品药品监督管理部门依法对医疗器械生产条件和生产过程进行审查、许可和监督检查等管理活动。

1. **重点监督检查** 省、自治区、直辖市食品药品监督管理部门应当编制本行政区域的医疗器械生产企业监督检查计划,确定医疗器械监管的重点、检查频次和覆盖率,并监督实施。医疗器械生产监督检查应当检查医疗器械生产企业执行法律、法规、规章、规范、标准等要求的情况,并对下列事项进行重点监督检查:① 医疗器械生产企业是否按照经注册或者备案的产品技术要求组织生产。② 医疗器械生产企业的质量管理体系是否保持有效运行。③ 医疗器械生产经营企业的生产经营条件是否持续符合法定要求。

　　2. **飞行检查**　　对投诉举报或者其他信息显示以及日常监督检查发现可能存在产品安全隐患的医疗器械生产企业,或者有不良行为记录的医疗器械生产企业,食品药品监督管理部门可以实施飞行检查。

　　3. **责任约谈**　　有下列情形之一的,食品药品监督管理部门可以对医疗器械生产企业的法定代表人或者企业负责人进行责任约谈:① 生产存在严重安全隐患的。② 生产产品因质量问题被多次举报投诉或者媒体曝光的。③ 信用等级评定为不良信用企业的。④ 食品药品监督管理部门认为有必要开展责任约谈的其他情形。

　　4. **信用档案**　　地方各级食品药品监督管理部门应当根据医疗器械生产企业监督管理的有关记录,对医疗器械生产企业进行信用评价,建立信用档案。对有不良信用记录的企业,应当增加检查频次。对列入"黑名单"的企业,按照国家食品药品监督管理总局的相关规定执行。

二、医疗器械经营管理

(一) 从事医疗器械经营活动的条件与审批

　　1. **医疗器械经营分类管理**　　按照医疗器械风险程度,医疗器械经营实施分类管理。经营第一类医疗器械不需许可和备案,经营第二类医疗器械实行备案管理,经营第三类医疗器械实行许可管理。

　　2. **从事医疗器械经营活动的条件**　　申请医疗器械经营企业许可证,应当具备下列条件,并通过食品药品监督管理部门的检验查收:① 具有与经营范围和经营规模相适应的质量管理机构或者质量管理人员,质量管理人员应当具有国家认可的相关专业学历或者职称。② 具有与经营范围和经营规模相适应的经营、贮存场所。③ 具有与经营范围和经营规模相适应的贮存条件,全部委托其他医疗器械经营企业贮存的可以不设立库房。④ 具有与经营的医疗器械相适应的质量管理制度。⑤ 具备与经营的医疗器械相适应的专业指导、技术培训和售后服务的能力,或者约定由相关机构提供技术支持。

　　从事第三类医疗器械经营的企业还应当具有符合医疗器械经营质量管理要求的计算机信息管理系统,保证经营的产品可追溯。鼓励从事第一类、第二类医疗器械经营的企业建立符合医疗器械经营质量管理要求的计算机信息管理系统。

　　3. **从事医疗器械经营活动的审批**　　对于申请人提出的第三类医疗器械经营许可申请,设区的市级食品药品监督管理部门应当根据下列情况分别做出处理:① 申请事项属于其职权范围,申请资料齐全、符合法定形式的,应当受理申请。② 申请资料不齐全或者不符合法定形式的,应当当场或者在5个工作日内一次告知申请人需要补正的全部内容;逾期不告知的,自收到申请资料之日起即为受理。③ 申请资料存在可以当场更正的错误的,应当允许申请人当场更正。④ 申请事项不属于本部门职权范围的,应当即时做出不予受理的决定,并告知申请人向有关行政部门申请。设区的市级食品药品监督管理部门受理或者不予受理医疗器械经营许可申请的,应当出具受理或者不予受理的通知书。

设区的市级食品药品监督管理部门应当自受理之日起 30 个工作日内对申请资料进行审核,并按照医疗器械经营质量管理规范的要求开展现场核查。需要整改的,整改时间不计入审核时限。符合规定条件的,依法做出准予许可的书面决定,并于 10 个工作日内发给医疗器械经营许可证;不符合规定条件的,做出不予许可的书面决定,并说明理由。

从事第二类医疗器械经营的,经营企业应当向所在地设区的市级食品药品监督管理部门备案,填写第二类医疗器械经营备案表,并提交规定的资料。食品药品监督管理部门应当当场对企业提交资料的完整性进行核对,符合规定的予以备案,发给第二类医疗器械经营备案凭证。设区的市级食品药品监督管理部门应当在医疗器械经营企业备案之日起 3 个月内,按照医疗器械经营质量管理规范的要求对第二类医疗器械经营企业开展现场核查。

医疗器械经营许可证有效期为 5 年。有效期届满需要延续的,医疗器械经营企业应当在有效期届满 6 个月前,向原发证部门提出医疗器械经营许可证延续申请。

(二)医疗器械购销管理

《医疗器械监督管理条例》规定,医疗器械经营企业、使用单位购进医疗器械,应当查验供货者的资质和医疗器械的合格证明文件,建立进货查验记录制度。从事第二类、第三类医疗器械批发业务以及第三类医疗器械零售业务的经营企业,还应当建立销售记录制度。运输、贮存医疗器械,应当符合医疗器械说明书和标签标示的要求;对温度、湿度等环境条件有特殊要求的,应当采取相应措施,保证医疗器械的安全、有效。

三、医疗器械使用管理

医疗器械使用单位应当有与在用医疗器械品种、数量相适应的贮存场所和条件。对重复使用的医疗器械,应当按照国务院卫生计生主管部门制定的消毒和管理的规定进行处理。一次性使用的医疗器械不得重复使用,对使用过的应当按照国家有关规定销毁并记录。

医疗器械使用单位对需要定期检查、检验、校准、保养、维护的医疗器械,应当按照产品说明书的要求进行检查、检验、校准、保养、维护并予以记录,及时进行分析、评估,确保医疗器械处于良好状态,保障使用质量;对使用期限长的大型医疗器械,应当逐台建立使用档案,记录其使用、维护、转让、实际使用时间等事项。记录保存期限不得少于医疗器械规定使用期限终止后 5 年。

第四节 医疗器械不良事件的处理与召回

一、医疗器械不良事件

(一)医疗器械不良事件的概念

医疗器械不良事件,是指获准上市的、合格的医疗器械在正常使用的情况下发生的,导致或可能导致人体伤害的任何与医疗器械预期使用效果无关的有害事件。医疗器械不良事件主要是由于产品的设计缺陷、已经注册审核的使用说明书不准确或不充分等原因造成的,但其产品的质量是合格的。

(二) 医疗器械不良事件监测

医疗器械不良事件监测，是指对医疗器械不良事件的发现、报告、评价和控制的过程。医疗器械不良事件监测工作包括报告的收集、汇总、分析、调查、核实、评价和反馈等环节。

任何医疗器械在临床应用过程中，都可能因为当时科技水平的制约、实验条件的限制等因素，存在一些不可预见的缺陷。只有通过不良事件的有效监测，对事件本身进行科学的分析和总结，才能及时采取适宜、有效的措施，保证医疗器械使用的安全有效，促进企业不断改进产品质量。医疗器械不良事件监测旨在通过对医疗器械使用过程中出现的可疑不良事件进行收集、报告、分析和评价，对存在安全隐患的医疗器械采取有效的控制，防止医疗器械严重不良事件的重复发生和蔓延，保障公众用械安全。

目前，我国医疗器械不良事件监测信息的发布形式主要有《医疗器械不良事件监测信息通报》《医疗器械警戒快讯》。《医疗器械不良事件信息通报》是监督管理部门面向社会公开发布的及时反馈有关医疗器械安全隐患的主要方式，旨在提示医疗器械生产、经营企业，医疗机构注意被通报的医疗器械品种的安全性隐患，并为食品药品监督管理部门、卫生行政部门的监督管理和医疗机构、患者的安全用械提供参考。《医疗器械警戒快讯》是及时传递国际医疗器械安全信息的主要方式，旨在对国内上市的医疗器械提出警示，提醒生产企业及时采取相应的纠正措施；提醒医疗机构与用户在使用中引以为戒，从而避免潜在伤害事件的发生。

(三) 医疗器械再评价

医疗器械再评价，是指对获准上市的医疗器械的安全性、有效性进行重新评价，并实施相应措施的过程。

医疗器械生产企业是医疗器械再评价的主体，应根据医疗器械产品的技术结构、质量体系等要求设定医疗器械再评价启动条件、评价程序和方法；根据开展再评价的结论，必要时应当依据医疗器械注册相关规定履行注册手续。有下列情形之一的，省级以上食品药品监督管理部门应当对已经注册的医疗器械组织开展再评价：① 根据科学研究的发展，对医疗器械的安全、有效认识上的改变的。② 医疗器械不良事件监测、评估结果表明医疗器械可能存在缺陷的。③ 国务院食品药品监督管理部门规定的其他需要进行再评价的情形。

二、医疗器械召回

(一) 医疗器械召回的概念

医疗器械召回，是指医疗器械生产企业按照规定的程序对其已经上市销售的存在缺陷的某一类别、型号或者批次的产品，采取警示、检查、修理、重新标签、修改并完善说明书、软件升级、替换、收回、销毁等方式消除缺陷的行为。这里所称缺陷，是指医疗器械在正常使用情况下存在可能危及人体健康和生命安全的不合理的风险。

根据医疗器械缺陷的严重程度，医疗器械召回分为如下3种。

一级召回：使用该医疗器械可能或者已经引起严重健康危害的。

二级召回：使用该医疗器械可能或者已经引起暂时的或者可逆的健康危害的。

三级召回：使用该医疗器械引起危害的可能性较小但仍需要召回的。

(二) 医疗器械召回的方式和要求

医疗器械的召回包括生产企业的主动召回和监督管理部门的责令召回。

1. **主动召回** 医疗器械生产企业按照《医疗器械召回管理办法(试行)》的要求进行调查评估后,发现医疗器械存在缺陷的,应当立即决定召回。进口医疗器械的境外制造厂商在境外实施医疗器械召回的,应当通知其在中国境内指定的代理人及时报告国家食品药品监督管理总局;在境内进行召回的,由其在中国境内指定的代理人按照规定负责具体实施。

医疗器械生产企业做出医疗器械召回决定的,一级召回在1日内,二级召回在3日内,三级召回在7日内,通知到有关医疗器械经营企业、使用单位或者告知使用者。

食品药品监督管理部门可以根据实际情况组织专家对医疗器械生产企业提交的召回计划进行评估,认为医疗器械生产企业所采取的措施不能有效消除缺陷的,应当要求医疗器械生产企业采取提高召回等级、扩大召回范围、缩短召回时间或者改变召回产品的处理方式等更为有效的措施。

2. **责令召回** 食品药品监督管理部门经过调查评估,认为存在《医疗器械召回管理办法(试行)》所称的缺陷,医疗器械生产企业应当召回医疗器械而未主动召回的,应当责令医疗器械生产企业召回医疗器械。必要时,食品药品监督管理部门应当要求医疗器械生产企业、经营企业、使用单位立即暂停销售或者使用、告知使用者立即暂停使用该医疗器械。

(三) 召回医疗器械的后续处理

医疗器械生产企业应当按照《医疗器械召回管理办法(试行)》的规定向食品药品监督管理部门报告医疗器械召回的相关情况,进行召回医疗器械的后续处理。食品药品监督管理部门应当按照规定对医疗器械生产企业提交的医疗器械召回总结报告进行审查,并对召回效果进行评价,及时通报同级卫生行政部门。经审查和评价,认为召回不彻底,尚未有效消除缺陷的,食品药品监督管理部门应当要求医疗器械生产企业重新召回。

第五节 法律责任

一、行政责任

(一) 医疗器械生产、经营企业的法律责任

医疗器械生产、经营企业有下列情况之一的,由县级以上人民政府食品药品监督管理部门没收违法所得、违法生产经营的医疗器械和用于违法生产经营的工具、设备、原材料等物品;违法生产经营的医疗器械货值金额不足1万元的,并处5万元以上10万元以下罚款;货值金额1万元以上的,并处货值金额10倍以上20倍以下罚款;情节严重的,5年内不受理相关责任人及企业提出的医疗器械许可申请。① 生产、经营未取得医疗器械注册证的第二类、第三类医疗器械的。② 未经许可从事第二类、第三类医疗器械生产活动的。③ 未经许可从事第三类医疗器械经营活动的。

有上述第一项情形、情节严重的,由原发证部门吊销医疗器械生产许可证或者医疗器械经营

许可证。

（二）医疗机构的法律责任

医疗机构使用无产品注册证书、无合格证明、过期、失效、淘汰的医疗器械的，或者从无医疗器械生产企业许可证、经营企业许可证的企业购进医疗器械的，责令改正、给予警告、没收违法使用的产品和违法所得，并处罚款；对主管人员和其他直接责任人员给予纪律处分。医疗机构重复使用一次性使用的医疗器械，或者对应当销毁未进行销毁的，责令改正、给予警告、罚款；对主管人员和其他直接责任人员给予纪律处分。

（三）承担医疗器械临床试验的医疗机构的法律责任

承担医疗器械临床试用或临床验证的医疗机构提供虚假广告的，由省级以上人民政府药品监督管理部门责令改正、给予警告、罚款；情节严重的，撤销其临床试用或临验证资格；对主管人员和其他直接负责人员给予纪律处分。

（四）医疗器械检测机构的法律责任

医疗器械检测机构及其人员从事或参与同检测有关的医疗器械的研制、生产、经营、技术咨询的，或出具虚假检测报告的，由省级以上人民政府药品监督管理部门责令改正，给予警告、罚款；情节严重的，由国家药品监督管理部门撤销其检测资格；对主管人员和其他直接负责人员给予纪律处分。

二、民事责任

召回的医疗器械已经植入人体的，医疗器械生产企业应当与医疗机构和患者共同协商，根据召回的不同原因，提出对患者的处理意见和应采取的预案措施。召回的医疗器械给患者造成损害的，患者可以向生产企业要求赔偿，也可以向医疗器械经营企业、使用单位请求赔偿。患者向医疗器械经营企业、使用单位请求赔偿的，医疗器械经营企业、使用单位赔偿后，有权向负有责任的生产企业追偿。

三、刑事责任

《刑法》第一百四十五条规定，生产不符合保障人体健康的国家标准、行业标准的医疗器械、医用卫生材料，或者销售明知是不符合保障人体健康的国家标准、行业标准的医疗器械、医用卫生材料，对人体健康造成严重危害的，处3年以下有期徒刑或拘役，并处销售金额50%以上2倍以下罚金；对人体健康造成严重危害的，处3年以上10年以下有期徒刑，并处销售金额50%以上2倍以下罚金；后果特别严重的，处10年以上有期徒刑或者无期徒刑，并处销售金额50%以上2倍以下罚金或者没收财产。

（佟　欣）